U0128625

国家社科基金特别委托项目
"中国南方侵华日军细菌战"研究成果

伤痕

中国常德民众的
细菌战记忆

聂莉莉 / 著

刘云 金菁琳 / 译

中国社会科学出版社

版权登记号:01 - 2015 - 5869

图书在版编目(CIP)数据

伤痕：中国常德民众的细菌战记忆/聂莉莉著；刘云，金菁琳译. —北京：
中国社会科学出版社，2015.9

（侵华日军常德细菌战研究丛书）

ISBN 978 - 7 - 5161 - 6739 - 7

Ⅰ.①伤…　Ⅱ.①聂…②刘…③金…　Ⅲ.①日本—侵华—生物战—
史料—常德市　Ⅳ.①K265.606

中国版本图书馆 CIP 数据核字（2015）第 173988 号

原作名 中国民衆の戦争記憶——日本軍の細菌戦による傷跡
Copyright ⓒ 2006 by 聂莉莉
All rights reserved
由东京：明石书店 2006 年出版

出 版 人	赵剑英
责任编辑	武 云　李 森
特约编辑	纪小峰
责任校对	李月明
责任印制	李寡寡

出　　版	中国社会科学出版社
社　　址	北京鼓楼西大街甲 158 号
邮　　编	100720
网　　址	http：//www.csspw.cn
发 行 部	010 - 84083685
门 市 部	010 - 84029450
经　　销	新华书店及其他书店

印刷装订	北京君升印刷有限公司
版　　次	2015 年 9 月第 1 版
印　　次	2015 年 9 月第 1 次印刷

开　　本	710 × 1000　1/16
印　　张	18.5
字　　数	315 千字
定　　价	56.00 元

序

　　我与聂老师认识，是缘于细菌战的跨国官司，因为那时我们都是这一诉讼的中方原告的证人。早在1998年，聂老师就参与到常德细菌战的民间受害调研中；我虽然是常德人，但开始介入常德细菌战调研是在2001年年末，这比远在东京的她晚了三年多。因此我向她学习。在学习她的成果和研究方法的过程中，我受益匪浅。

　　我是一个历史学人，聂老师是一个文化人类学学者。在向她学习之前我曾心有疑虑：文化人类学的研究方法能使细菌战受害事实成为"信史"吗？但当我读了她十余万言的调研报告后，我震撼了，这不就是历史事实吗？不就是难以辩驳的常德人民惨痛的细菌战受害历程吗？我感觉到了聂老师研究方法的独到和精妙性（科学性），从中增长了很多学识，对她产生了敬佩。

　　聂老师的调研报告呈递给了东京地方法院，此时的报告已不是一个学术成果，而是一份无隙可寻的法庭证词（鉴定书）。2002年8月27日的一审判决书中，日本法庭对常德细菌战受害事实的认定，采信了聂老师报告中的一些观点："在如本事件这样的人际关系密集的地区，因为鼠疫是通过社会生活形态而传播的，所以在人们接连不断地相继死亡的紧迫情况下，人与人之间产生了相互怨恨和猜疑，这极大地影响了区域社会的人际关系和社会生活，同时在人们的心理上留下了严重的创伤。"

　　聂老师的方法，实际是她"在找不到可以直接利用的方法论和范例"情况下探索创新的一种方法。她把人类文化学与历史学、社会学、民俗学、心理学、思想史等学科的视点和研究方法融会起来，去考察、分析、阐释大量而广泛的调研内容，将纷繁复杂的事实在整体把握和相互关联中系统化，条分缕析地将实质呈现在人们眼前。这种方法其实正是当今社科研究各领域时趋的多学科交叉、融会、互补的科学方法，也是我多年来从事历史研究所追求的方法。我很汗颜，聂老师走在了前面；我也很高兴，我有了学习效仿的范例。

除了方法，聂老师研究细菌战受害所体现出的对弱势民众的由衷尊重，记录细菌战受害民众的惨痛记忆使之成为不能被抹杀的历史记忆，进而谴责残忍的细菌战和一切战争，维护人类和平的思想……如此高远而深刻的思想，使我非常敬佩。

由于我们都研究日军的细菌战，这使我们成为友好和同人。去年我在学校支持下获得了一项国家社科基金支持的课题"中国南方地区侵华日军细菌战研究"，我邀请聂老师参与，她欣然应允，并慨然表示愿将她过去对常德细菌战的研究成果在中国出版。因此，便有了读者面前这部令人心情沉重而又耳目一新的著作。

常德细菌战的受害调研并没有结束，许多内容还有待进一步深化，我们期待与聂老师及一濑敬一郎、近藤昭二、奈须重雄等先生对此课题的共同研究在日后取得新的进展。

湖南文理学院细菌战罪行研究所所长　陈致远
2015 年 4 月 30 日

目　　录

自　　序

面对民众的战争受害记忆

芦荻山乡伍家坪村民（2001 年）

一

本书旨在记述和分析中国民众的战争受害记忆。

笔者是文化人类学者,自 1998 年起,在 7 年多的时间里,多次前往抗战时期日本军队七三一部队实施了鼠疫菌细菌战的受害地之一——湖南省常德地区,访问亲身染疫的幸存者和被鼠疫夺去了亲人们生命的遗属,请他们回忆和讲述当年的受害情景;在地区的档案馆、博物馆里收集相关的历史资料,并在受害地区的城镇和乡村进行了实地考察。① 本书是基于这 7 年多的调查研究写成的。

1997 年,由中国的细菌战受害者组成的原告团和由日本律师组成的律师团向东京地方法院提起了关于日军实施细菌战的国家赔偿诉讼。② 与此同时,在常德,受害幸存者及遗属组成了"常德侵华日军七三一部队细菌战受害调查委员会"(以下简称常德细菌战受害调查委员会)。从提起诉讼到 2002 年为止,该委员会先后收到了约 1.5 万份由幸存者及遗属们写来的受害陈述书。在调查过程中,笔者得以大量地阅读了这些陈述书。

在听取每一位受害人的讲述以及阅读一份又一份的陈述书的过程中,笔者逐渐意识到,若是没有这场跨越国界的赔偿诉讼,这些深埋在民众内心的悲惨记忆未必会在公开场合被提起,对过去那场战争中民众所遭受深重受害,至此还没有基于个人、家庭、地区的受害状况自下而上地系统整理过。对那场战争的政治性的表述和学术的思考,与民众活生生的记忆之间,存在着相当大的距离。笔者意识到了将民众口口相传的战争经历记录

---

① 具体的实地调查日程如下。第一次 1998 年 8 月 13 日—17 日,第二次 2001 年 3 月 31 日—4 月 7 日,第三次 2002 年 8 月 12 日—21 日,第四次 2002 年 11 月 1 日—3 日,第五次 2003 年 8 月 9 日—14 日,第六次 2004 年 8 月 30 日—9 月 5 日。2002 年笔者以"现代战争的记忆保存——中国民众对日军细菌战的受害记忆"为研究课题,获得了日本学术振兴会的科学研究助成金,之后至 2004 年的期间内,一切调查研究费用均由此科研费支出。

② 如第一章第一节所述,原告团是由细菌战受害地的浙江省衢州市、宁波市、义乌市、东阳市、崇山村、塔下洲村、江山市以及湖南省常德市这 8 个地方的 180 名受害者和遗属所组成的,其中常德市原告 61 名。

下来并进行系统整理的重要性。因此，尝试着运用文化人类学的方法对常德民众的细菌战受害口述历史进行分析和整理。

本书是基于受害者们的亲身遭遇、个人经历和埋藏多年的记忆的研究，尝试站在受害民众的立场上来审视战争，考察战争对个人、家庭和社会造成的危害，以及对人的心理产生的长时期的挥抹不掉的深刻影响。

把个人记忆作为接近历史的媒介①，似乎就需要对"准确是义务"②这一历史学研究的前提有一种新的理解，也就是说要把记忆的误差和模糊性考虑进去。笔者不赞成因为个人记忆有误差和模糊性就将其排除在历史研究的视野之外，这样近于因噎废食，笔者主张赋予个人记忆在历史研究领域里应有的"公民权"，同时力求克服其中可能存在的误差和模糊性。在几年的研究中，笔者尽量注意在各个事实上求得更多的证言，以相互对照，纠正和弥补个人记忆的误差。并且，不仅仅依凭当事人的口述，还尽可能地结合相关的民国政府以及地方政府的会议记录、文件等公文，政府官员及医务工作者的报告书、军部电报、当年防疫工作人员的回忆笔记等史料，以及常德细菌战受害调查委员会整理的各个村落的受害者名单等资料，考察记忆与史料的相关性，多方面地验证细菌战受害的状况以及之后所发生的各类事件。

进一步说，即使关于个别事件的具体情节的个人记忆可能会有误差，但是从整体上说，口述历史所提供的历史层面，所反映的基层社会的生活图景，以及个人、家庭的主体性活动，为把握历史事件的机理，理解各种因素及不同当事者之间的交织互错的复杂关系，是有着独到意义的。

二

应该怎样去把握如此大量的当事人的证言和记忆资料，怎样对其进行系统的整理呢？在既往的学术研究中恐怕还找不到可以直接利用的方法论和范例。因此，笔者一边进行访谈和考察，一边思考和构筑分析框架，在

---

① ［美］Liu Xin，*Remember to Forget：Critique of a Critical Study*，working paper for the Symposium：*Memory and Media in and of Contemporary China*，March 2－3，2011，University of California，Berkeley.

② ［英］E. H. 卡尔，［日］清水几多郎译：《歴史とは何か》（《历史是什么》），东京：岩波新书，1970（1962）年，第 7 页。

这个摸索的过程中走了不少的弯路。

时常能感受到来自两个方面的压力。首先来自民众战争受害记忆的庞大和极度的沉重。战争受害状况交织着复杂的社会历史文化背景，而且各位幸存者和遗属们所倾诉的，不仅仅是那一时的战争受害，家里、村里、镇上死了多少人，是怎么死的，还包含着由于细菌战受害而受到了极大损害的个人及家庭其后的生活，是一部部浸染着血和泪的生活史。作为研究者，面对这些记载着个体生命过程、触及人之尊严的历史事实，首先应该做的，是尊重当事人的立场和权利，忠实地记录和转达每一位当事人经历的原貌及原意，没有权力由着自己的意思去任意改动。

然而，如果仅仅是将这些涉及复杂场面的话语原封不动地记录下来，是达不到对战争受害及其深远影响的整体把握并进入认识层面的。要想上升到认识层面，还是有必要对这些战争受害经历进行一定程度的整理，从学术的视角做些加工处理。这就产生了如何理解和解释各种经验事实的含义，如何基于事实把握战争受害的机理，以及如何将各个事实在整体把握和相互关联中重新定位的问题。这些问题都是需要在事实基础上展开自己的思考才能回答的。这是另一个让笔者感到有压力的地方。

在这种左右为难的状况下，笔者尝试着贯彻初衷，在尊重当事人证言的同时借助学术的方法对其进行整理分析。不过，这种分析并不拘泥于现有的学术框架，除了文化人类学之外，还吸收了历史学、思想史以及心理学学科的理论和研究方法。[1]

下述贯穿本书的基本观点正是这样在几年的一边尽力搜寻事实一边苦心琢磨分析框架的双向研究作业的过程中，如地下渗出的泉水慢慢地汇成小河一般一点一点地浮现在脑海里渐渐清晰的。所以这篇序并未写于正文之先，而是在全书即将完成之时才写就的。因此，读者如果一边参照正文的内容一边阅读序文，或者读完正文之后再读一遍序文，也许会更容易把握本书的内容和观点。

---

[1]　这样的观点，与松村高夫所说的"社会史的视角"类似，松村认为："第一，社会史是以'综合学'为目标，这是为了克服因经济史、政治史、文化史、民俗史等个别研究领域的过度专业化而无法整体性地理解处于一定时代的国家及地区的这一危机般的研究状况的。……第二，社会史是以重构民众的劳动和生活为目标。"参见关成和著，[日]松村高夫等译《七三一部隊がやってきた村——平房の社会史》（《七三一部队所到之村——平房的社会史》）序言，神奈川：KOUCHI 书房，2000 年。这里需要指出的是，本书虽然参考了各个学科领域的理论，但基本上还是以文化人类学的视角作为考察的立足点。

具体说来，以下四个观点贯穿全书。

第一，基于各受访者的记忆重构地区的细菌战受害全貌。

本书对常德地区受害事实从时间和空间上的整体把握，是把各受访者活生生的经历，比如，是谁、在什么时候、怎样地染上鼠疫、周围的亲人是怎样地对待病人和死者等的个人经历和陈述综合起来，使之有机地交织在一起而构筑的。此前的研究多倾向于用抽象的统计数字来说明战争受害，然而将受害现场的情况及个人经历具体地呈现出来，让战争带给人类社会的伤痕跃然眼前，却较少见到，但这样能够建立起更为具体的战争认识。

第二，将战争受害置于其所发生社会的文化背景中去理解，进而分析战争加害与当地的社会文化之间的相互作用。

每个受害者的受害回忆中都包含着丰富的社会民俗内容。如果参照地方志和地方史等资料对这些内容进行仔细探讨，就有可能在相当的程度上掌握受害发生时的社会生活背景和风俗习惯等。

将战争产生的影响置于社会文化背景中进行理解，有着多方面的意义。首先，播撒鼠疫这类的战争加害造成的疫病大范围传播是离不开当地的社会生活和文化背景的，在常德我们可以看到，鼠疫正是介于当地的社会生活形态蔓延开来的。因此，要想切实地把握受害状况及其传播机制，是有必要理解作为背景的社会生活形态的。并且，国民政府为了阻止鼠疫扩散而展开的一系列防疫活动当时受到了民众的强烈抵制，基于西洋医学而制定的防疫政策与民众传统的世界观和民间信仰之间存在着尖锐的对立，这也是鼠疫得以大范围扩散的重要原因之一。战争加害的破坏力里面裹挟进去了当地的文化习俗和民众心理，使之成为其中的一环并因此加剧了受害程度，这样的后果恐怕是发动了细菌战的日军七三一部队成员们也没有料想到的。总之，要理解细菌战成为催化剂引发的战灾扩大的战争加害机理，就要了解当地文化、民众的世界观及信仰体系。还有，鼠疫不仅夺去了众多的生命，还破坏了人与人之间的亲情和连带，摧毁了地域的社会生活，从地域社会生活研究的角度可以看到战争破坏产生影响的久远和持续性。

总的来说，将战争受害置于原有的社会文化背景中去理解，不仅仅是研究战争导致的直接的短期性伤害，而且是研究其造成的间接的长期性的伤害。

　　第三，在将视线投向宏观注意战争破坏机制和社会文化背景的同时，关注每一位受害者，分析每一个人的具体情况。

　　细菌战发生之后，受害者的命运因此被改变，很多人的生活较之以前有了天壤之别，与亲人的突如其来的生离死别在人们心里留下了深深的伤痕。——记录并描绘出这些受害事实，可以让读者通过刻在受害者们心里和人生足迹上的战争烙印去具体地感受战争，为没有亲身经历过战争的人们创造出一个对过去的想象性理解的"集合空间"，"而这个空间里所寄寓的，是没有经历过的人们的记忆"①。

　　与"重视数量"，个人只是作为集合中的一份子存在的历史学研究的视角不同②，本书将每一个人作为"个体"去注视。对个人的关照，不仅是为了重构个人背后的社会整体机制，更是为了关注每一个不可代替的宝贵生命。关于每一位受害者的生命存在和作为人的尊严被残暴践踏的记忆，只有被未曾经历过的更多的、后来的人们所共有，才能被"历史化"。也只有这样，才有可能让多种声音汇入历史，使历史多元化。

　　第四，考察战争受害记忆的特征及记忆的保存。

　　国家赔偿诉讼开始之后，细菌战受害者本人及遗属们的个人记忆在公共的空间登场了。这些记忆中，有被心理学称作是"闪光灯式记忆"（flashbulb memory），即当时的情形鲜明地铭记在心的记忆；有与之后的穷困生活一体化了的"生活体验型记忆"；有在其后的几十年间被反复思量自然而然地吟诵成诗的；有被编写成民谣或描绘成图画的记忆。的确，无论是以哪一种形式表达的记忆，都少不了出现遗忘和误差。如前所述，笔者努力对各类证言进行了相互印证。并且，本书亦探讨了在当事人的内心深处刻下了深深痕迹的心理外伤性记忆，指出由战争受害导致的心理外伤性记忆会影响人的性格和人生观，以至于受害者当中有人因长期的抑郁而自杀。

　　与细菌战有关的记忆，除了深埋在个人心中的私密性记忆之外，还包括分散于各种史料、尚未发表或者不被允许发表的手稿等各种形式的资料中，这些记忆长期以来一直没有被纳入历史研究的视野。如果说，历史是

---

　　①　［日］多木浩二:《戦争論》，东京:岩波新书，2002（1999）年，第189页。

　　②　［英］E. H. 卡尔著，［日］清水几多郎译:《歴史とは何か》，第70页。原文是"对历史研究来说数量是重要的。"

E. H. 卡尔所说的"现在和过去的对话"①　的话，那么这些记忆，直到最近，不，即便是现在，也还在很大程度上未能实现"和现在的对话"。

为什么会是这样？理由很多，涉及国家意识形态的特征、社会的政治状况、历史学研究的现状等多个方面，对这些问题的详细分析超出了本书的范围，在此且不展开进一步的探讨。不过，本书至少是要指出民间受害记忆没有被引入历史研究这样一个事实，为探讨导入个人记忆对历史研究的意义而抛砖引玉。

三

本书的构成如下。

第一章将民众的战争受害记忆写入"历史"，是以后各章内容的综述。本章指出，长期以来民众的细菌战受害记忆没能得以公开，缺少与他人、社会共有的公共"记忆场所"，简要地分析了产生这种现象的原因，概述了深藏于个人内心的记忆是如何被"寻找"出来的，探讨了作为研究对象的受害记忆的特征及性质。

第二章常德地区，介绍了常德的历史和地理环境，对细菌战发生时演变为鼠疫传播媒介的社会生活形态，从城镇与乡村的社会经济结构、行政组织、父系血缘亲属组织宗族等方面进行了介绍。

第三章记忆中的细菌战受害，沿着受害者的视线来看战争受害，在引用他们的回忆和陈述的基础上，重构了常德城内及农村地区惨绝人寰的受害情景，分析了鼠疫大范围传播的途径。

第四章重生厚葬文化的悲哀，讲述了包括巫俗、土法诊疗、土葬等在内的当地风俗习惯和死亡与重生、身体观等民众的世界观，与基于近代西洋医学的防疫政策及防疫活动之间所发生的正面冲突；从后果看民众文化助长了鼠疫的扩大，分析了细菌战这一破坏催化剂裹挟当地文化所形成的连锁性战争破坏机制。

第五章鼠疫发生后国民政府的对策与民众社会，以民国政府公文、各部门各级行政官员的报告书等史料以及感染鼠疫当事人的回忆等为基本依据，参考了日本和中国的历史学者的相关研究，对民国政府和地方行政的

① 　［英］E. H. 卡尔著，［日］清水几多郎译：《歴史とは何か》III。

防疫体制以及所开展的各种防疫活动进行了考察，分析了鼠疫发生地区防疫工作的效果。

第六章细菌战之后，考察了细菌战发生之后的受害地区和受害者的状况，分析了细菌战给社会生活以及个人的人生造成的深刻影响，对以不同方式饱尝了"人生三大不幸"的受害者们的人生经历作了介绍。

第七章受害记忆的保存，考察了细菌战受害记忆和日军造成的其他伤害的记忆之间的关联性，介绍了以民谣和绘画等形式表现的战争记忆。

第八章民众的战争受害记忆的力量，探讨了日本社会在对过去战争的反省方面存在的问题和症结所在，并思考常德民众的战争受害记忆对生活在今天的人们的意义。

综上所述，衷心希望本书能够成为一座桥梁。

一座连接亲身经历了细菌战的战争受害者和"没有经历过的人们"之间的桥梁，一座连接个人记忆和"展开创造性理解的集合空间"的桥梁，一座连接过去和现在的桥梁。

作　者

2006 年 6 月

第　一　章

将民众的战争受害记忆写入"历史"

2001 年，作者与常德细菌战受害调查委员会部分成员合影

（前排左起叶荣开、作者、何英珍、丁德旺、王耀来、张礼忠）

细菌战受害虽然已经是半个多世纪以前的事情了，但如序言所述，它们后来被长期地潜藏保留在当事人的记忆中了。"所谓记忆，第一要义是曾经经历过的过去，不过，是在没有经历过的人们的集合空间里被历史化的。"① 就是说，记忆只有在被记录下来，被当事人以外的更多的人共有的情况下，才能成为"历史"。从这个意义上说，没有被记录下来也没有被共有的细菌战受害，在其后很长的一段时间里没有在真正意义上成为"历史"的一部分。这种状况开始有了些变化是 1980 年以后的事了。

一　追究细菌战犯罪及文化人类学者的自觉意识

20 世纪 80 年代以后，由于日本、美国、中国等国的历史学者、报告文学作家、记者锲而不舍的追究，以及中国、日本、美国、加拿大等国家的市民团体及个人的合作，关于日军七三一部队发动的细菌战的真相得以逐渐浮出水面；细菌战从其开始策划，到细菌部队的组织，生产基地和科研系统以及具体作战施放细菌等一系列的过程和各个环节，逐渐地被搞清楚了。这些研究不仅揭露出细菌战战争犯罪这一长期被掩埋在岁月尘埃里的历史阴暗面，而且严正指出日本政府隐瞒责任，以及美国为了自身的政治军事利益对实施了细菌战的战争罪犯免除了罪责等问题。②

追究历史的阴暗面以及 20 世纪战争中的战争犯罪，就会涉及追究日本政府的战争责任和补偿受害人权益的战后赔偿问题。1997 年夏，由日军细菌战受害地的中国浙江省衢州市、宁波市、义乌市、东阳市、崇山村、塔下洲村、江山市以及湖南省常德市 8 个地方的受害者及死者家属组成的原告团，在由日本律师组成的律师团的协作下，把日本政府告上了法庭，以使用国际法禁用的细菌武器、隐瞒事实、在赔偿立法方面的失职等

① ［日］多木浩二：《戦争論》（战争论），东京：岩波新书，2002（1999）年，第 189 页。
② 有关细菌战的研究人员和机构有很多，如森村诚一、常石敬一、松村高夫、吉见义明、七三一细菌战展示会实行委员会、七三一细菌战诉讼活动委员会、ABC 企划委员会、Harris. S. H.。纪实电视节目有：中国中央电视台、山东电视台、湖南经济电视台等，详细内容参见参考文献。

理由，向东京地方法院提起了诉讼。①

2002 年 8 月，经过历时 5 年的法庭审判，东京地方法院做出了判决。判决书虽然驳回了原告的赔偿请求，但是，全面接受了原告方面所提供的众多证据，承认了日军发动了细菌战这一历史事实。例如，判决书承认"从 1941 年到 1942 年，由七三一部队、一六四四部队等向衢州、宁波、常德等地投下了鼠疫菌，向江山直接播撒了霍乱菌"。关于细菌作战的指挥，承认了"细菌武器的实战使用作为日军战斗行为的一个环节，是根据陆军中央的指令而发动的"。而且，承认由于细菌战而导致在参与诉讼的受害地区疫病发生，导致了一万人以上民众的死亡。②

关于细菌战的残虐性及其社会影响，判决书中写道："在如本事件这样的人际关系密切的地区，因为鼠疫是通过社会生活形态而传播的，所以在人们接连不断地相继死亡的紧迫情况下，人与人之间产生了相互怨恨和猜疑，这极大地影响了地域社会的人际关系和社会生活，同时在人们的心理上留下了严重的创伤"③。

可以说，判决书中的这个论点是从笔者的陈述书里引用的。我作为原告方面的学者证人，于 2000 年向东京地方法院提交了关于常德地区受害状况的陈述书，并且走上法庭，陈述了对受害状况的研究所见。④ 作为文化人类学者，从接受律师团的请求开始着手细菌战受害状况的调查以来，笔者始终关注的是细菌战发生之后生活在那里的人和地域社会，关心战争给人们的命运和社会生活带来的影响。

战火中的老百姓是怎样地遭受战祸，这些灾害是如何影响个人、家庭以及地域社会的，战争在人们的心里留下了什么样的阴影，这些创伤是怎样地持续着的；等等。站在战争受害者的立场来研究思考这些问题，应当

---

① 聂莉莉：《日本軍による細菌戦は中国に何を残しているか——国家賠償請求訴訟の波紋》（《日军细菌战在中国留下了什么——国家赔偿诉讼的影响》），《世界》2001 年第 9 期，东京：岩波书店。

② ［日］《細菌戦裁判東京地裁判決文》（《细菌战诉讼东京地方法院判决文》）6（3），东京地方法院民事第十八部，2002 年 8 月 27 日。

③ ［日］《細菌戦裁判東京地裁判決文》6（3）（ウ）a，东京地方法院民事第十八部，2002 年 8 月 27 日。

④ 参见聂莉莉《裁かれる細菌戦：湖南省常徳における日本軍による被害状況》（《被审判的日军细菌战：湖南省常德的受害状况》）资料集第 4 集，七三一细菌战诉讼活动委员会、ABC 企划委员会、七三一部队细菌战受害国家赔偿诉讼律师团，2002 年 2 月。

说是了解战争本来面目不可或缺的视角。

　　20世纪是战争多发的世纪。那么对人类来说战争究竟是什么呢？关于这一点，现在在各学科以及在国际社会，正从各个角度进行反省。作为文化人类学者，笔者对战争的首要理解是，战争最终破坏的是人类本身。所以，与主要是从国际关系或者是从政治及军事史的角度来诠释、解构战争的国际政治学以及历史学不同，笔者更加关注的是战争与人类社会的关系，注视生存于战争状态下的人和社会。这是我从事常德细菌战受害调查的基本立场。

二　没有"记忆场"的记忆

　　站在遭受战争灾害的人们的角度去思考战争重构历史时，需要依靠亲身经历了战灾的受害者及死难者家属们的回忆，他们的个人记忆就成为研究的主要对象。在此，我们和个人记忆问题相遇。可以说，亲身体验者的"记忆是我们通往历史之旅的交通工具"。不过，这个交通工具既是通往历史之旅的指南，同时也是研究者需要保持一定距离冷静斟酌思考的对象，不光是记忆的内容，对记忆的特征、可靠性等性格的把握，也是保持研究客观性必不可少的。

　　以下是对细菌战受害者以及死者家属的受害记忆特征的分析。

（一）历史记录和受害事实之间的巨大差距

　　关于常德地区细菌战受害者死亡人数，原告团向东京地方法院提交的诉状里记载的是7643人，这个数字是来自常德细菌战受害调查委员会的调查结果。但是，这仅是1996年11月成立该委员会至2000年11月为止的调查结果，之后还在持续进行的调查充分表明，死亡人数有进一步增加的可能。并且，调查委员会对各地受害者寄来的1.5万份左右的受害陈述书进行的事实核查目前仍在继续进行当中。

　　长期以来，对使用细菌武器而造成如此大规模的战争受害，并没有做到把握其全貌。20世纪40年代，国民政府对扑灭鼠疫的防疫活动投入了很大的力量，但是没有能够掌握民间受害到如此严重程度。从政府方面史料来看，国民政府的受害记录和实际情况有着相当大的差距。例如，在常德现场指导防疫活动的国民政府战时防疫联合办事处处长容启荣1942年9月写的《防治湘西鼠疫经过报告书》中，记载了常德县城的鼠疫患者是

42 人，死亡 37 人①，但是根据常德细菌战受害调查委员会目前的调查结果，县城内的鼠疫死者是 297 人②。另外，关于距离县城约 25 公里的石公桥镇和离之约 5 公里的镇德桥镇的死亡人数，当时政府防疫部门的记载分别是 33 人和 9 人③，但是现在的调查结果分别是 1018 人和 172 人④。

当年从事防疫和治疗的医疗工作者们之后陆续提供的证言与现在所掌握的事实之间，也有很大的出入。比如，国民政府湖南省卫生处卫生工程师刘厚坤在 1950 年对《新湖南报》记者说明的常德细菌战受害人数是 400 人左右；当年常德联合防疫处副处长邓一韪于 1965 年撰文回忆死于鼠疫者的人数"约在 600 人以上"，由美国教会在常德县城创办的广德医院的副院长谭学华于 1972 年写的回忆中说明的受害者人数"当在 500 人以上"。⑤

关于受害规模，为什么会出现政府部门的结论以及实际参与医疗和防疫的工作人员的推测与现实之间的差距竟然如此之大的现象呢？这里存在着多种可能性。从第五章可知，国民政府的社会管理体制虽然在形式上建立起来了，但在实际上，特别是在战乱的情况下，下情很难上达；防疫活动开展不力，并没有在整个地区特别是农村地区全面展开，以致各地的疫情无从通过防疫体系转达；从行政制度上讲，各级政府部门没有一套把历史性事件总结成文字进而保管的制度，县级大多有个档案馆，到了乡镇级有保存历史文书设施的就很少见了。并且，即使是档案馆博物馆里保存了一些历史资料，很多也在以后的历次政治运动中遭到损毁。从第四章来看，由于风俗习惯及传统观念等原因，县城里疫病发生时大多数民众是拼命向政府隐瞒家中有人因鼠疫致死之实情的。另外，从第七章可知，抗战时期日军给当地民众带来的受害是多种形式连续不断的，死亡是经常发生的。这些都可以说是造成行政的、文字的记录和现实之间有着巨大差异的原因。

----

① 据容启荣《防治湘西鼠疫经过报告书》中附录《常德鼠疫患者经过情形一览表》，容的报告书收藏于中国第二历史档案馆，档案号：372—706；陈致远《2004 年 7 月 15 日递呈东京高等法院 1941 年日军常德细菌战对常德城区和石公桥镇和平居民的加害鉴定书》（以下简称《陈致远鉴定书》），2004 年 3 月，第 6—7 页。

② 《陈致远鉴定书》，第 11—19 页。

③ ［日］松村高夫等著：《戦争と疫病——七三一部隊のもたらしたもの》（《战争与疫病——七三一部队带来的灾难》），神奈川：书之友社，1997 年，第 251 页。

④ 常德侵华日军七三一部队细菌战受害调查委员会编：《中国湖南常德：侵华日军七三一部队细菌战受害者及其遗属名册》，2002 年 8 月。

⑤ 《陈致远鉴定书》，第 20—21 页。

在此，暂且不去深究到底是何种理由掩埋了细菌战造成的民众巨大伤亡的真相，更想指出的是，无论如何，经受了如此悲惨的灾难却不为人所知，甚至亦不为生活在身边的家人亲人所知，受害者们长期以来没有能够发出任何声音来申述受害的现象，是不近情理的。经常讲要"以史为鉴"，这个"史"里面应该包含受害民众的声音和身影。今天我们在倾听他们长期以来没有发出来的声音的同时，也要思考一下为什么"历史"里缺少了这种声音。

（二）"记忆场"

恰如冰山上融化下来的雪水汹涌却又毫无声息地流入沙漠，消失在地下的洞穴暗渠一般，受害者们的经历虽然惨痛，但长期以来却没有讲述出来。沉默的年月很长，直到最近为止几乎没有任何一位当事人公开地提起过这段辛酸往事。他们为什么不说出来呢？如果借用法国历史学者皮埃尔·诺拉的"记忆场"这一概念来解释，没有"记忆场"大概是重要原因之一吧！

皮埃尔·诺拉"为了探索法国国民感情的表现方式"而关注"国民的集体记忆之表象"，创造了"记忆场"这一概念。所谓"记忆场"，是指对国民或者任何一个共同体具有重要意义的实际存在的"空间"。这一空间，既有如历史公文档案馆、博物馆、纪念碑、墓地等具有物质性的侧面，又有如祭典、默哀、纪念日等具有的象征性的侧面，还有如协会团体、教科书等具有的功能的侧面，现实当中的"记忆场"，这三个侧面常常是同时存在的。[①]

若是借用诺拉的"记忆场"来分析关于细菌战受害记忆的话，可以说长期以来，为了受害记忆的"场"几乎是不存在的。

首先，从"物质性侧面"来看，如此的"场"是没有的。常德博物馆2004年起开始筹划设立细菌战展厅，至这一年年底，即使是地处受害地，博物馆里也没有过对当地历史上曾经发生过的如此重大的事件的展示。

在北京市的中国人民抗日战争纪念馆里，虽然有关于日军七三一部队细菌战的常设展厅，但主要以细菌战部队的组织体系以及实施的作战等为

---

① ［法］皮埃尔·诺拉著，［日］古川稔译：《記憶の場：フランス国民意識の文化＝社会史1対立》（《记忆场：法国国民意识的文化＝社会史1对立》），东京：岩波书店，2003年，第18—48页。

展示重点,至于细菌战的受害者以及给社会生活和给民众带来的影响,特别是反映受害地区、受害者们实际受害经历的展示内容却基本上不具备。① 博物馆里有关过去战争的相关展示,缺乏对战火中生活着的人和地域社会的关注,往往舍弃有血有肉的经验性事实,把战争受害抽象化为宏大的数字。

因感染鼠疫而死亡的人大多被埋葬在被叫做"乱葬岗"的无主坟地,那里是埋葬因意外事件而死亡的"非正常死亡者"、流浪者、乞丐等的墓地。之后,由于战乱以及新中国成立后的农田开发、修水库、平整土地以及城市化的影响,当年的"乱葬岗"早已面目全非,其结果是大多数的鼠疫死者连一块墓地也没有,家人无以凭吊。

目前在常德的农村受害地区,分别建有三座细菌战遇难者纪念碑。它们都建于1998年,是由当地村镇死难者家属们共同捐资建造的,在那之前常德地区没有相关的纪念碑。

其次,从"象征性侧面"来看,在中国国内,祭典、默哀、纪念日等活动大都是由政府主导的。但是,即使是当地政府,也没有做出任何与细菌战受害相关的决定。

最后,从功能方面看,新中国成立以后与细菌战相关的回忆或介绍,1949年年底在苏联的远东城市伯力举行战犯审判以及其后美国在朝鲜战场使用细菌武器时,国内的一些报纸杂志上刊登了由防疫医疗工作者以及受害者家属撰写的关于日军细菌战的文章,不过,主要是为了应对当时的国际局势,呼应抗美援朝而写的,其内容较少涉及一般民众的具体受害。之后,连相关题目的文章也很少出现在公共视野里了。各级政协出版的《文史资料》中,偶尔可见来自民主党派出身的医疗工作者或受害者家属的文章②,但由政府宣传部门主管的面向大众的出版物中,涉及与细菌战受害状况相关的内容几乎是没有的。至于协会和团体,受害者之间连有着

---

① 中国人民抗日战争纪念馆编:《中国人民抗日战争纪念馆讲解词》、《中国人民抗日战争纪念馆简介》,2000年。

② 1950年年初,刊登的有关细菌战的文章,有《人民日报》1950年1月8日"奥国医师肯特证明:日寇曾在常德使用细菌武器";《人民日报》1950年2月5日"湖南省常德广德医院院长证明:日寇曾有飞机散布鼠疫病毒,常德地区许多同胞因此死亡";《人民日报》1950年2月8日"湖南人民有铁的事实为证,日本战犯无法抵赖";《新湖南报》1950年2月12日秦泰"我带着曾经的受难经历要求严惩日军细菌战战犯";中国科学院:《科学通报·反细菌战特刊》,1952年;陈茂礼:《从石公桥的鼠疫看日寇的罪行》,《常德县文史资料选集》,1986年1月。

同样的受害经历都互不了解的情况下，当然就谈不上组织任何受害者团体的问题了。而且，在每一个人都被所属于某个"单位"的组织制度下，长期以来是不允许人们跨越各自的单位去组织公众性的社会团体的。即使是在改革开放之后，常德细菌战受害者和遗属们组成的受害调查委员会在成立以及开展活动的过程中，特别是在初期，实际上遇到的各种阻力也还是很大的。

诺拉以为，记忆场的根本特征是"赋予一定的象征或符号以意义"，使之能够发挥"让时光止步，阻挠忘却，规定事物的状态"的功能，将"没有形状的"已经消逝的过去"具体地显现出来"。① 关于细菌战的受害记忆，直到 20 世纪 90 年代末，都没有这种意义的记忆场，铭记民众个人的家庭的受害经历的"象征或符号"，在公共的空间里是没有亮相的机会的。

细菌战诉讼开始以后，研究者们从各级政府的档案馆里相继发现了与细菌战相关的史料。比如，从南京市的中国第二历史档案馆，长沙市的湖南省档案馆、常德市武陵区档案馆等处，先后查找出来了 20 世纪 40 年代国民政府防疫会议的议事录，行政官员、防疫队成员的报告书以及鼠疫检测、预防注射记录等的史料。可以说，"显现"细菌战这个悲惨的历史事件的"符号"并不是不存在，只是这些史料长期以来没有被"赋予意义"，无法发挥"阻挠忘却，将已经消逝的过去具体地显现出来"的作用，只是被搁置在档案馆的架子上而已。既不是"与现在对话"的既往记录，也没能起到向"没有经历过的人们"传达过去历史的作用。

（三）作为个人记忆、私人记忆的受害记忆

关于记忆，目前有各种不同的分类。根据"记忆主体"的不同，将记忆分为个人记忆（individual memory, personal memory）、集体记忆（collective memory）和国家记忆（national memory）三类。② "个人记忆"是指除了字面意义上的个人之外，还包括家人、亲属、朋友等具有亲密关系的人们之间共同存在的记忆。"集体记忆"是指超越了亲密关系的人们

---

① ［法］皮埃尔·诺拉著，［日］古川稔译：《記憶の場：フランス国民意識の文化＝社会史 1 対立》，第 49 页。

② ［日］都留文科大学比较文化学科编：《記憶の比較文化論——戰争·紛争と国民·ジェンダー·エスニシティ》（《记忆的比较文化论——战争、争端与国民·社会性别·族群》），东京：柏书房，2003 年，第 11—13 页。

之间，特别是被同一团体、地区所共有的记忆。"国家记忆"是指国家依靠意识形态所维系的正统性记忆。

另外，根据为之共有的领域之性格不同，也可以分为私人记忆和公共记忆。私人记忆是没有公共要素介入的私己性记忆。与之相对，公共记忆则意味着公共的要素，如政治组织及社会组织的介入，是通过公共媒体而成为在较大范围内被社会共有的记忆。

这里要说明的是，个人记忆与私人记忆、公共记忆与国家记忆之间，并不一定是相互对应、相互等同的。个人、家人的私人记忆如果公开，并且成为社会之人所共有的话，则就可能变成为公共记忆。另一方面，国家记忆由于政治思想教育和宣传的作用而渗透到个人意识的时候，个人对自身经历的私己性记忆也会染上公共记忆的色彩。

细菌战的战争受害记忆，在新中国成立以后的很长一段时间里，基本上是作为个人记忆、私人记忆而存在的。而且，这个"个人记忆"与上述定义又稍有不同，是字面意义上的"一个人的记忆"。从在常德所接触的受害者们来看，细菌战受害记忆往往是被埋藏在人们的内心深处，数十年间，多数人对这段惨痛的经历缄口不言，其本人是受害者或是受害者亲属一事，甚至连其配偶、子女们都全然不知。

终于有人开口在公开场合说出自己及家人的受害实情的，是在赔偿诉讼开始之后在当地受害调查逐步展开之时，这些藏于心底的伤疤终于被重新揭开，他们所道出的惨烈的受害经历，不禁使其家人、亲属、晚辈为之震惊。

关于他们一直没有说出受害记忆一点，第四章、第七章将会做具体分析。这里仅想着重指出的是，关于战争受害记忆，在个人记忆、集体记忆和国家记忆这三个层面上，未必是相互通畅没有隔膜的。

（四）"抗日战争"的国家记忆和民众的战争受害记忆

在中国称抵抗日本对中国发动的侵略战争这一时期为"抗日战争时期"，如对历史时期的命名所示，国家的意识形态所强调的是"抗日"，是对日本侵略者的抵抗、作战的历史之侧面。并且，在抗日战争的历史上，中国共产党所领导的八路军、新四军与日军作战的战役，以及共产党开展的游击战被重视，在战场上表现出的"英勇气概，民族气节"被歌颂。涉及民众的场合，基本上是宣传人民大众和侵略者作战的"人民战争”以及在斗争中涌现出来的英雄人物。

当然，在国家的话语中，并非置民众所受的灾难于不顾。关于抗日战争历史的书籍和教科书中，确有不少关于民众所受灾难的描述。涉及形容民众遭到侵略者蹂躏饱受战争苦难时，有许多经常使用的词语，如“尸骨成山”、“血流成河”、“流离失所”、“饱受煎熬”等。而且，在政府设立的博物馆及纪念馆里，设有关于民众遭受日军种种暴行的陈列。例如，在中国人民抗日战争纪念馆里，常设的四个展示部分中，有“日军暴行”展室，对日军“烧光、杀光、抢光”的“三光政策”所造成的灾难，从其所及范围、村落数目、死亡人数等方面做了介绍，对日军残害抗日人士和民众时所使用的残忍手段也进行了详细介绍。①

但是另一方面，为什么单独的个人、家庭、亲属集团、村落等却没有诉说战争受害的“记忆场”？为什么没有能够创造出那样的空间来呢？对这个问题的深入分析超越了书本的范围，不过在此笔者还是想说说在整理民众的受害记忆、考察受害地时的一些思考和实际感受。

国家的历史话语虽然强烈谴责日军的残虐暴行，但是不免缺少进一步的人文关怀，即将视线越过这些暴行，继续关注暴行的牺牲者、受害者，以人文主义的方式对待每一个生命个体。换句话说，也就是缺少站在受害个体的立场，去思考战争受害对个人、家庭来说的意义。

在现代汉语中，“受害”和“牺牲”的语感是不同的。“受害”是遭受损害，“牺牲”是指为了革命以及“正义的事业”献出生命的革命烈士、英雄等。

为革命事业而牺牲的人，特别是被认为做出了重大贡献的牺牲者，其名字广为人知，业绩被宣传赞美，还会为其建造纪念碑。革命烈士的家人会得到“烈士家属”的荣誉称号，可以从政府那里得到抚恤金。

与此相对，对遭受侵略者暴行的普通民众，一般是用“难民”、“受害群众”这样复数型词汇统而称之。被记载于册的一些重大历史事件以及日军大规模的虐杀事件，死难者会在公共话语中被提到，但是即便如此，受害者个人、家庭以及地域社会的具体情况，往往被舍弃、抽象

---

① 比如，中国人民抗日战争纪念馆介绍了日军的一些杀人手段：大卸八块，五马分尸，刮人剥皮，电磨粉身，火烧水煮，冰冻活人，四肢钉墙，剖腹灭子，挖眼，割耳，割舌，剁手，剁脚，割乳房，刀刺阴部，竹棒钉阴部，点天灯。参见中国人民抗日战争纪念馆编《中国人民抗日战争纪念馆简介》，2000年。

掉了。

中国现代史的正统话语，基本上是站在国家主义的立场上，叙述和记忆新中国成立前民众是如何遭受到包括战争受害在内的帝国主义、封建主义、官僚资本主义"三座大山"的压迫。也正是由于对民众所遭受苦难的叙述和记忆是服从于意识形态的宏观叙事的，所以，如果只要对其笼统把握就可以时，便没有必要连细微部分也都搞得明明白白，念念不忘。反之，如果站在以个人、个体生命为基本点的立场去考虑问题，就会更加关注受害者个体，关注生命，关注人与人、生命与生命之间的纽带，以及人们实际生活于其中的地域社会。

并且，更重要的是，如果站在受害者的立场去理解历史事件，就会关注他们受到的损害，考虑对他们进行照顾和救济。但很长一个时期以来，基本上没有采取过什么措施。

国家主义的话语重视"前车之鉴"，往往将遭受侵略以及战争受害的历史归结为国家及民族太弱这一原因，对历史的宏观把握最终还是为了宏大的体制。个人在其中，至多是"人民群众"这一概念中的一个要素，是一个应当与整体相融合的一份子。

立足于国家主义历史观的抗日战争史，更加重视的是历史的、政治的及军事的侧面，而在社会历史方面则有很多空白，缺乏基于实证考察、细致把握基层社会各个方面的实际状态的基础上，逐渐地进行整体归纳的这样一种历史研究的方法论。

（五）丑陋的"瘟疫"死和道不出的受害记忆

关于抗日战争时期的历史记忆，不同于国家的战争记忆，围绕着战争受害，在民间，作为家史或者地区内曾经发生的历史事件，的确也有由祖父母、父母讲给晚辈，学校老师教给学生们的情况。

常德地区从 1938 年起，连续几年遭到日军空袭。并且，1943 年以常德县城为战场进行了"常德会战"，国民党军队和日军展开了激烈的战斗。[①] 这些话题，在当地人的谈话中是常常被提起的，由于空袭特别是常

---

① 1943 年 11 月，国民党和日军在常德发生的战争，日军第十一军团纠集 5 个师团 10 万军力攻打常德，而国民党陆军第七十四军第五十七师以仅有的 8000 兵力死守常德，战争非常激烈。参见叶荣开编《中日常德之战》，《常德市志》编纂委员会，1995 年 10 月。

德会战，市内的古建筑大部分被破坏①，很多市民死亡，守卫常德城的国民党军队将士们大部分战死，市民和周边区域的农民们遭到了日军烧杀抢掠等历史事实，成了地方性的历史知识。

常德会战之后，为了铭记为抗战而死的将士们，国民政府很快在常德公墓正门建造了"陆军第七十四军常德会战阵亡将士纪念坊"，牌坊上额正中由蒋介石亲自题词，1945 年又建立了常德会战纪念塔。"文化大革命"时，虽然牌坊和纪念塔上的题词和对联被水泥覆盖了，但这些建筑本身没有遭到太大破坏，基本上完好保存下来，周围环绕的小广场成了市民休息的公园，有很多人到这里来散步、闲坐。20 世纪 90 年代初，常德市政府拨款修复了公墓相关设施，恢复了牌坊和纪念塔上的题词和对联。这样，就成了常德会战的"记忆场"之一，众多题词及对联无声地对来访的人们诉说着过去在这块土地上曾经发生过的事情。②

由此可见，民众所遭受的战争受害以及地区性事件的相关记忆，并不是完全没有"记忆场"，在与国家记忆不同的层次上，有的确实成了"个人记忆"以及地方的"集体记忆"。那么，为什么关于细菌战的战争受害，多数受害者和遗属却将其埋藏在个人的内心深处，不愿对人谈起呢？大概是与"死于鼠疫"，这种名声不好且是非常难看的死亡有关。

当时，与国民政府没有掌握日军细菌战引起的鼠疫发生范围如此之广相应，在农村地区，大部分的老百姓不了解鼠疫发生的原因，并不知道是日军的恶行。尽管遭受了深重的受害，受害者们却连元凶是谁都搞不清楚，这正是使用细菌武器进行战争犯罪活动的特征。

---

①   出生于常德地区桃源县翦伯赞于 1945 年引用了爱泼斯坦等记者的报道写道："常德已经克复了，但是他再也不能称为城市。他实在已经变成一个废墟"。爱泼斯坦《常德之战》有云："这一座古老的城镇，这曾经有十六万居民的城市，中国伟大洞庭湖西岸的粮米丰富中心，现在仅存两所有屋顶的建筑；那是属于西班牙的天主教堂……"中央社记者胡定芬《访问劫后常德》有云："进了东门以后，这个汉朝以来即居重镇的名城，尽是满目疮痍，一片废墟，昔日灯光辉煌的大庆街已成瓦砾之场！历史上有名的春申君之墓，变为一沟血水！在城中央和四周，偶尔存留几所残破不全的平房，只算大海中的孤岛，从山中的古刹，使人异样感觉寥落凋零。我们看到成千累万归还城区的同胞，从废墟上辨不出自己故居的位置，找不到自己亲切的骨肉，而在瓦砾中仰天徘徊，一种无家可归，孑然一身的惨痛情景，更为之潸然泪下。"重庆《中华论坛》第 1 卷第 9 期，1945 年 9 月，引自叶荣开编《中日常德之战》，第 776—777 页。

②   常德市人民政府 1992 年确定常德会战阵亡将士公墓为市级文物保护单位，1993 年常德会战 50 周年前夕拨款修复公墓相关设施，据陈国安《幸有旌铭怀伟绩》，《常德晚报》2003 年 12 月 6 日。关于公墓牌坊及纪念塔上的题词和对联请参见附录。

如第三章、第四章所见，民众将鼠疫的发生叫做"发了人瘟"，将其缘由解释为是"犯了煞"。什么是"煞"呢？民间似乎也没有太明确的说法，大概应属于神灵或恶神这一类。是因为人有了过错，或者是命不好、前世的因果报应，而触犯了神灵才被染上"瘟病"的。正因为如此，受害者家人经常被周围的人们看不起，受害地区的村庄被周边避而远之，有女儿的父母是不愿把女儿嫁到发过鼠疫的村子里去的。而且，由于鼠疫传染性极强，一个人的染病死亡经常会引起了数十乃至数百人染病死亡，因此，鼠疫过后，最先发病的家庭会被亲戚邻居们看作是造成死亡的源头，而遭到疏远和怨恨。在常德城里，发生过因年轻媳妇染鼠疫突然死亡而造成了亲家间的相互不信任，猜疑死亡背后的阴谋，而打起官司的民事纠纷。

还有，正如第三章所述，鼠疫死者临终前，身体剧烈变形变色，排出恶臭排泄物，样子极为难看。死者亲属们提到亲人死前的情景时一般总会说，"死得是很惨的"。内心深处有着对鼠疫死的深深抵抗，有意无意地要将深爱着的亲人与那丑陋的死分开，这大概也是他们不想提及鼠疫受害的理由之一。

如上所述，因为种种原因，受害者和死者亲属们便把鼠疫受害这个悲痛的经历埋藏在内心深处了。

三　"找回来"的记忆

常德细菌战受害调查委员会总共收到了由受害者本人或亲属送来的以及从各地邮寄来的约 1.5 万份受害陈述书，从数量便可看出受害范围之广，程度之严重。但是，受害调查初始时，工作的开展是有许多困难的。

（一）中日双方的合作

1996 年 2 月，来自日本的细菌战受害调查市民团体、历史学者以及律师等一行访问了常德市，提出了希望在常德地区进行关于细菌战受害状况调查的申请。与此同时，传来了浙江省细菌战受害地区准备开始进行对日赔偿诉讼的消息。当时，接待日本客人的常德市政府外事侨务办公室及地方志办公室的负责人对日本客人的申请感到有些为难。虽然觉得应该接受日方的请求，和浙江省的受害地区共同行动，但是又有些犹豫不决。其理由是：第一，如果对抗战期间的战争受害要求赔偿，是否会违背"中日友好"这一国家的外交方针？第二，这些日本人真的是可以信赖的吗？第三，如果打官司的话，谁来做原告？关于受害者甚至连线索也很少的情况下，如何找到受害者呢？总之，有各种各样的考虑。

图1—1　1996年，时任常德市外事侨务办公室副主任陈玉芳（左三）
与日本律师一濑敬一郎（左一）、鬼束忠则（左二）、西村正治（左四）

访问常德的日本律师和市团体成员最先见到的常德当地干部是陈玉芳。陈的积极支持，对其后的受害调查以及诉讼的进行起了很大的作用。

在此之前的1995年，常德市地方史志工作者已经出版了《辛巳劫难——1941年常德细菌战纪实》① 这样一部关于日军七三一部队在常德地区实施细菌战的书。此书是与《中日常德之战》都是为纪念抗日战争胜利50周年而出版的。但是，同时出版的两部书却有着不同的背景。如前所述，在当地，常德会战因为留在人们的记忆中，广为人知，所以出版相关的书籍，对编辑人员来说是"久虑于心"②。与此相对，关于常德细菌

① 邢祁、陈大雅主编：《辛巳劫难——1941年常德细菌战纪实》，中共中央党校出版社1995年版。

② 叶荣开编：《中日常德之战》，"编后记"，第1143页。

战，是市志办的工作人员读了新华社发的一条消息"这样一个偶然的理由"，而起了进行调查和出书的念头的。① 那条"消息"就是，日本的中央大学历史学教授吉见义明 1993 年在日本防卫厅防卫研究所图书馆所藏的原日军大本营参谋井本熊男上校的业务日志（简称《井本日志》）中，发现了有关实施细菌战的记述。在《井本日志》中，时任作战参谋的井本记载了他所参与的在中国进行的细菌作战，特别是"对常德的攻击，因为做了极其详细的记录，所以能够很明确地把握当时的实际情况"②。

由日本所藏史料证明了日军实施了细菌战一事，1993 年 8 月在《朝日新闻》见报之后，新华社立即在中国国内做了相关报道。这个报道给常德很大的冲击，地方史志工作者决定出版与常德细菌战相关的书籍。但是，他们遇到了各种各样的困难。"由于事隔 50 多年，很多当事人回忆往事，在时间、地点、人名等细节上，不可避免地出现抵牾。一些历史资料淹没在浩如烟海的文库中，搜求起来犹如大海捞针；相当多的当事人已经谢世，幸存者大部分分散居住。"③ 尽管如此，他们仍不气馁，一面在常德市区、郊区和较大的乡镇走访，寻找并访谈受害者，一面在档案馆、图书馆里搜集历史资料。相继搜集到了国民党政府派遣到常德地区的防疫队的主管人员的报告书，以及政府疫病情报电报、防疫会议记录、报纸报道等相关资料。④

因此，当日本市民团体及律师们访问常德时，地方志编纂委员会中已经掌握了一部分受害者及遗属的名字和线索。但是，在委托他们站出来做诉讼原告时，有人坚决地拒绝了。这是因为，与地方政府干部同样，受害者及遗属们也顾虑到打官司要求赔偿会与中国政府的政策不一致，而且，对个人直接与日本律师打交道并依赖其辩护一事也感到不安。

---

① 邢祁、陈大雅主编：《辛巳劫难——1941 年常德细菌战纪实》，"序"，第 2 页。

② ［日］吉见义明：《日本側の文書・記録にみる七三一部隊と細菌戰——井本熊男〈業務日誌〉に現れる細菌兵器使用の記述を中心に〉》（《日本的文书、记录中的七三一部队及细菌战——基于井本熊男〈业务日志〉中使用细菌武器的叙述》），《被审判的细菌战》资料集第 3 集，七三一细菌战诉讼活动委员会、ABC 企划委员会、七三一部队细菌战受害国家赔偿诉讼律师团，2001 年，第 9—48 页。

③ 邢祁、陈大雅主编：《辛巳劫难——1941 年常德细菌战纪实》，第 160 页。

④ 同上书，第 105—158 页。刘雅玲、陈玉芳：《常德细菌战疫死人数的七年调查——7643 人的死亡名单是如何产生的》，《揭开黑幕——2002·中国·常德·细菌战罪行国际学术研讨会论文集》，中国文史出版社 2003 年版，第 333—341 页。

图1—2   1997年，日本庆应义塾大学教授松村高夫（左一）、律师一濑敬一郎（左二）、常德市外事侨务办公室干部兼翻译罗建中在常德访谈受害者

就这样，在犹豫以及遇到了各种困难的情况下，常德的受害者们决定和浙江受害者携起手来共同提起受害赔偿诉讼。同时，以跨国诉讼为契机，成立了以遭受细菌战灾害的本人以及死者家属为骨干的常德细菌战受害调查委员会。

（二）常德细菌战受害调查委员会的努力

在搜集受害人线索掌握受害状况方面，受害调查委员会的贡献是巨大的。在对日本放弃了战争赔偿请求的国家政策下，地方政府对调查委员会的态度，尤其在成立初期时，是模棱两可的。

地方政府虽然默认了受害调查委员会的成立，基本采取不干预政策，但在形式上作为民间组织的调查委员会"挂靠"在外事局，是在外事部门的管辖之下的，而且，虽然调查委员会得到了外事部门负责人个人的鼎力相助，但是没有任何固定的活动经费。在这样的状况下，受害调查委员会的成员们骑着自行车自费去受灾地区的各个村落调查。在各村镇，他们召开了老年人座谈会，请老人们一个一个地回想死去的受害者名字，从遗属那里一份一份地收集来受害陈述书。① 他们的行动通过人们口耳相传扩大了影响，受害者以及遗属们开始接连不断地访问受害调查委员会，寄来了陈述书。调查人员对陈述书进行甄别整理，1998 年 7 月汇总成为《中国湖南常德侵华日军七三一部队细菌战受害者名册》（初稿），其中记录了 2425 个受害死亡者和 23 名幸存者，那是最初的受害者名册。②

20 世纪 90 年代末，受害调查委员会的外在环境发生了变化，带来变化的主要原因是中国政府对民间赔偿诉讼公开表示了不干涉的态度。而且，随着日本的律师团、支持赔偿诉讼的市民团体③和历史学者们多次访问常德，与受害者及当地市民的交流逐步加深，相互之间产生了信任感，甚至是朋友般的感情，可以说这也是事情起变化的重要原因。受害调查委员会的活动与赔偿诉讼步调合拍，更加活跃起来，最初拒绝当原告的受害者也接受请求当了原告。

受害调查委员会的组织规模和人员构成都有了发展，形成了市、乡镇、村的三级联络网。市调查委员会中，除了受害者和遗属外，外事侨务办公室的干部与《常德日报》的记者也作为成员加入进来。在乡镇层次，在 22 个乡镇组织起了受害调查小组，市调查委员会和各乡镇的调查小组经常一起走访受害村落，共同进行调查。第二次《受害者名册》汇总于

---

① 常德细菌战受害调查委员会最初的名称是"侵华日军七三一部队常德细菌战受害接待处"，关于其开展工作状况，刘雅玲、陈玉芳写道："常德细菌战受害调查委员会的调查网络是慢慢扩宽加大的。最初参与《辛巳劫难》编撰的学者叶荣开、陈大雅等人在常德市城区和城区东北郊、石公桥等地进行实地访查。1998 年 3 月，刘体云、李本福、何英珍、张礼忠、刘述文、丁德旺、王跃来、孙克富、徐万智等退休老同志主动加入设置在常德市外事侨务办公室的'侵华日军七三一部队常德细菌战受害接待处'这一（民间）机构，他们成为实地寻访调查的中坚力量。他们刚开始下去调查时，主要是找各自在当地的亲戚朋友，让他们提供线索，再召集直接受害者和受害者亲属以座谈会的形式了解详情。随着调查工作的持续进行，很多地方上的热心人士志愿加入这一工作。"《常德细菌战疫死人数的七年调查——7643 人的死亡名单是如何产生的》，《揭开黑幕——2002·中国·常德·细菌战罪行国际学术研讨会论文集》，中国文史出版社 2002 年版，第 334—335 页。

② 常德侵华日军七三一部队细菌战受害调查委员会编：《中国湖南常德侵华日军七三一部队细菌战受害者及遗属部分名册》（初稿），1998 年 7 月 6 日。

③ 1997 年以来，在日本有许多市民团体支持着细菌战受害国家赔偿诉讼，如搞清楚日军细菌战真相会、七三一细菌战展览实行委员会、七三一细菌战诉讼活动委员会、ABC 企划委员会（杜绝原子·生物·化学武器委员会）、军医学校发现的人骨问题会等。

1999 年 11 月，受害死亡者和幸存者分别为 6491 人和 28 人。第三次《受害者名册》编撰于 2002 年 8 月，如前所述，受害死亡者为 7643 人①。

　　有一些陈述者虽然递交了受害陈述书，但是，受害调查委员会没有立即认可他们的细菌战受害而没有将其死难亲属登录入册，这样的情况不在少数。受害调查委员会制定的受害者认定标准是比较严格的，首先是受害者亲属还健在，有当时的邻居或朋友的受害证言，而且村委会等行政组织需开具受害证明。具体有以下几条：

　　　　1. 受害调查仅限于 1941 年日军播撒鼠疫受害，发生在这个时段以外的疫病发生即使怀疑是日军所为亦不在登记范围。

　　　　2. 调查范围除历史文献中记载的受害地外，其他新发现的疫点必须有清楚的传播途径。

　　　　3. 受害者亲属要向调查委员会递交一份详细叙述亲人受害时间、发病死亡过程以及周围乡邻情况的文字材料。

　　　　4. 以面谈及旁证相结合的方法求证核实，当面向遗属了解受害者发病死亡之症状，并组织当地老人回忆，取得旁证。

　　　　5. 姓名无可考的受害者，如乞丐、国民党军队官兵、几乎死绝的宗族等不在登记之列。②

　　从受害调查委员会的工作状况亦可看出，因家人及亲属全部死亡、死者家属迁移到外地、受害者本人是乞丐难民等流动人口或国民党军队驻地的官兵等理由，已经无法对之进行受害调查的也不少。因此，上述调查结果的受害者人数，尽管已经达到了相当的规模，但可以肯定地说，那并不是受害人数的全部。

---

　　①　关于市、乡镇、村的三级联络网，参见附录"侵华日军细菌战常德受害调查三级网络成员示意图"（由常德细菌战受害调查委员会提供）。关于受害者名册，见常德侵华日军七三一部队细菌战受害调查委员会编：《中国湖南常德侵华日军七三一部队细菌战受害者及遗属名册》第二部，1999 年 11 月 4 日；常德侵华日军七三一部队细菌战受害调查委员会编：《中国湖南常德侵华日军七三一部队细菌战受害者及遗属名册》第三部，2002 年 8 月。

　　②　刘雅玲、陈玉芳：《常德细菌战疫死人数的七年调查——7643 人的死亡名单是如何产生的》，《揭开黑幕——2002·中国·常德·细菌战罪行国际学术研讨会论文集》，第 335—338 页。

四　作为社会生活史"记录"的记忆

受害者们的受害记忆所传递的，不仅仅是细菌战造成了家人和亲人死亡这一事实本身，同时，往往也多方面展现出这一事件发生时社会生活的背景。

笔者阅览了数百篇受害者及遗属们写的陈述书。每个陈述书都生动地记载着当时的社会生活情景，实地调查时，就当地的社会历史，笔者亦向陈述书提供者以及当地居民进行了请教。

（一）社会生活形态和细菌战受害

当人们在陈述是谁、在什么时候、正在干着什么时而传染上鼠疫的（第三章）、在什么样的状态下死去的，丧葬是怎样进行的，谁来参加丧事了（第四章），以及受害者死后其家属和亲人特别是遗孀、孤儿、老人的生活状况（第六章）等的时候，战争状态下的社会生活以及人们的活动就很具体地反映出来了。可以说，受害者的记忆和陈述书，亦是当时的社会生活和人们活动的真实记录。

透过这些陈述书，可以解读出常德地区的城·镇·村的社会结构①和各自所担负的社会经济功能、商品经济的交易范围、来往于城乡之间的农村人口的生活节奏、父系血缘亲属集团宗族的状况、乡镇办事处的构成及行政能力、亲属关系、邻里关系、通婚圈等当时的社会形态。

1941 年 11 月 4 日，日军飞机低空飞行向常德城内多处投下了鼠疫细菌。之后，鼠疫在城内突然爆发，并迅速地向周围的农村区域扩散。传播是通过人们的空间移动、商品交易、访亲探友等经济社会活动展开的，也就是说，普通的社会生活场所和人的活动本身，成了鼠疫传播和受害扩大的途径。第三章"常德城内的受害状况"、"鼠疫的扩散"等节是关于鼠疫发生、蔓延情况的详细介绍。

细菌战对基本的日常生活造成了巨大的打击。在第六章"一蹶不振

---

①　常德市在 1949 年前虽然是县级建制，但是从人口规模以及经济发达程度来看，相当于一座小城市。虽然乡和镇同为县以下的行政机构所在地，一般来讲，镇的人口较多，手工业和商业比较发达。

的村镇"、"除一人幸存外全员染疫死亡的宗族"、"对亲戚邻里关系的影响"等小节里，介绍了除造成人员大量死亡外，细菌战在日常生活中留下了严重的创伤。战争所带来的，不仅仅是非日常性、一时的破坏，而是长久地在人们的心理和生活中沉淀下来，在社会生活的各个方面刻下的不可恢复的爪痕。

也就是说关于战争受害，战时和平时、非日常性和日常性之间，未必有着很明确的分界线。

（二）当地文化与细菌战受害

使用鼠疫和霍乱等"给染病者带来极大痛苦的病菌"而进行的日军细菌战，给当地带来了疾病与死亡。① 而从人们关于染疫、死亡的各种回忆中，可以看到一些共同的行为，比如，对打防疫针的抵触和反抗；隐藏死于鼠疫的亲人尸体并将其悄悄地运回故乡；抵制政府的火葬政策而坚持传统的土葬风俗；不是同居一地的宗亲、姻亲也从远方赶来送葬；等等。这些都是出自文化传统的"自然"行为，显示出人们对乡土文化的执着。

在人类文化中，"疾病和死亡，在不同社会的文化体系中都被赋予了一定的意义"。这个意义，是通过关于身体、疾病与治疗、殡葬、神灵界、重生等的风俗习惯、信仰而具体体现出来的。② 这套习俗和观念是在漫长的历史中逐渐形成的，是应付时刻威胁着人的疾病和死亡的方法与智慧，它们"规定了在文化中生活的人们面对死亡时所采取的态度"③。

细菌战发生后，为了避免鼠疫的传播，政府防疫部门和医疗队等采取了各种各样的防疫措施。但是，这些防疫措施与当地文化中关于疾病和死亡的民间信仰、风俗习惯发生了正面冲突。由于民众的强烈抵抗，防疫措施很难贯彻。文化别说是应付疾病和死亡的方法和智慧了，甚至扮演了加

---

① ［日］《细菌戰裁判東京地裁判決文》6（3）（ゥ），a，b，东京地方法院民事第十八部，2002 年 8 月 27 日。

② ［日］内堀基光：《文化人類学事典》（《文化人类学事典》），东京：弘文堂，1987年，第 317 页。

③ ［日］内堀基光、山下晋司：《死の人類学》（《死的人类学》），东京：弘文堂，1986年，第 10 页。

深灾难的角色，扩大了细菌武器的破坏效果。这种连锁反应，恐怕是连投放细菌的日军也没有预料到的。

有关细菌战的发生和当地文化相互作用而造成的战争破坏机制，在第四章会有更有为详细的分析。

（三）"抒写多种声音的历史"

不管是在东方还是西方，"直到 20 世纪，历史学在本质上是以政治问题为焦点的"，对普通民众则"基本没有更多的关注"。"可以被用来叙述历史的原始史料及文书，被当政者以及行政官员或者保存起来或者毁废掉了。越是个人的、地域性的以及非正式的记录，被保存起来的可能性也就越小。在历史上，正是权力机构本身，根据其自身的意象去构筑历史从而发挥着巨大记录装置的作用。"① 英国社会史学者保罗·汤普森的这段话，基本上符合中国的状况。

在中国，基层的地域社会史以及普通民众的个人史，至今都没有受到重视，有关的历史资料基本上都没有保存下来。虽然在各级的行政机关里，确实设有编纂地方志的"地方志办公室"或方志编撰委员会等机构，可是这些机构主要是被安排来做一些行政机构和区域划分的沿革、自然灾害、风俗习惯、宗教信仰和著名人物等的记录。因此，只是发挥着"按照权力机构的意象去构筑历史这样的记录装置的功能"，较少关注普通民众的生活经历和命运。

然而，这次为了细菌战受害国家赔偿讼诉和受害调查，众多身为普通老百姓的受害者和遗属们写了陈述书，叙述了他们所经历的历史的一页。通过他们的陈述书和口述，不仅可以从社会生活的现场和人们命运的细节看到战争给人类社会带来的影响，启发人们具体地思考历史，而且，在"将亲身创造了历史，经历了历史之人，用其自身的语言表述置其为中心"② 以"抒写多种声音的历史"③ 方面，也是有着重要意义的。

---

① ［英］保罗·汤普森著，［日］酒井顺子译：《記憶から歴史へ：オーラルヒストリーの世界》（《从记忆到历史：口述史的世界》），东京：青木书店，2000 年，第 20—21 页。

② ［英］保罗·汤普森著，［日］酒井顺子译：《記憶から歴史へ：オーラルヒストリーの世界》，第 20 页。

③ ［法］皮埃尔·诺拉著，［日］古川稔译：《記憶の場：フランス国民意識の文化＝社会史 1 対立》，第 27 页。

五　忘却与记忆

对半个世纪之前发生的事情，个人的记忆是会有忘却、模糊不清甚至误差的。怎样应对这个问题呢？这里，笔者将尝试借用心理学的记忆分析理论来讨论这个问题。

（一）模糊的记忆

如前所述，调查委员会在刚开始进行细菌战受害调查时，在所到之村召开了访谈座谈会。我得到了几本座谈记录，生动地显示了人们在回想过去事情时的样子。

从记录可以看到，在回忆过去时，被调查者们的记忆是交错、混杂的，不同时期发生的事情被连在一起，好像同时发生的似的。比如，在近郊农村河洑镇召开的座谈会上，有人讲起河里满满地漂着被日军残杀的死难者尸体，连河水都被染红了的情景时；另一个人谈到日军轰炸时炸弹在自己身边爆炸的事情；还有人则说某某家的人都死光了。可以看出，当地人对日军在不同时间造成的各种伤害的记忆是混合在一起的，由于时间久远，不能清楚地区别村里人的死亡具体是在什么时候，由哪种原因，是由常德会战之后日军占领时，或是空袭，还是由鼠疫而造成的。

（二）记忆的条件

当然，并不是所有人的记忆都是混为一体的。还是有很多人在回忆细菌战受害时，能够比较具体地提供出"是谁、于什么时候、在哪儿、做了什么"等的信息。一般来说，当时已经有了一定年纪、接受了一定水平的教育以及生活比较宽裕的人，记忆会保存得完整、细致一些。相反，当时还年轻、教育水平低或不识字、整天为了生活而奔命的人，更可能会无法区别发生于不同时间的不同事件，也无法说清楚事情的具体过程。

心理学的研究表明，"罕见的事件比频繁发生的事情更容易被保存在记忆里"。并且，对个人经历的"忘却，与其发生的重复性相关"。"无数次的重复使人倾向于保持一种总体性的记忆"，即使是不同的事情，也会因它的相似性而在记忆中产生混同和融合，使得"特定场合的特定记忆"被融入一般性经验的记忆当中，从而无法区别出各个事情的不同。①

　　参考心理学关于记忆及忘却的相关知识来思考常德受害者们的记忆持有状况，与家庭生活及个人教育水平的关联性就变得容易理解。家庭富裕的人因平时过着比较安定的生活，当他们突然受到细菌战的打击时，会感到大的落差，而且家里人去世了，他们会为死者隆重地举行葬礼，这些对他们来说都可以说是"罕见的事情"。与此相反，穷困人家日常生活就经常处于饥饿贫乏的状态，甚至是与死亡为邻，细菌战带来的死亡从某种意义上说，是与他们日常生活的延长线相接的。

（三）忘却和误差

　　不管属于哪种情况，人们的记忆都是会有忘却、误差的。存在忘却，记忆就是连贯的，不能够完整地记清楚一件事情。存在误差，记忆就会和本来事实产生差异。

　　如果仔细阅读这些大量递交上来的陈述书，就会发现这样的现象，一方面，各人的叙述相互关联、对应，颇具一致性；另一方面，对于同一件事，不仅不同的当事人的回忆不同，甚至是同一当事人在不同的时间、环境下的回忆也有互不相同之处。

　　发现当事人的各次回忆不一致时，笔者一般不会一味地追究事情的原委和细节。年代久远了，硬是要人家说出细节可能会是强人所难。而应分析不一致之点的问题所在，找出其中的共同之处，尽量从整体上去把握当时的状况。

　　例如，细菌战发生时居住在常德地区最繁荣的小镇石公桥的商家丁家，包括佣人在内共 11 人染上鼠疫死亡，只有长子旭章因在常德城内上学而得以幸免。接到噩耗后，旭章连同未婚妻李丽枝急急忙忙地赶回家，父母已经离开了人世，两人就向父母的遗体磕头告别，这个仪式同时也就作为了他们的婚礼。

　　围绕旭章和丽枝的"婚礼"，有着不同的叙述。跪拜父母遗体、夫妻对拜的简单仪式到底是在哪里进行的？在常德细菌战受害调查委员会举办

---

　　① ［美］G. 科恩著，［日］川口润等译：《日常記憶の心理学》（《日常记忆的心理学》），东京：赛因斯社，1992 年，第 138—139 页。

的座谈会上丽枝说是在安放父母遗体的丁家灵堂里，但在接受笔者的访谈时，她说是把父母的遗体运往丁家故乡后在丁氏家族的祠堂里，另外，邻居中有人说是埋葬了父母的遗体之后在父母灵位前（详细请参照第三章），各说不一。

丁旭章于20世纪60年代初期自杀了。李丽枝上了年纪之后，健忘似乎日有所增，对于一些细节的提问，她通常以一种迷茫的表情只是反复地答复道，"忘记了"。

就这样，随着叙述人、所面对的对象、叙述时间场所等条件的不同，关于同一事情的叙述会有一些不同。但是，另一方面，也还是存在着一些相互一致的地方。就丁家而言，旭章的家族成员除他本人外全部死亡，他的婚礼是在父母死后举行的，说是婚礼其实只是在父母的遗体或者牌位前相互对拜而已等，这几点无论哪个叙事版本都是共有的。只要能抓住这些大的特征，即使无法一一探明细节，也是可以基本掌握丁家的细菌战受害以及之后的情况的。

另外，如果对方的记忆模糊，不能说清楚家庭成员受害时的具体情景时，笔者会把重点放在受害之后，访谈遗属特别是失去了父母的孤儿们其后的生活状况，倾听其艰辛的人生经历。战争受害造成的家庭成员死亡、财产损失而带来的生活状况变化、人生艰难，是应当收入战争受害研究视野里面的。

农民王吉大10岁时父母死于鼠疫。关于父母死亡前后的情况，他虽然还有一些记忆，而父母死后拉扯年仅5岁妹妹的艰难生活，则在他的脑海里留下了无法抹去的印象。他谈到，父母死后的生活中最为难的是，每天晚上临睡时妹妹会哭着喊着要妈妈，这种情况持续了很长时间，他自己也难过，真的不知该如何是好；另外，失去了给他们做衣服鞋子的母亲，他们兄妹两人凑合着穿家中的旧衣服，穿得总是破破烂烂的（详细请见第三章第三节、第六章第三节）；再有就是妹妹一辈子都在埋怨哥哥，没有送她上小学，让她到老都是个文盲。

因战争灾害失去了父母的孤儿的辛酸苦楚，以我们的日常经验也是可以体会的，作为一名母亲，更使笔者不由得深深为之所动。虽然王吉大讲述的只是日常生活体验，并没有更多的悲剧式的跌宕起伏，但是可以说，他的这种综合型记忆或者说是生活体验型记忆，是能够引起听者的共鸣，进而去体会战争受害者的痛苦和历史的沉重。心理学对共鸣的解释是，

"自己站在他人的角度，设身处地地去承受他人的心理感受"①。正是因为有这种共鸣，才能使即使没有亲身经历过历史的人也能展开对以往的想象力。

　　获得对他人体验的共鸣以及对历史的想象力，可以说，这也是我们关注 60 多年前的战争加害和受害这一历史事实的意义之一。"心中的感动随着痛楚的感觉持续增加而达到一定程度时"，"基于这种感性便会萌发出来一种价值观，这样被创造出来的价值观会对既存的社会起着某种作用"。② 对历史的理解不应该是机械的、没有人文关怀的，而应该是建立在对人、对日常的感受的基础上的。基于这种历史感的价值观去观察现实社会，也许会有更为深沉、多元的发现。

　　尽管可以在一定程度和条件下允许误差和遗忘，但是，作为研究者，还是要尽最大努力尽可能地接近事实本身，搞清楚来龙去脉。因此，对受害者们的陈述，特别是有着众多说法的陈述，笔者所做的，是将不同人的陈述进行相互比对验证，并参考政府会议记录、报告书等历史资料，进行实地考察，尽量将差错减少到最小。

---

　　① B. E. 穆尔、B. D. 法恩编，福岛章监译：《精神分析辞典》，东京：新曜社，1997 年，第 32—33 页。

　　② ［日］中井信彦：《歷史学的方法の基準》（《历史学方法的基准》），东京：塙书房，2001（1973）年，第 194—195 页。

第 二 章

常德地区

环绕着常德市的沅江（2001 年）

细菌战受害为什么能够通过当地的社会生活形态而扩大呢？理解这个问题的关键在于把握常德地区的社会形态。本章将从历史、地理、城镇和乡村的关系、行政机构等的角度，考察常德地区的社会形态及其特征。

一　历史和地理

（一）历史

常德的历史非常悠久。在常德市博物馆里，展示了不少当地石器时代的遗迹和发掘出来的各种石器。在澧水、沅江流域常德地段，至 1989 年发现的旧石器时代的遗迹有 48 处，上至 30 万年前，而新石器时代的遗迹，至 1990 年发现有 480 处之多。

夏商时代，三苗、"苗蛮"、濮人、越人等居住在这一带。

春秋战国时期，常德被纳入楚国统治的版图，楚国在常德设置了黔中郡，常德成了楚国南部疆域的政治、经济中心，楚人在这个地区建立了许多城邑。秦统治时期，沿袭黔中郡，并在常德一带设置了临沅县，这是在常德地区最早设立的县。[①]

西汉初期，临沅县隶属武陵郡。晋代武陵郡隶属荆州，唐代改武陵郡为朗州，宋代改朗州为鼎州，元代改制时称为常德路，明代改常德路为常德府，清代沿设常德府，下辖武陵、桃源等县。民国时期将武陵县改名为常德县。20 世纪 40 年代，常德县城的街区沿着沅江北岸伸展，是一座呈现出三角形的城市。

日军发动细菌战的 1941 年，常德县有 32 个乡镇，413 保，5634 甲，24854 户，户籍登记人口 596466 人，其中男性 310270 人，女性 286196 人。乡镇中长庚镇、启明镇、沅安镇 3 镇在县城，其他都在农村地区。县城里除了常住人口外，还有从已被日军占领了的湖北等地逃来的大量难民，民国政府也有军队驻扎在此。当时县城的人口总计在 65000 人左右。[②]

---

① 陈致远：《常德古代历史研究》，北京图书馆出版社 1999 年版。

② 《常德县警察局民国三十年九月机关现状调查表》，常德市武陵区档案馆藏，档案号：44—3—183。

新中国成立后，根据湖南省政府的政令，县城区域被改设常德市（县级市），农村地区被改设常德县，分别隶属于常德地区。1988 年，政府又进行了行政体制变动，废除了常德地区、常德市和常德县，分别更名为常德市（地区级市）、武陵区和鼎城区①（参见表 2—1）。

表 2—1　　　　　　　　民国时期及新中国成立后的行政建制

民国时期	湖南省	湘西地区	常德县	乡、镇
中华人民共和国 1949—1988 年	湖南省	常德地区	常德市、常德县	乡、镇
1988 年—现在	湖南省	常德市（地级市）	武陵、鼎城等区、桃源等县、津市（县级市）	乡、镇

现在，常德市除了武陵、鼎城区两个区以外，还管辖着桃源、临澧、汉寿、安乡、澧县 5 个县和津市（县级市），1999 年的人口大约是 539 万人，常德市区人口约 50 万人。市区和农村地区的土地总面积是 18200 平方公里。

在常德这块具有悠久历史的土地上，历代文人、政治家辈出，留下了不少著名探访者的足迹。1991 年修筑沅江沿江大堤时，市政府采纳了市政协委员及人民代表的提案，在大堤的侧面，修筑了约 3 公里长的诗墙。所谓诗墙，就是雕刻了诗文的墙壁。为了进行筹备工作，市里成立了诗墙委员会，委员们先是从 10 万首古诗中，选出认为与常德地区有关的 8000 首，进而又从中选择了 800 首。另外，还选出反映常德现代史的 400 首现代诗。精心挑选的这 1200 首诗被刻在了诗墙上。②

以记述了神话般的尧舜时代的《庄子·让王》为首，春秋时代楚国的政治家春申君、屈原，晋代诗人陶渊明，唐代政治家、诗人刘禹锡、王维、王昌龄、白居易，宋代的政治家、词人范仲淹以及近代的民主主义知识分子宋教仁、教育家林伯渠、女作家丁玲、历史学者翦伯赞等，历代名人墨客的诗词跃然墙上，让人感受到常德地区浓厚的历史人文气息。

常德人为自己的家乡拥有这样的历史而感到自豪。"中国常德诗墙序"，是以如下的词句开头的：

---

①　参见叶荣开编《常德市志》，1995 年。

②　中国常德诗墙丛书编辑委员会：《百年沧桑注析》，中国文联出版社 1999 年版。

"武陵故郡，常德新市，集山川之形胜，乃人文之渊薮。"①

（二）地理

常德地区位于湖南省北部，中国第二大淡水湖——洞庭湖及其周边平原的西部。发源于贵州汇入洞庭湖全长 1060 公里的沅江，流淌于境内。

常德地区有 7 条河流，全长 10 公里以上的有 4 条，面积 1 万亩以上的湖泊有两个。当地水源丰富，水田面积广大，自古以来以盛产稻米和棉花闻名。此外，还出产鱼、贝等多种水产品。并且，从洞庭湖周边大面积的沼泽地和湿地上砍取的芦苇、草、柴被运送到湖北等邻省。

常德不仅物产丰富，而且是涵盖了相当大范围的物产流通的集散地。经由常德，西南部的木材、桐油和茶叶被运送到了东南部；东南部的农具等生产工具及日常用品被运送到了西南部。

从交通来看，常德自古就是交通要道。往西，武陵山脉一直延伸到云南和贵州的高原地带，河流可到达贵州的铜远、镇远等城镇。往东往南，有通往岳阳、湘潭、长沙等城市的公路干线。水路则与长江中下游的各大城市如武汉、南京、上海，以及东南部的沿海城市相连。由于重要的地理位置，常德在历史上，一直是连接少数民族聚居的中国西南部和汉族为主要民族的东南部的要道，自古有"荆湖的唇齿，滇黔的喉嗌"之称，是历代兵家必争之地。1938 年 6 月日军占领湖北西部的宜昌后，以重兵封锁了长江水道，国民政府所在地重庆连接华中的重要通道便被拦腰截断，川湘公路便成了中原入川的唯一路径，物资全靠这条被称为战争生命线的公路输送。而常德正好扼守在川湘公路的关隘处。②

1938 年 10 月武汉失守后，暴露在日军战线前沿的内陆城市，除了长沙，便是常德，成了日军的重要攻击目标。但是，日军的作战受到了当时国际局势的影响。1941 年 6 月苏联对德国开战后，7 月日本制定了"形势变化下的日本国策要纲"，决定日本军队进驻法国殖民地的印度支那半岛，并且为了对抗苏联，加强了与苏军对峙的关东军的力量配备，结果，日本在中国内陆的战线受到了战线过长、兵力分散的影响。1941 年 9 月

---

① "中国常德诗墙序"由湘潭大学教授羊春秋作，《百年沧桑注析》，第 1—8 页。

② 刘启安：《叫魂——侵华日军常德细菌战首次独家揭秘》，二十一世纪出版社 2005 年版，第 29 页。

长沙会战开始，日军虽然一度占领了长沙，但不得不马上撤出来。① 常德的细菌战，就是在这样的背景下实施的。

二　城乡之间

民国时期，城市和乡村虽有差别，但是在地方上，像在常德这样的地区，以中小城市为中心，存在着一些商业及手工业很发达、乡镇政府所在地的小城镇，城乡之间，在经济和社会生活方面是密切相关的。

（一）市、乡镇、村之间的网状结构

美国的人类学家施坚雅认为，"市场"是理解中国城乡社会结构的重要线索。②

施坚雅将传统中国的市场分为三种类型。

第一种是处于中心村的"标准市场"。这里可以"提供各自的村里所不能提供的生活必需品及服务业"。并且，"农民可以随时在这里卖掉自家所生产的、自家消费不掉的那部分产品"。另外，"更重要的是，这里是农产品和手工业制品进入交易市场、流向更高层市场的起点，同时是为农村购买力提供消费品的市场末端"。

在"标准市场"的上面，有"中心市场"和"中间市场"。

"中心市场通常位于交通枢纽之处，具有大量交易的重要功能。交易活动有进出两个方向，一方面是输入其他地区的产品，把它们输送到所支配的区域圈内的各地；另一方面是将收购来的本地物产运往其他地区的中心市场，或者上一层的城市中心市场输出。""中心市场"一般是在县政府或者府州政府所在地。

"中间市场"是处于"各种物资和服务自上而下或自下而上地双向垂直流通的中间位置的市场"。

---

① ［日］松村高夫：《日・米・中・ソの資料による七三一部隊と細菌戦の解明》（《从日、美、中、苏资料解读七三一部队与细菌战》），《裁かれる細菌戦ギ歴史学者とジャーナリストによる鑑定書》（《被审判的细菌战ギ历史学者与新闻工作者的鉴定书》）资料集第 6 集，七三一细菌战诉讼活动委员会、ABC 企划委员会、七三一部队细菌战受害国家赔偿诉讼律师团，2001 年，第 80 页。

② ［美］施坚雅著，［日］今井清一等译：《中国農村の市場・社会構造》（《中国农村的市场和社会结构》），京都：法律文化社，1979 年，第 7—61 页。

就这样，各层次的市场分别成为各自地域内交易中心的同时，相互间又形成了"在经济机能上有着上下层次的网状市场结构"。也就是说，在较大的，或者流通较周围村落发达的一些村或小镇里存在"标准市场"，多个"标准市场"的中心有"中间市场"的小城镇，而多个"中间市场"的中心有"中心市场"的市镇。其上面，还有地方城市、地方首府甚至首都的中心城市。

市场的网状结构通常与政府的各级行政机构相对应，通常是各级行政机关所在地（参见表2—2）。

表2—2　　　　　　　　　　　市场和行政机构

市场结构	政府机构所在地
首都	国家政府
地方城市	省政府
中心市场	地区政府
中间市场	县乡镇政府
标准市场	

市场网状结构对经济活动以外的社会生活也有重要意义。特别是"标准市场"圈，"对于和农民和其他集团的交往有着重要的意义"。施坚雅所说的"其他集团"，是指其他村落或者其他宗族的人们。

父系血缘集团的宗族常常分布在"标准市场"的圈子内。在有交易市场的小城镇的寺庙里举行的神灵祭祀、庙会等不仅有镇上的人参加，市场圈子内各村的村民们也会赶来参加。换言之，"寺庙里的神灵所支配的区域往往与标准市场圈子是对应的"。

人类学家费孝通基于对江苏省农村的调查，将农村的"贸易区域"分为"初级市场"和"中级市场"。"贸易区域的大小决定于运输系统——人员及货物流动所需的费用和时间。"初级市场是"买者不需要花很多时间以致妨碍他的其他活动便可在其中买到货物"，一般就在村里面。费孝通所调查的开弦弓村有两个这样的"初级销购区域"，"理发店、肉店、杂货店和庙宇也都分设在两个地区"，其中一个还有银匠、鞋匠的店和药店等。"中级市场"是初级市场的零售商用批发价格购买货物的地方，坐落于大的镇子或县城。①

施坚雅的市场网络模式是基于长江中游的四川省及东南沿海地区的状况而建立的，费孝通关注的是长江下游的江南地区。常德地处长江以南，与上述二位的研究基本上属同一个区域，并且，常德的市场结构与他们的分析是吻合的。

20 世纪 40 年代初期时，从宏观上讲，常德是连接西南和东南的重要商业城镇，如果借用施坚雅的话说，是起着相当于"中心市场"的作用。

在地域内，常德县城通过乡镇的中介连接着广阔的农村。常德地区的镇，比起县城来规模当然要小一些，但是，商业、手工业以及人口也是各具一定规模的，是所在地区内经济活动和社会活动的中心。如果对照施坚雅和费孝通的概念来看，镇基本上相当于"中间市场"或"中级市场"。

常德县城 3 镇以外的 29 个乡镇，从与县城的关系以及其他机能来看，大体可以分为以下几个类型。

第一，在地理位置上靠近常德县城、附属于县城的镇，如河洑镇、聂家桥镇、石门桥镇等。这些镇在发挥着"中间市场"或"中级市场"作用的同时，因为靠近县城，居民们为了经济活动频繁地来往于常德县城之间。

第二，和常德县城有一定的距离，相对比较独立，成为所在地区经济活动中心的镇。如石公桥镇是被四周的镇德桥镇、周士乡、韩公渡乡等规模相对较小的镇所围，成了当地的经济活动中心，也可以说，石公桥镇是和常德县城一样，也发挥了"中心市场"的作用。

第三，处于交通枢纽位置，起着连接常德县城和周边地区作用的镇。从陆路来讲，黄土店镇是从常德去周围的汉寿、桃源、安化、桃江等县的必经之地，其特征是流动人口比较多。从水路来讲，沅水流域的各镇，如河洑镇、德山镇、牛鼻滩等，成为以常德城为中心向周围辐射的枢纽。

当地人说，常德地区有"十大名镇"。它们是石公桥、镇德桥、周士乡、河洑、蒿子港、黄土店、牛鼻滩、斗姆湖、石门桥、石板滩。

这"十大名镇"，从其规模以及影响所及来看，是各不相同的，可以分为三个类型。首先，规模最大的是石公桥镇，其次是从镇德桥到牛鼻滩的 6 个乡镇，比这些更小的是斗姆湖等 3 个乡镇。

---

① 费孝通：《江村经济——中国农民的生活》，江苏人民出版社 1986 年版，第 181—182 页。

图 2—1　常德十大名镇（1940 年）

常德的市场网络，特别是人们的市场交易、货物运输等的经济活动，在细菌战袭来时，如下章所述，成了鼠疫传播的途径。

（二）石公桥镇

以石公桥为例，试着详细分析一下镇的经济、社会、文化机能。

石公桥镇位于常德县城东北，水路陆路距离 30 公里左右，是一座具有悠久历史的老镇，坐落在冲天湖湖中央一条约 1.5 公里长的堤坝上，四周被湖水围着。南北走向的堤坝被分成"桥北街"和"桥南街"两个区域，之间有一座连接两边的桥。

20 世纪 40 年代初期，镇上有大小店铺和居民 400 余家，人口 2000 余人。南货铺、百货铺、鱼行、谷米花纱行、绸缎庄、药铺、肉行、饭馆、染行、银铺、铁匠铺、屠宰行等商家作坊，鳞次栉比地排列在贯穿全镇的街道两侧。有不少从湖北、安徽、江苏等地来的难民落脚于此，镇上的流动人口有几百上千人。每到冬季，还有来自湖北的渔民和周边地区的农民在湖边沼泽地带割芦苇砍柳枝，因此冬季的流动人口会更多些。

　　石公桥镇是横跨湖北北部湖南西部广大地区的有名的物产集散地，来自各地的商人运来各地特产的同时，也把常德出产的棉花、米和水产品等运往各地。冲天湖的名产银鱼数量丰富肉质好，加工品干银鱼的贸易很兴隆。

　　根据长年居住在石公桥镇的黄岳峰（1924—2005）和王华璋（1924年出生）两人的回忆，20世纪40年代石公桥镇的商家状况、经营内容及进货销售情况，大体如下（见表2—3）。

表2—3　　　　　　　　　石公桥镇的商家

商业种类	店铺数量	经营范围	供货来源	交易消费对象
南货铺	15—20	油、盐、香、砂糖、烟酒、蜡烛	常德县城	本镇、周边镇和村
百货铺	16—20	衣服、毛巾、手绢、牙粉、香粉	常德县城	本镇、周边镇和村
粮鱼山货花纱	20—25	鱼、米、水果、竹、菌子、木材	周边农村	湘潭、益阳、湖北
绸缎庄	8—10	绸、布	武汉、长沙、常德	本镇、周边镇和村
钓具店	1	渔网、鱼钩	长沙、常德	渔民
文具店	4	文具、文化用品	常德	本镇、周边镇和村
药铺	9—12	中药	常德	本镇、周边镇和村
大酒店	5—6	20席位以上的饭馆		本镇、周边镇和村
饭馆	25—30	小规模的饭馆		本镇、周边镇和村
茶馆	10—15			本镇、周边镇和村
牛行	2—3	买卖牛	周边农村	本镇、周边镇和村
猪行	2—3	买卖猪	周边农村	本镇、周边镇和村
屠户肉铺	10—12	屠宰家畜、卖肉	周边农村	本镇、周边镇和村
豆腐店	2—3	豆腐作坊		本镇、周边镇和村
理发店	6	理发		本镇、周边镇和村
缝纫店	8	裁缝店		本镇、周边镇和村
银铺	2	制造银器		本镇、周边镇和村
洗染店	2	染生丝、染布		本镇、周边镇和村
铁匠铺	4—5	制造、修理农具		本镇、周边镇和村
篾器店	13—15	制作销售竹器		本镇、周边镇和村
木器店	11	制造销售家具、棺材		本镇、周边镇和村
赌场	2	赌场		本镇、周边镇和村
剧院	2	上演地方戏	汉戏花鼓戏团	本镇、周边镇和村
客栈	4—5	旅店		过往商人、旅客
合计	183—217			

从表2—3所示店铺内容来看，石公桥镇发挥着各种各样的功能。

首先，从经济方面来看，200多家店铺可以分为6类：①生活用品和生产工具的销售。②本地产品的收购和销售。③铁、竹、木质等的生产生活工具以及服装的制造和销售。④家畜的收购和销售。⑤豆腐、点心、主食等食品的制造和销售以及餐饮店经营。⑥来往商人和旅客的住宿设施。

石公桥镇不仅是地区的商业中心，也是手工业生产基地。在各类的作坊里，制造着简单的生产工具和生活用品。镇上的不少商家及作坊雇佣帮工收学徒，这就给没地少地的贫困农家子弟提供了工作机会。

笔者访问的王华璋和王耀来两人，都是从11岁起开始在石公桥镇上的店铺里当学徒的。

王华璋出生在离石公桥镇4公里远的王家桥村。1935年通过在石公桥镇经营南货店的族人王耀先的介绍，开始在石公桥镇上的熊三顺绸布店当学徒。这家店主要是销售绸缎和布匹，虽然年销售额有70万元左右，但利润也就只有一两万。主要的进货地是常德县城。去取货是学徒王华璋的工作。店主有时会亲自去武汉和长沙进货。特别是武汉的千祥益绸缎庄，因为店铺规模大，东西比较便宜。

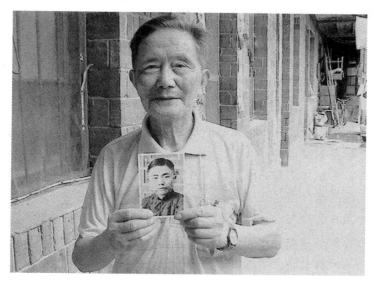

图2—2　王华璋手里拿着自己年轻时的照片（2003年）

图 2—3　王耀来在石公桥镇细菌战受害者纪念碑旁（2004 年）

王耀来出生在离石公桥镇只有 300 米远的风火王家村。1945 年起在石公桥镇德昌恒绸缎庄当学徒帮忙。德昌恒绸缎庄规模较大，店员 8 人，徒弟 2 人，经理 1 人。主要是从常德县城进货。青布从城内下南门附近的青布庄批发，丝绸类从东门的福记绸缎庄、介昌绸缎庄等处批发。（德昌恒绸缎庄是 1942 年石公桥镇遭受细菌战灾害后，恢复营业的店铺之一）

从社会文化方面看，石公桥镇发挥着以下功能。①茶馆和餐厅等给人们提供了交流的场所。②烹饪店、赌场、剧院等给人们提供了娱乐场所。③销售药品及医疗病患。④提供丧事的用品和服务。⑤向周围的村民提供了各种与生活、生产、社会生活相关的信息，展示了城镇的生活，是周边一带农民与外界联系的窗口。

另外，在民间信仰方面，石公桥镇的角色也是非常重要的。在该镇的南、北两端有南极宫和北极宫两座庙。南极宫里供奉着这一地区的土地神南极仙翁及 6 名罗汉，北极宫里供奉着杨泗将军或者被称为杨泗菩萨的神明。杨泗将军是当地的守护神。两座庙都是这一地区规模较大的庙，不仅在庆贺神明诞辰的庙会时人山人海，一般日子也是很热闹的。

杨泗是南宋初期农民起义领袖杨幺神化而来的神明。杨幺领导的起义被南宋王朝镇压后，在民间，老百姓悄悄地把他当做神明来祭拜。但是，忌于官府的势力，缘于杨幺排行居季，即兄弟当中排行第四或者居末，人们便称他为杨泗，以隐讳其名"幺"。[①] 杨泗是船业及篾缆等行业的保护神[②]，在石公桥这个湖泊众多的地区有很多崇拜者，有不少渔民、水上运输的人来参拜。

石公桥镇主要是靠水路与外界相连。从围绕着石公桥镇的冲天湖出发，向东南方向经由洞庭湖水域进入扬子江可到达上海，向北从澧水江逆流而上可至湖北省。另外，陆地与常德之间有公路相连。由于交通便利，民国时期，特别是在遭受细菌战受害之前，石公桥镇的商业是非常繁荣的。为了购买水果、竹子、蘑菇、木材等山货以及鱼等水产品，商人们纷纷从湖北、湖南本省的湘潭、益阳等地赶来。而石公桥镇的绸布店和南货店等的店铺为了采购商品，除常德县城，还会去长沙、武汉等省会城市。过往商人多时常有数百艘运输船只停泊在湖面上。

可是，繁荣的石公桥镇也遭受了日军细菌战灾害，鼠疫在镇上猖獗流行。之后，鼠疫从石公桥镇向周围的农村和乡镇传播，甚至从湖北、贵州等省过往的商人也未能幸免于灾祸。石公桥镇成了鼠疫灾害蔓延的源头之一。

（三）来往于城乡间的人们

如前所述，这一地区的城镇和乡村之间的联系是比较紧密的。农民们或者是为了销售家禽家畜以及农产品，或者是为了采购生活用品和生产工具，再有就是为了娱乐及社交，频繁地来往于农村与城镇之间。一般来讲，村民们大多去离村较近的镇子，但要买卖家禽家畜或大量销售粮食水产时，去常德县城的时候也不少。

一方面，长期居住在县城里的农民也不少，这些人可以分成以下几种类型。

第一种是被叫做"卖河水的"、"挑水的"、"挑夫"等的体力劳动者。当时常德没有自来水，市民的生活用水主要依靠沅江的水。"卖河水的"，是从沅江汲水，挑着扁担运到城里卖给市民的小贩。"挑水的"是餐饮店和手工业的作坊雇佣来专门挑水的短工。"挑夫"是在沅江码头上搬运货物、给旅客挑行李的劳动者。[③] 他们当中，有人常年住在县城里，也有人是农忙时回农村、农闲时来县城。

---

① 陈致远：《常德古代史研究》，第 107 页。
② 满大启编写：《常德地区志·民俗·方言志》，中国文史出版社 1994 年版，第 69—71 页。
③ 在《常德县志》中记载着，1949 年当时，在常德县"挑水的"大约有 100 人，在 19 个码头上劳动的挑夫有 1208 人。参见《常德县志》，1992 年，第 355—358 页。

图 2—4　常德市民俗博物馆展示的"卖河水的"形象

　　第二种是帮工。所谓帮工，正如上文介绍的王华璋和王耀来那样，在作坊、工场及店铺里当学徒，期满则成为雇员。常德城里有各种作坊和工场，比如袜子厂、米粉厂、鞋厂、家具厂、造酒厂。规模一般都不大，是"前店后厂"，也就是里面是制造工厂，外面是销售产品的商店，因为规模较小，经营也不稳定，所以一般不雇用长期员工，会根据需要临时性地请一些廉价的农民工。

　　第三种是卖烟酒的小商贩。有以此为职业者，也有很多人只是在农闲时到县城来做此工作的。

　　第四种是在县城里有了安定工作的人。他们当中，有的是店铺的掌柜或会计，有的是有钱人家的管家，也有的是有了自己的商铺、作坊的商人、手艺人等。

　　长期工作生活在县城或是石公桥镇这样的大镇的农民，大部分老家或者父母亲属还在乡下，所以许多人频繁来往于城镇与乡下之间。即便是县城的居民中，实际上其中有不少也是周围农村出身。他们与乡下的亲属间有着密切的联系，清明节、农历七月十五、春节等节日以及结婚、办丧事、生了小孩子的时候，亲友之间都会有来往。

　　由细菌战引起的鼠疫蔓延时，在城镇里长期居住的人们中有不少也感染了鼠疫，之后他们被送回了乡下，因此，也把鼠疫带到了农村地区，进一步扩大了受害范围。

三　乡镇公所与保甲组织

　　鼠疫发生后，民国政府通过乡镇公所以及保甲等基层行政组织展开了防疫活动，但是，效果却并不显著，原因为何？这就有必要对当时的行政系统及防疫活动做一些考察。关于防疫活动的内容将在第五章分析，在此主要考察常德地区行政组织的基本状况。

（一）乡镇公所

　　20 世纪在中国农村社会发生的大变化之一是国家政权加强了对基层社会的控制，采取了一系列措施。这种动向从清朝末年就开始了，清末新政要求村庄建立一套财政制度以资助新学堂、新的行政组织和自卫组织①，民国政府沿袭了清王朝有关政策。具体来说，从 1908 年到 1914 年之间，在县之下设立区，区公所成为行政官僚体系的最基层组织。1912 年民国政府成立后，即着手对县以下行政机构进行改革，1928 年在南京国民政府实现了形式上的全国统一后，于 9 月公布了《县组织法》，之后又陆续公布了《区自治施行法》、《乡镇自治施行法》等法律法规，虽然这些法规名义上是为了推进地方自治，但是扩大税收和维持治安也是很重要的目的。

　　民国政府 1941 年 8 月 9 日公布的《乡镇组织暂定条例》（以下称《暂定条例》），对乡镇组织做出了规定。值得一提的是，这份存放在常德市武陵区档案馆的民国政府文件，上面有"常德县启明镇镇民代表大会翻印颁发"的字样，可以看出，上面的政策的确传达到了基层②。现将与乡镇公所有关的条例摘录如下。

---

　　① "新政"的主要政策有设立学校、改革财政、新设警察、调整行政区划、在村庄里设立自治组织等。参照［美］杜赞奇著，王福明译：《文化、权利与国家》，江苏人民出版社 1996 年版，第 1—58 页。

　　② 《乡镇组织暂行条例》，常德市武陵区档案馆藏，档案号：44—1—123。引用时有节选。

第二十七条　乡镇设乡镇公所，置乡镇长一人，受县政府之监督指挥，处理本乡镇自治事项之执行，县政府委派事项。置副乡镇长一人或二人襄助之。

第二十八条　乡镇长兼任乡镇中心学校校长及乡镇国民兵队队长，在经济教育发达之区域得不兼任乡镇中心学校校长。乡镇长不得兼任保长或甲长。

第二十九条　乡镇长副乡镇长由乡镇民代表会就公民中具有左列资格之一者选举之，任期二年，连选得连任。一经自治训练及格者。二普通考试及格者。三曾任委任职以上者。四师范学校或初级中学以上学校毕业者。五曾办地方公益事务有成绩者。

第三十三条　乡镇公所设民政、警卫、经济、文化四股，每股各设主任一人，民政股、文化股、经济股各主任得由乡镇长副乡镇长及中心学校校长分别兼任，如事实上不能兼任时得由乡镇长遴聘，警卫股主任，应由乡、镇国民兵队队副兼任。

《暂定条例》规定了乡镇政府的组织形式，可以看到对兼职有不少提及。事实上，由于政府财政养活不了公职人员，乡镇政府的人员是很少的，各股的牌子虽然挂起来了，往往是由乡镇长兼职或者只有一个干事。细菌战发生时，防疫政策推广不利，与行政力量薄弱不是没有关系的。

按照条例，乡镇由乡镇民代表会议选出。这是乡镇民代表会议的主要工作之一，另外，每3个月召开一次会议听取乡镇长及乡镇公所干事们的报告，代表会议由各保推荐的代表组成。

乡镇以下为保和甲。《暂定条例》规定：

第一条　乡镇内之编制为保甲，每乡镇以十保为原则，不得少于六保多于十五保。每保十小甲为原则，不得少于六甲多于十五甲。每甲以十户为原则，不得少于六户多于十五户。

政府文件里规定的乡镇公所的建制与人们回忆的实际状况，除了乡镇民代表会议以外，基本上是一致的。关于乡镇民代表会议，老人们的回忆，那只是形式上的存在，而且有的乡镇甚至连这个形式也没有建立起来。掌管基层行政的乡镇官员，很多不是通过选举，而是由县里直接任命的。

据石公桥镇居民黄岳峰和王华璋回忆，石公桥镇所属的新德乡公所有经济股、民政股、兵役股、户籍股4个股，管辖16个保。除了乡长、副乡长、领导乡保安队的乡队副等官员外，各股各有1名干事。保安队除了维护治安以外，主要的工作是去各村征收各种税和征粮。石公桥镇区有两个保，桥南街是一保，桥北街是二保。保长是乡长委派的。

据从1940年到1945年在周士乡（现在周家店镇）乡公所任经济兼兵役干事的萧宋成回忆，当时的周士乡有14个常住人口的保和3个流动人口的临时保。乡公所由乡长、副乡长等4名官员和17名乡丁构成。官员是有工资的，跑腿和打杂的乡丁是短工。正在抗日战争时期，萧宋成的主要工作就是筹措军粮和征兵。

从档案馆查到的史料看，其他的乡镇公所也和新德乡、周士乡一样，官员一般都是3—4人。例如，在长庚镇公所1949年的报告书中，关于行政体制有如下记载，"镇长1名、乡队副1名、民政干事1名、户籍干事1名、经济干事1名、事务员1名、会议记录1名、镇丁9名。以上办事人员除4名外，余无主副食均在家吃饭可唤"①。

抗战胜利后，可以看到乡镇公所遵照民国政府的条例在逐步改进着行政能力。从1946年3月《启明镇民第二次代表会议镇公所工作报告》可知，镇公所在向镇民代表会进行工作汇报，报告中讲述了各个股的业务内容和工作情况。民政股负责编撰地方志、分配救济物资、监督选举保甲长、开展禁止鸦片运动、接种疫苗、登记户籍和土地、进行人口调查等。警卫股负责镇域内的警备、慰劳军人及军属、消防等。经济股负责估算农业副业的产量、运用基建资金建设修缮道路和堤坝、征收军粮等。文化股负责了解和掌握乡镇域内学校的运营情况和在新设的保里增设学校等的事务。②

数个乡镇的范围内有一个警察所。警察所通常是所长1名，办事员1名和警员数名。所长和办事员是专职，警员是雇来的当地农民。警察所的

　　①　《常德县长庚镇公所三十八年度报告书》，常德市武陵区档案馆藏，档案号：44—1—42。
　　②　《常德县启明镇民第二次代表会议常务会议记录》，常德市武陵区档案馆藏，档案号：100—5—197。

工作主要是：①警员巡逻警察所的管辖范围；②处理盗窃事件；③婚姻登记；④处理乡民之间的纠纷问题。①

20 世纪 40 年代的石公桥镇上有石公桥警察所，除了石公桥镇所属的新德乡外，还管辖着广德乡（镇德桥镇）和周士乡的区域。有警察所长 1 人、办事员 1 人、警员 22 人。②

（二）保

保有保长，在制度上，保长是通过保民选举产生，但实际上，由乡长镇长个人指定的也很多；保长应该由受过初中以上教育，并对公益事业热心的人担当，但现实中，被视为"地痞"而在当地又有一定势力的人当选的情况也不少。服从和实施乡镇公所的指示是保长的工作。1940 年，当时保长的主要工作是征兵、征税以及为政府收缴公粮。作为工作报酬，每月有 3 块大洋的津贴。

在常德市武陵区档案馆，有一份 1940 年 4 月落款为镇长名字的《长庚镇第一保保甲规约》。显然，制定这个《保甲规约》的，不是居民，不是保甲长，而是乡镇公所及镇长。且开宗明言，"本规约依二十八年四月省府通令所定事项制定之"，是自上而下地加给各个保甲的。③

《保甲规约》里有 18 项条款。除了该保名称、所在地范围外，其他各项有："绝对信仰三民主义，服从最高领袖蒋委员长，遵守政府一切法令"；严格管理户籍；登记外来人口；协助警察署巡回队对流动人口进行定期检查；在发生自然灾害的情况下居民相互帮助；发现有土匪和汉奸时马上通报；适龄期壮丁应服兵役；维护公共卫生；节约储蓄，不能浪费；勤劳努力增加生产；爱护公共设施；不得酗酒聚赌；等等。

从条款看，让民众"绝对"信仰政府提倡的主义，一切服从政府的指令，各自只管勤劳生产安分生活，民与民之间相互监督，有事密报，是保甲制之要义。

---

① 《常德县警察局毛家滩警察所警务工作日常记录》，常德市武陵区档案馆藏，档案号：44—3—449。

② 《目睹日本帝国主义在常德石公桥地区空投细菌（鼠疫）纪实》（原石公桥警察所办事员陈光圻手稿），2004 年 3 月。

③ 《常德县长庚镇关于保甲规约及保甲长姓名》，常德市武陵区档案馆藏，档案号：44—1—42，见附录相关内容。

（三）甲

《暂定条例》规定，10 户为一甲，甲有甲长。甲长基本上是由保长指定，甲长服从保长的命令。

与其说保长、甲长是居民中的领头人，不如说他们是上面指定的、居民与政府之间的中间人，传达并贯彻执行上面的命令是他们的主要任务。

抗战后的内战时期，同住一甲的居民被编入到叫做"五户联保"的制度中，乡镇公所对居民进行"五户联保户籍表"登记，把住在附近的五户组织成一个"联保户"，其中，有一户被指定为户长以监督各户。这种制度主要是国民党政府为了防止共产党势力的侵入和扩大而设立的。

在常德县制定的"五户联保户籍表"中，写着以下的誓言。"吾等誓以生命担保，绝不通匪，不巢匪，不资匪，不与匪工作，不与匪通消息，不违背政令，不受匪引诱，不保证身份不明之邻居。有犯以上誓词者吾等甘受连带惩处，谨誓。"[①] 而且，在附注一栏写着，"保证人如临时发觉被保证人有违誓词之嫌疑时，立即向该管密报，以明保证职责"。

显然，这个联保制是为了对付共产党，防止其影响扩大。联保制虽然是抗战以后建立起来的，但保甲制从其开始，就比较重视居民们相互监视，或者是利用居民报告基层社会的风吹草动的功能，1940 年《保甲规约》的 18 项条款中，就有五、六、八、九等 4 条是关于防匪、防不法团体、防汉奸的。

当然，在国民政府加强地方自治建设的蓝图中，也有将保甲建成居民自治、互助组织的意向，但是，由于自上而下的推进方式、战乱等多种原因，保甲基本上没有起到居民自治、互助的作用。

平时尚如此，在细菌战这样的危急状态下，保甲制度就更无法发挥作用。细菌战受害者的陈述书中，提及保甲的不多，有所涉及时，基本上是讲如何避开保甲长的眼睛，即使家里出了鼠疫病人，也不能让保甲长知道，否则就会被他们送到隔离医院或将亲人遗体火葬之类。

---

① 《湖南省常德县乡镇保甲五户联保户籍表》，常德市武陵区档案馆藏，档案号：44—3—197。

四　宗族聚居的村落

细菌战受害在广大农村地区蔓延。当时的村落是怎样构成的? 农民是从哪里迁来的? 有着什么样的亲属组织? 以下, 就这些问题做一些整理。

(一) 村落·自然村

常德地区的村落, 人口大概在 100—600 人之间, 规模不是很大。在华北以及东北地区可以看到一些住家密集的大村, 而常德地区的村落经常是分成了几个小自然村, 相互之间有着数十或数百米的距离。

自然村各有名称, 村民对外村人时大多是自报本村名, 而在同一个村内, 自然村的意识很强。

有不少村落是由宗族聚居发展而成, 被称为"独姓村"。常德地方志写道:"人们有聚族而居的传统, 不愿脱离本族; 外境小姓怕受大姓欺凌, 不敢迁入; 即使有迁入者, 因受到大姓欺压而被迫改姓。其管理权操在族正、房长手中。"[1] 规模大的宗族会分布在几个村落, 和别的宗族同居一村。这种类型的村落, 被称为"亲族村","即两个以上家族因通婚而结成姻亲的自然体"。在山区和平原地区, 大部分是"独姓村"或"亲族村", 宗族在社会生活中的影响力是很强的。

在沼泽和湖泊等水域周围, 有"杂姓村", 居民由各地迁来, 多为了捕鱼, 割芦苇、杨柳等生计而来。"杂姓村", 如字面所示, 是由"五杂百姓"组成的村落, 特征是人口的流动性比较强。

前面讲述了民国时期的乡镇行政, 新中国成立之后, 当地政府基本上沿袭了过去的行政划分, 但也做了一些调整。较大的变动是取消了保甲制, 村落被改成行政村, 自然村成了行政村的"组"。

这里, 以周士乡熊家桥村为例, 具体看一下 20 世纪 40 年代时的村落结构。

坐落在石公桥镇往北 5 公里处的熊家桥村, 由乱车峪丁家、乱车峪张家、岗坡熊家、花园丁家、覃家榜、熊家桥、回龙庵、覃家山、熊家老屋、熊氏宗祠、熊家岗上、仲仙坪等 12 个自然村组成。大约有 600 人,

---

[1]　满大启编写:《常德地方志·民俗·方言志》, 第 64 页。

220户，被编成了8个甲。村庄面积大约是7.5平方公里，南北约6里，东西约5里。各个自然村的规模不一，大的有50户左右，小的仅四五户（参见图2—5）。

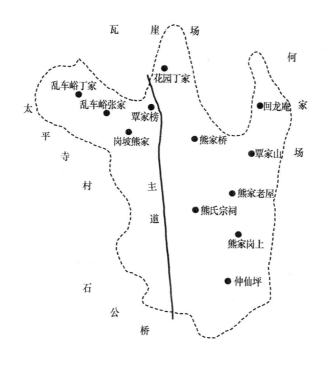

图 2—5　周士乡熊家桥村（由熊善初绘制）

熊氏一族在村里居住的历史很长，村名虽以"熊家"命名，实际上，村里除了熊氏以外，还有覃家四五十户，张家30户左右。

村子的周围有河和湖，水上运输方便，村里就有码头。村民中，从事米、棉纱、土布、竹木、柴草、烟草等农产品和鱼虾等水产品交易的人很多。

（二）地区的移民史

这一带居住的宗族是什么时候、从哪里来的呢？将当地的族谱和地方志相互对照，互为补充，大体上能够掌握有关情况。

古代湖南地区是少数民族的居住地，宋代以后，由于北方汉族迁入，汉族人口逐渐占了多数。"北宋灭亡后，受金人威胁和挤压，北方大量人口南迁"，兴起了移民热潮，流入常德一带的人也不少。"南宋末年，受蒙古人的进攻，又有不少中原人口南迁湖南。"[1]

元末，湖北、贵州一带的农民结成"红巾军"，武装起义，在湖北设立了"天完"政权，后进入湖南，在湖南境内和元王朝的军队进行了一进一退的拉锯战。之后，在湖南设立"大汉"政权，与新成立的明王朝的军队交战。在十多年的战乱之后，湖南人口大量减少，与元朝中期相比仅剩下七分之一左右。因此，从周围的贵州、四川、湖北等省来的移民大量涌入了湖南。[2]

历史学的研究与当地农民宗族族谱上的记载基本上是一致的。

1. 朱氏一族

细菌战受害的朱氏、向氏以及黄氏等宗族的族谱里，关于本族的移居史分别做了如下记载

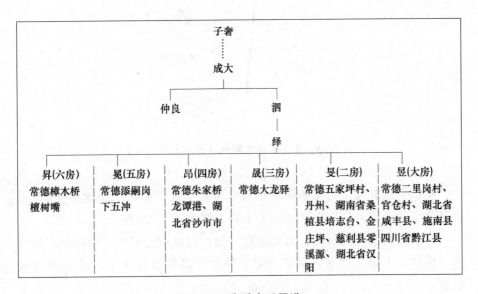

图 2—6　朱氏家系图谱

---

① 陈致远：《常德古代史研究》，第 111—124 页。
② 伍新福编：《湖南通史》，湖南出版社 1994 年版，第 484—488 页。

因细菌战受害有 201 人死亡的朱氏宗族，在常德是个望族，其先祖可以追溯到宋朝的宏文馆大学士朱子奢。

进入常德的入乡祖是朱子奢的第十一代嫡孙朱成大。他跟随明太祖朱元璋征战，洪武五年（1372）被任命为楚南常德卫指挥使，从浙江丽水前来赴任。此后，子孙在常德繁衍，在族内形成了"六大房"。"六大房"分别由成大的曾孙昱、旻、晟、昂、冕、昇六兄弟作为始祖。

最新版族谱上收录其名的族人，广泛地分布在常德的二里岗、官仓、郝家岗（伍家坪村）、丹州、大龙驿、朱家桥、龙覃港、添嗣岗、下五冲、樟木桥、檀树嘴等村，此外，也有的居住在湖南省桑植县培志台、金庄坪，慈利县零溪源，湖北省的咸业县、施南县、汉阳市、沙市市，四川省的黔江县等地。

朱氏族谱经过了 7 次编纂，其内记载了历史上族人频繁的迁出、移居等情况。但是，族谱上一般只是记载了移居者的名字及移居地，而没有其子孙名字的详细记录。这些移居者的迁徙地，除了图 2—6 的家谱图上的地域以外，还有陕西、广西、云南、贵州等省。

朱氏一族中，官吏、武将、学者、书法家等人才辈出。例如，朱成大的嫡孙朱泗由于镇压农民起义立下功劳被朝廷封为"武略将军"。"长房"始祖朱昱在景泰元年（1450）继承了祖先的爵位之后，为镇压农民起义和少数民族暴动四处征战，被朝廷授予了"明威将军"的封号。"二房"始祖朱旻中举后成了府学贡士①，被任命为四川潼州安岳县知县。

2. 黄氏一族②

石公桥镇的黄岳峰所属黄氏宗族的原籍是湖北江夏地区，族谱上记载着始祖是西汉时期的尚书黄文疆。常德黄氏的入乡祖是元朝兵部尚书黄探的儿子稀允、宏明、宏昇。

黄探和妻子以及两个妾室共育有 21 名子女。因元末战乱，家人不得不分离开各自逃命。分手前，黄探为了今后家族成员重聚一堂时有身份证明，交给了子女们一首"遗命诗"。

之后，明朝洪武二十八年（1395），考中进士的黄宏明被任命为太守

---

① 贡士指明清科举制度中会试中试者。
② 黄氏族谱编纂 5 次，分别是清乾隆四十二年（1777）、道光十九年（1839）、光绪七年（1881）、光绪三十二年（1906）、1999 年。

赴任常德，弟弟黄宏昇作为引驾同行。兄弟二人及家人定居在常德繁衍子孙。一方面，黄稀允从洪武（1368—1398）初期即隐居在常德，并不知道两个弟弟同来常德之事。

数百年后，光绪七年（1881），宏明、宏昇的子孙在第三次编纂族谱时，住在常德野吉庙地区的稀允子孙们拿着遗命诗来访。这样，离散的黄氏子孙终于得以相聚，知晓"均同枝共叶为探公裔也"。

现在，黄氏一族分为九"房"，分布在常德地域的鼎城区、桃源县、汉寿县等地。

3. 向氏一族[①]

因细菌战受害，向氏一族有多人死亡。族谱上记载"向系开于周"，就是说向氏一族是从周朝开始的。历代族谱都必抄录的"向氏遗传谱序"用了很长的篇幅介绍和称颂周朝以来祖先中涌现出的官吏武将，对久远年代的记述比较简单，宋代以后则逐渐详细。

> 敏中　宋端拱四年（988）知枢密院参知政事、中符五年（1012）平章正官、天禧四年（1020）薨
>
> 登第（敏中之孙），嗣袭敏中，宋端拱四年（988）陕西安抚使
>
> 万亿（登第之子），镇守陕西
>
> 明德（万亿之孙），嗣袭万亿，陕西六路宣抚使
>
> 兴隆（明德之子），嗣袭明德，建炎元年（1127）沿江河东河北宣抚使
>
> 朝珍（兴隆之子），嗣袭兴隆，乾道元年（1165）防御诸路
>
> 馥裔（朝珍之子），嗣袭朝珍，庆元元年（1195）防御镇守荆襄
>
> 毕忠（馥裔之子），嗣袭馥裔，开禧年间（1205—1207）参加剿灭四川叛金之乱
>
> 天福（毕忠之子），嗣袭毕忠，德祐年间（1275）参加剿灭野鸭塘苗蛮盛天飞、翟苗子

---

① 向氏族谱先后编纂了 5 次，分别是乾隆十一年（1746）、乾隆五十七年（1792）、光绪二十五年（1899）、民国元年（1912）、民国三十七年（1948）。文中引用的是第五次编纂的向氏族谱。

关于天福以下的各代祖先以及向氏八大房的来历，谱序作了如下描述：

忠祖故，子天福嗣袭，仍为四川六路宣抚使，开立五十二关三十六隘。德祐年间（1275—1276），因野鸭塘苗蛮盛天飞、翟苗子等所至剽劫，蜀人苦之，我祖六路共讨，活擒报捷，即加福祖为四川都总管宣抚使。嗣后征剿加苗蛮穿山虎有功，捷报，赐铁拳便宜行事，先斩后奏。景炎元年（1276）丙子，又讨蒲寿庚有功，班师回镇。福祖终，子梦宗嗣袭，延祐五年戊午年（1318），赐给文武大小群臣以御天下诸路关隘江海重任，其责不事游畋。特以宗祖为靖安侯，授讨巡江宣抚使，赐给敕印，防守冲要。宗祖终，子肇荣嗣袭为靖安宣抚使都督总管，御防六路关隘，至正八年（1348）戊子十月，台州方国珍作乱，以肇祖为四川靖安宣抚使都督总官，十一年征讨妖人刘福通以红巾军为号，并韩山童为乱，擒剿有功。肇祖终，子大垭嗣袭，十三年（1353）癸巳五月，泰山民张士诚作乱，僭号称大周，垭祖同脱脱连剿荡平克捷还镇。十五年（1355）乙未二月，川湖苗蛮作乱，垭祖率弟大元、大亨、大利、大贞、大乾、大坤、大潮俱往成都府，止憩数日，同通天侯唐定远、江夏侯唐世祥，援袭侯唐起鹏、察防使赵兴罩等架竹排顺流而下讨东北寇，氛至巫山西南六路苗蛮安剿平定。至大树古路龙泽坪铸八耳古鼎，游两合口水寨茶庄坪。爰是创立舍宇，掘壕作堑，周回数十里环筑土城，防寇无虞矣。厥后，大垭仍守靖安故壤，大元宦游云南，大亨宦游西蜀桃符口，大利宦游长阳十九乡，大贞宦游荆属草坪西寨，大乾宦游石慈，大坤宦游辰常，大潮宦游岳州临湘，是为八大房分支分派，宗图各异，济济人文延至于今，子子孙孙其可负哉。（括号内西历及标点符号为引用者所加）

从族谱看，向氏祖先历代为镇守边关的武官，后子孙为求官职而分散各地。1948 年编纂族谱的时候，向氏子孙有 2 万余人，分布在湖南、湖北、四川 3 省的 20 余县。居住在常德的向氏是大乾的子孙。

（三）从族谱看王朝与宗族

值得注意的是，族谱的话语与王朝的正统观念是非常吻合的。

首先，伦理道德观与作为王朝正统观念的儒家价值观是一致的。以上各族的族谱序言里，大多强调了儒家孝道、敬祖、血统、老幼、亲疏远近等亲族伦理道德，有的还收录了如皇帝的训民诏敕，如"明太祖修谱诏"、"清世祖六论"、"清圣祖十六条"；蒙学短文，如《文公家训》、《朱柏庐治家格言》等。

"清世祖六论"和"清圣祖十六条"收录在黄氏族谱中。

清世祖六论

孝顺父母，和睦乡里，各安生理。
恭敬长上，教训子孙，无作非为。

清圣祖十六条

敦孝弟以重人伦，笃宗族以昭雍睦。
和乡党以息争讼，重农桑以足衣食。
尚节俭以惜财用，隆学校以端士习。
黜异端以崇正学，讲法律以儆愚顽。
明礼让以厚风俗，务本业以定民志。
训子弟以禁非为，息诬告以全养民。
戒匿逃以免株连，完钱粮以省催科。
联保甲以弥盗贼，解雠忿以重身命。

1827 年编纂的朱氏族谱序文中，有如下文字：

> 今圣王以孝治天下，无非欲人敬亲尊祖笃宗敦族已也。贵胄之子，宗支有伦，士庶之家，昭穆有序。

"明太祖修谱诏"收录在朱氏族谱中，全文如下：

> 朕承天底定，抚辑烝民，宵旰战兢，恐难保艾。咨尔亿兆，各具

天良，务立矩度之防，快睹维新之命。溯芳规于乃祖，考懿行于前贤，惇厚本原，懋昭上理。虽礼乐俟诸心世，而孝弟本诸人心。苟能克自振拔，则何治之不纯。如或即此奋兴，亦何风之不古，率土钦哉。毋辜朕意。

对于农民起义，尽管从阶层方面来看，宗族的大多数成员与起义者都属于农民阶级，然而他们与统治者是同一口吻，将起义者称作"盗"、"贼"，特别是对少数民族起义，一律称为"乱"，镇压他们也被视为理所当然。

例如，朱氏族谱中关于三世祖朱绎，有如下记载：

> 宣德七年旱，武陵盗起，公计擒其渠数人斩之，乱始定。

关于四世祖朱昱有如下记载：

> 绎公长子，景泰元年受职。是年，天柱清江苗乱，奉保定伯梁瑶节，调征天柱香炉山、武岗、靖州等处，寻讨平之。……四年十一月奉文调征克山家寨，斩贼官首二。又十四日攻克岩头寨，斩贼首三。纪功佥士洪弼（严州进士湖广按察佥士）验实，赐银牌三。次年十月由奉前都督府胡字号勘与贼敌斩首，住镇巡衙门。又调征襄阳南障等处，八年三月十七日攻克梯儿岩，杀败贼众，回筑南障城池。

文化人类学将属于集团或社会的叙事方式（the way of speaking）称为"话语"，认为话语反映出该社会以及文化的伦理道德观、宗教观、价值观等，然而社会存在着不同阶级或阶层时，不同阶级阶层的话语是不同的。[1]

对上文所说的宗族叙事方式与王朝正统思想一致的现象，可以从多种角度进行分析：①宗族的始祖以及历代世祖多为科举考试中试者、官僚、武将等，往往是熟练地掌握王朝正统思想的精英们对宗族的形成以及延续起着重要的作用。当大多数身为农民的子孙们把精英祖先认同为"木本

---

① ［美］Nigel Rapport and Joanna Ovening, *Social and Cultural Anthropology: The Key Concepts*, Routledge, 2000, pp. 117 – 129.

水源"而崇拜，以他们为整个家族之骄傲时，宗族本身就已经被牢牢地框定在王朝社会秩序之内。②在实际的社会生活中，即便宗族的大多数成员是农民，但取得族长、族正的领导地位的，一般是士绅、地主及官僚等富裕阶层、受过较高教育的人。而在中国古代，教育是以正统儒家思想为中心的。③社会生活中通行的民间伦理道德与王朝正统思想观念基本上是一致的，换言之，农民是缺乏自己的话语的。

农民大众没有自己的话语权，农民也就只能是借助王朝的话语表达自己。

话语的权利结构，可以说一直持续到现代。第一章所讲述的民众的细菌战受害记忆没有"记忆场"这一状况的深层，也存在着同样的结构。

（四）作为饱含辛酸之底层社会生活史的族谱

在朱氏族谱中，有"灾异志"部分，记录着明清以来所发生的各种灾祸，宗旨是"记载明清四百多年来的天灾人祸对我族繁衍的巨大影响"。应该说，这份"灾异志"所记录的不仅仅是个别宗族所经历的灾祸、苦难，更可以让我们看到中国农民社会生活史多灾多难的一面。

"灾异志"的原文请参阅附录，表2—4中摘录了其中的主要内容。

表2—4 　　　　　　　　　　　《朱氏族谱》中的灾异记录

年代	灾害内容	受害情况
明代		
天顺五年（1461）	洪水	农民家产流失
成化三年（1467）	大旱	饿死者人数众多
弘治六年（1493）	熊入城	受伤者人数众多
弘治十四年（1501）	老虎入城	
嘉靖十年（1531）	蝗灾	稻谷减产
嘉靖十二年（1533）	长雨	江水位上升，淹死者众多，稻谷减产
嘉靖十三年（1534）	大雨、决堤、之后干旱	淹死者和饿死者人数众多
嘉靖二十二年（1543）	洪水	房屋冲毁
隆庆五年（1571）	洪水、堤防倒塌	民多死
万历元年（1573）	产量过剩	粮价暴跌

续表

年代	灾害内容	受害情况
万历十六年（1588）	大旱	民多疫死
万历二十七年（1599）	五月至八月长雨	庄稼被淹
万历三十六年（1608）	大水	饥疫相继
天启元年（1621）春	冬寒冷积雪，夏水涨决堤	鸟兽多死
崇祯元年（1628）	大旱，十月骤雪	湖池俱涸，鱼皆冻死
崇祯四年（1631）	府城地震	塌压房民，露处
崇祯十六年（1643）	明与李自成作战	明军烧毁常德城
清代		
顺治元年（1644）	李自成进驻常德与清军作战	常德人口伤亡惨重，房屋被毁
顺治五年（1648）	马进忠与明朝部队作战	常德城再次被毁
顺治十年（1653）	饥荒、暴风、冰雹	饿死者众多
康熙十三年（1674）	吴三桂统治湖南，暴政	百姓生活困难，多数向外移民
乾隆元年（1736）	洪水	朱氏亦出现众多逃荒者
嘉庆元年（1796）	白莲教占据湖北来凤县	来凤县朱氏长房移居四川
道光十年（1830）	瘟疫流行	朱氏族中约疫死300人，逃亡多数
道光十一年（1831）	洪水、决堤	住房倒塌，死亡人数众多
道光二十九年（1849）	饥荒，疫病	朱氏疫死多数，有村死亡十之六七
咸丰四年（1854）	太平军占领常德①	民众欢迎石达开
咸丰十一年（1861）	太平军进攻湖北、四川	湖北、四川各房幸免战乱
同治元年（1862）	石达开由广西入湖南四川	当地的各房遭受战乱
同治二年（1863）	石达开四川贵州边界决战	当地的各房遭受战乱
同治五年（1866）	蝗灾	食尽草木竹林
光绪四年（1878）	洪水、决堤	房屋田地被冲毁
光绪八年（1882）	饥荒	饿死者众多
光绪十五年（1889）	洪水、决堤	村庄被水淹没，部分族人淹死
光绪十七年（1891）	饥荒	饿死者多数
光绪二十三年（1897）	饥荒	人吃草根树皮，逃难者众多
宣统元至三年（1909—1911）	连续三年洪水	常德农村都被水淹没，发生瘟疫，死人多数

① 太平军，由从1851—1864年间全国规模农民起义而组建的太平天国的军队。石达开是太平天国的领导人之一。

续表

年代	灾害内容	受害情况
民国		
民国七年（1918）	洪水	大部地域被淹，有村死亡十之六七
民国十一年（1922）	山洪暴发、决堤	数百人死亡
民国十四年（1925）	旱灾、河水断流湖泊干枯	
民国二十年（1931）	连续降雨、山洪暴发	县城被淹、50 万人受灾、2936 人死亡
民国三十年（1941）	日军细菌战	二房伍家坪村死者人数达 100 人以上
民国三十二年（1943）	常德会战	52560 人被杀，族人被虏，家畜棉粮被掠
民国三十八年（1949）	春至夏连续降雨	民居财产损失严重
中华人民共和国		
1954 年	持续降雨、洪水、寒潮	族人被淹死，住房被淹没，稻谷作物无获
1959—1961 年	连续三年旱灾	
1969 年	暴雨、洪水、决堤	桃源被淹，死者 21 人
1979 年	冰雹、龙卷风	50 万人受灾、死伤多数、住房崩塌
1996 年	洪水、决堤	族人参加抗洪
1998 年	洪水、决堤	族人受灾，稻谷收成减半，棉花无收

从朱氏族谱"灾异志"看，农民的社会生活经常是与各种各样的"灾异"为邻，从明朝初期到 20 世纪末，平均每 10 年左右就遭遇一次较大的灾难。这些"灾异"，有洪水、旱灾、冰雹、龙卷风、寒流、蝗虫等来自于自然界的威胁，也有武装起义的农民、苗族等少数民族同王朝军队作战而起的战乱，的确是"天灾人祸"。当中也有"疫"、"疫死"的相关记载，据地区防疫部门和老人们说，这些"疫"，主要是痢疾、霍乱、疟疾等传染病。"疫"通常是在洪水、饥荒等自然灾害之后发生，造成了大量人口死亡。比如，道光二十九年（1849）由粮食歉收导致的饥荒引发了"疫"，朱氏所居住各村死者众多，有的村甚至一半以上人口死亡。

1998 年朱氏族谱再次编撰时，如表 2—4 所见，将细菌战受害写进了"灾异志"，将其作为多难的农民生活史其中的一页被记载下来。

第 三 章

记忆中的细菌战受害

访谈宋方正

　　1941 年 11 月 4 日，日军七三一部队及一六四四部队对常德散布鼠疫菌这一历史事实，通过吉见义明、松村高夫等历史学者的研究已经非常明晰。

　　吉见义明从当时任日本军大本营参谋、中国派遣军参谋、第八方面军参谋的井本熊男的业务日记《井本日志》中，发现了关于常德作战的详细记录。① 松村高夫细致周密地研究了包括七三一部队成员的证词在内的哈巴罗夫斯克审判的公判文书以及中国、美国等国收藏的有关史料，清晰地揭示了这次细菌作战的前后状况。②

　　另外，细菌学者中村明子仔细地分析了民国政府的防疫队以及常德的医院当时所进行非常详细的医学检查的材料，从细菌学的角度论证了常德发生的大规模鼠疫与日军散布鼠疫菌的因果关系。③

　　如果说细菌战是一个历史过程的话，那么经过历史学者们以及关注历史的作家、新闻工作者们的努力④，已经使这个过程的前半部分，即细菌战的策划、组织、研制、生产以及投放等的环节浮出岁月的尘埃，显出基本轮廓了。可是后半部分，即对细菌武器施放后的社会受害状态以及受害者的研究，还是很薄弱的。而缺少了对后半部分的关注，对历史过程，特别是战争犯罪的历史的理解就是不完整的。

　　本章围绕日军散布鼠疫菌之后民众的受害状况展开分析。具体而言，是基于受害人和遗属们的记忆，把握受害状全貌，引用受害者们的证言来展示村落和家庭所遭受的损害，分析鼠疫的传播途径、范围和规

---

　　① ［日］吉见义明：《日本側の文書・記録にみる七三一部隊と細菌戦——井本熊男〈業務日誌〉に現れる細菌兵器使用の記述を中心に》，《被审判的细菌战》资料集第 3 集。

　　② ［日］松村高夫：《日・米・中・ソの資料による七三一部隊と細菌戦の解明》，《裁かれる細菌戦　歴史学者とジャーナリストによる鑑定書》资料集第 6 集。

　　③ ［日］中村明子：《中国で発生したペスト流行と日本軍による細菌戦との因果関係》（《中国发生之鼠疫流行与日军细菌战的因果关系》），《被审判的细菌战》资料集第 3 集。

　　④ 作家森村诚一对七三一部队细菌战的研究引人注目，他于 1981—1983 年出版了《恶魔的饱食》、《续・恶魔的饱食》、《恶魔的饱食　第三部》3 部书，揭示了细菌部队的组织以及作战内情。新闻工作者近藤昭二常年在各国搜集有关细菌战的第一手历史资料，采访七三一部队成员，拍摄有关纪录片并出版书籍。

模等。

在进入具体话题之前，有必要对细菌战引发的鼠疫流行时期做一些说明。本书的研究对象是从 1941 年 11 月到 1945 年 2 月期间的鼠疫受害。将此期间发生的鼠疫都归罪于日军的细菌战，其理由主要是以下两点。

第一，在 1941 年 11 月日军从飞机上投下感染了鼠疫的跳蚤传播鼠疫之前，常德地区从来没有发生过鼠疫，就是说，这一带不存在自然发生鼠疫的可能性。而且，通过各种途径从其他地区传来鼠疫的可能性也基本上可以排除。[①] 第二，一般认为鼠疫具有人与动物都可能感染的特性，如果以跳蚤和老鼠为媒介，即使一时没有人发病，但是，短则数周、数月后，长则数年后，鼠疫还可能由动物传染给人，再次出现鼠疫患者。[②]

另外，有必要对鼠疫的传播方式做一下说明。鼠疫主要有两种类型，一为腺鼠疫，二为肺鼠疫。据流行病学，腺鼠疫是受感染鼠疫的跳蚤叮咬而传染；肺鼠疫可直接由鼠疫患者传染，由人传人。

本章以及以后各章大量引用了受害者本人及遗属们所写的陈述书和访谈时的证言，引用时有时为了避免重复、冗长而予以取舍，有明显用字错误时做了纠正，但基本上尊重原文，地方的方言用语等亦保持原貌。

一　常德城内的受害状况

鼠疫首先发生在被投下鼠疫菌的常德城内区域。常德的历史学者、湖南文理学院教授陈致远整理了受害调查委员会所编辑的《受害者名册》中的城内死者名单，对受害者家属进行了访谈调查。几年当中城区的鼠疫死亡情况如表 3—1 所示。[③]

---

① ［日］松村高夫：《日・米・中・ソの資料による七三一部隊と細菌戦の解明》，《裁かれる細菌戦　歴史学者とジャーナリストによる鑑定書》資料集第 6 集，第 231—247 页。

② ［日］上田信：《ペストと村　日本軍による中国の細菌戦被害》（《鼠疫和村庄——中国遭受的日军细菌战受害》），《被审判的细菌战》資料集第 2 集，2001 年，第 69—221 页。

③ 《陈致远鉴定书》。陈致远根据《受害者名册》汇总常德城内死者数是 297 人，加上容启荣的《防治湘西鼠疫经过报告书》中记载的 37 人，死者总数达 334 人。

表 3—1　　　　　　　　　　　　常德城内的鼠疫死者

期间	死者数	受害的家庭数
1942 年 11—12 月末	86	52
1942 年	174	94
1943 年	27	15
1944 年	8	1
1945 年	2	1
合计	297 人	163

　　资料来源：基于陈致远《2004 年 7 月 15 日递呈东京高等法院 1941 年日军常德细菌战对常德城区和石公桥镇和平居民的加害鉴定书》整理。

　　加上序言中介绍的容启荣报告书中记录的 37 名死者，现在能够掌握的常德城内死于鼠疫的人数为 334 人。

　　笔者也在常德市区进行了调查，访谈了受害者本人及受害者亲属，收集了一些陈述书，直接掌握有二十几个受害家庭的事例。综合分析笔者自己的亲身调查、历史资料以及调查委员会的调查结果，可以发现常德市内的鼠疫受害状况有如下特征。

（一）关于鼠疫传播的时期

　　如表 3—2 和表 3—3 所示，从 1941 年 11 月到这一年年末，因日军从飞机散布的鼠疫菌，引起鼠疫在常德城内流行。翌年 1—2 月为短暂的蛰伏期，开春后鼠疫再次大规模流行。之后，在夏季最热的 6—7 月，稍有减弱之势，秋季又流行开来。1943 年以后，虽然疫情势头减弱了许多，但是，基本上还是出现了如同前一年的循环。1945 年以后，基本上平定下来，可是事过多年之后也还是偶尔地会出现鼠疫患者。

　　当地人讲，最后一次出现鼠疫是在 20 世纪 70 年代后期，患者在常德近郊的医院接受了治疗。

表 3—2　　　　容启荣的报告书中记录的 37 名死者的死亡时期

年	1941		1942				
月	11	12	1	3	4	5	6
死者	5	2	1	2	19	6	2

　　资料来源：基于容启荣《防治湘西鼠疫经过报告书》整理。

表3—3　　常德细菌战受害调查委员会调查的297名死者的死亡时期

年	1941		1942									
月	11	12	1	2	3	4	5	6	7	8	9	10
死者	43	43	1	1	21	24	24	12	5	25	23	18

年	1943								1944	1945
月	1	3	4	5	6	8	10	12	8	8
死者	1	10	5	1	1	4	3	2	8	2

资料来源：基于陈致远《2004年7月15日递呈东京高等法院1941年日军常德细菌战对常德城区与石公桥镇和平居民的加害鉴定书》整理。

（二）城内鼠疫发病区域

到1941年年末的受害集中在城内中心的鸡鹅巷和高山巷口长清街、关庙街、华严庵等地区，从第二年开始分布到城内广阔的地域。而且，不仅是城内，被害区域还扩展到城外的五铺街和北门外的三闾桥、丹阳等近郊和农村地区的乡镇（参见图3—1、图3—2、图3—3、图3—4）。

图3—1　民国政府记录的常德城内的受害分布

资料来源：容启荣《防治湘西鼠疫经过报告书》。

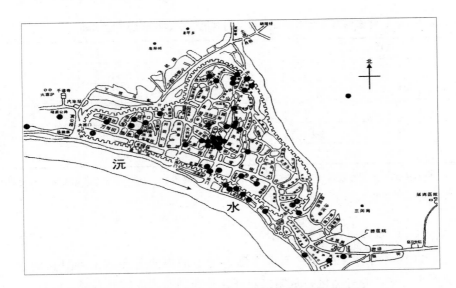

图 3—2   1941 年 11—12 月，常德城内的受害分布

资料来源：陈致远《2004 年 7 月 15 日递呈东京高等法院 1941 年日军常德细菌战对常德城区与石公桥镇和平居民的加害鉴定书》。

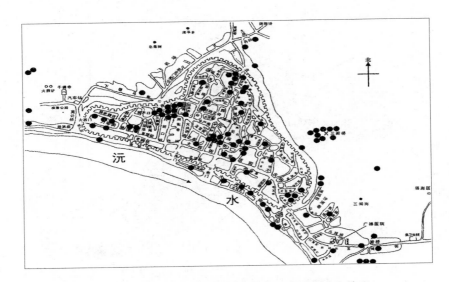

图 3—3   1942 年，常德城内鼠疫受害区域的分布情况

资料来源：陈致远《2004 年 7 月 15 日递呈东京高等法院 1941 年日军常德细菌战对常德城区与石公桥镇和平居民的加害鉴定书》。

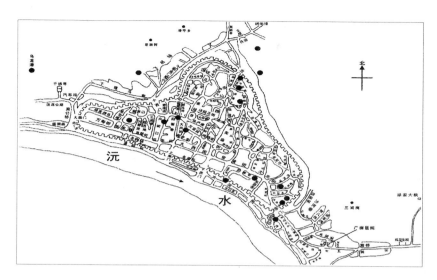

图 3—4 1943—1945 年，常德城内鼠疫受害区域的分布情况

资料来源：陈致远《2004 年 7 月 15 日递呈东京高等法院 1941 年日军常德细菌战对常德城区与石公桥镇和平居民的加害鉴定书》。

（三）传染途径和受害者

常德城里人的回忆有一点是相同的，就是在日军飞机投放了谷子、棉花等后，先是看到家里和街道上死了老鼠，其后家人开始染病、去世。有人回忆（如李光中），谷子、棉花等是放在小纸盒子里的。

闻宗云（1922 年生）讲述

日占常德前，我家住在常德丝瓜井，家有父亲、母亲、妹妹、弟弟和我共 5 人，有房子 6 间，1943 年被日军烧毁。父亲在鸡窝巷开饭铺。我 19 岁那年，家里发生的不幸事至今铭刻在心。1941 年古历九月的一天，一架麻色飞机在常德上空盘旋，转了几圈就飞走了。飞机去后，我看到街上房顶上到处有谷、麦子、豆子等，还有一坨一坨的棉花和布条子，屋檐和电线上也挂有布条。过了几天，街上常见死老鼠和跑不快的老鼠爬行。我家的饭铺里也捡出几只死老鼠。死鼠之后，接着就死人，我家住的那条街上几乎家家都死了人。

古历九月二十四日早上，弟弟闻昌林突然头痛，发了高烧。父亲马上背着弟弟，叫我和母亲一起把他送到广德医院。医院里里外外是推进涌出的人，等了一两个小时，才轮到弟弟看病。医生戴着口罩，身穿白衣服，手戴皮手套，问过几句话，看了看弟弟就对父亲说，"把他背回去吧"。父母听了之后像掉了魂似的，一下跪在地上连连磕头，哭着乞求医生治疗家里唯一的男孩子。医生摇摇头说："不是我不诊，而是没药诊。"父母亲跪着不起来，一遍又一遍向医生求情，我也跪在地上。好心的医生看到我们伤心的样子，就开了一些药。回到家里，立即把药喂到弟弟嘴里，怎么也咽不下去。这才发现喉咙两边有坨。身上有乌血块，嘴唇也黑了，头痛的喊叫声渐渐变小。下午五六点钟时，弟弟被这奇怪的病魔夺走了他年仅 10 岁的生命。弟弟死后，全家都哭得不省人事。父亲含泪请人用木板钉个匣子，将弟弟抬到护城河边的乱葬岗（现为消防支队）埋了。

第二天中午，我的头也开始痛起来了。痛得在床上打滚，发了高烧。母亲连忙把医生给弟弟开的药给我吃，病情不见好转。父亲听别人说蛇血蛇胆能治好这病，便到处找蛇，把蛇血蛇胆给我吃。只要别人说吃什么可治病，父母亲就想方设法给我弄来。我病得死去活来，一个多月后才慢慢好转，现在想起来都感到害怕。（闻宗云 1998 年 6 月 6 日陈述书摘要）

如闻宗云所述，最先染疫而死的是孩子。受害者中有不少儿童，这也是鼠疫受害的特征之一。在容启荣报告书中记载的 37 名死者当中，15 岁以下的儿童有 7 人。常德细菌战受害调查委员会的《受害者名册》中记录的 297 名死者中有 66 名是儿童。以下仍是关于受害者是儿童的受害记忆。

蔡正明（1944—2004）讲述

1941 年，我家住在常德城内关庙前街（现武陵区公安局）。父亲蔡德松和母亲高金秀经营着一家卖木炭的店铺，生意很兴隆。那时我还没有出生，12 岁的姐姐蔡桃儿被父母宠爱着。11 月 11 日的晚上，姐姐头痛，发高烧。12 日早餐后，由母亲护送广德医院挂号急诊。根据医生化验、诊断，结果是鼠疫。我的父母请求医生抢救治疗姐姐，经医生抢救无效，13 日的早上 9 点钟姐姐去世了。（根据蔡正明 1999 年 4 月 16 日陈述书及对本人的访谈整理）

蔡桃儿是常德城内发现的第一例鼠疫患者。关于发病的过程和死亡在容启荣的报告书中也有记载。

黄汤臣（1928年生，回族）讲述

1941年11月4日天刚亮，空袭警报响了，紧急警报还没有来得及敲响①，一架日本飞机就已临空。当时我家住在常德东门外五铺街清真东寺公房，广德医院（现人民医院）对面。听到飞机响，我和姐、兄、妹照例往屋后李松山伯的菜园地里躲。日本飞机就在我们头顶上空绕圈子，一没丢炸弹，二没朝下打机枪，绕了几圈就飞跑了。之后在我家前后左右屋顶瓦片上、街道上以及地坪里发现有些零零碎碎的豆类等霉变的食物，所有人都认为，食物是从日本飞机上丢下来的，这究竟是干什么？谁也说不清，但可以肯定其中必有原因，一时成了街谈巷议的话题。隔得一两

图3—5　黄汤臣（2004年）

天就出现老鼠慢慢地在大街小巷爬，过往行人用脚踩，我们拿木棒打，异常情况从未见过，人们预料必有灾难。

这时卫生防疫部门也开始向人们宣传，揭露那架日本飞机向常德投掷下来的食物是"鼠疫细菌苗"，并介绍这些鼠疫细菌苗是通过老鼠偷吃人们日常所吃的食品，或者是老鼠在人们吃的食品上爬过，人再吃这些食品于是就沾染鼠疫。据说鼠蚤咬了人也能传染，假如家里有了这样的病人就能传染到没病的人身上，很快就蔓延到地区和其他家庭。

---

①　也有人的回忆与此不同，如李光中："那天没有拉空袭警报，一开始就是拉的紧急警报，笛声未息，日机即已临空盘旋。"

当时政府规定，凡是死人都要送往隔离医院，该医院设立在岩桥下面回龙庵附近。据说，凡送去的死人要开膛剖肚，挖眼睛进行化验，然后将遗体火化，所以凡送该隔离医院的病人只见进去没有出来的。这样的事在那时候老百姓的心里是难以忍受的。因此凡此类病人死后，心里难过也哭不出声，瞒着地方保甲长，不仅不让外人、连亲朋好友也不让知道，趁夜静更深行人绝迹的时候，用事前备好的竹杠子由两个人抬到附近乡下埋葬。如果一旦被政府发现，不但要挖尸火化，还要追究保甲长的责任。当然在白天，我也见到过抬死人送往隔离医院的。

与我家仅一墙之隔的马瓦匠夫妇家二老，60来岁，先后染病身亡。马瓦匠夫妇死后由其继崽安排埋葬。继崽已20岁出头，身强力壮，平日以贩卖小菜为生，不几天他也同样病死了，被送往隔离医院，从此马家绝后无人。

悲剧也发生在我的家里。首先是两个小妹，5岁的八妹仁玉和3岁的九妹仁洁先后染病。初期是畏寒，发高烧，心烦发闹，最后是瞪目抽筋，手脚发抖，身上出现一些小红色斑点。全家人悲痛难言，泣不成声，眼泪成河。又不能在家久放，唯恐保甲发现。等待夜静更深，我帮助爹悄悄把两个妹妹先后抱到两三公里远的天主堂围墙外的荒郊埋葬。远在澧县的21岁的二哥接到这个消息后，日夜兼程赶回到家里，也以同样症状病倒，不几天不治身亡。在大舅的帮助下，雇了只小船半夜将二哥遗体运往德山乡乾明寺附近黄氏公山埋葬。（黄汤臣1998年4月19日和5月两次提交的陈述书摘要）

张礼忠（1933年生）讲述

1940年初，我家是由祖父母、父母、哥哥国彦、我国珍（礼忠）、弟弟国保、国民、国成组成的九口之家。女佣严妈（40岁）和丫头毛妹子（17岁）也和我们一起生活着。住在常德城内当时最繁华地段高山巷口长清街（现人民中路城南办事处）。

1942年4月，毛妹子发高烧，颈项肿大，全身乌黑。随后，5岁的国民和3岁的国成也开始发烧。父亲马上请了一个郎中（医生）看病，他说3人病情一样可能是鼠疫。父亲便赶紧要两个徒弟王新

舫、罗弄山租一条小船把毛妹子送回
农村娘家，第二天就死了。两个弟弟
脖子肿大，腹股沟肿大，抽筋，身上
有些斑点。第二天先后死亡。（根据张
礼忠 1998 年 4 月 15 日陈述书及访谈整
理）

图 3—6　张礼忠（2001 年）

（四）受害家庭的阶层分布及受害状况

从家庭的经济状况来看，受害家庭可
以分为三个阶层。

一是比较富裕的家庭。

这类家庭比例比较小。在笔者所调查
的县城受害家庭里面，有两家属于较富裕
阶层。以上介绍的张礼忠家就属于这个类
型，当时张家的家境如下。

张礼忠讲述

父亲张金廷，在易圣达棉花铺租用柜台开设了文化刻字店，制作
印章工匠。由于他勤劳，技能高超，是常德一带唯一可以制作橡胶图
章的工匠，顾客的评价很高，所以生意兴隆。父亲雇了两个工匠，同
时还带了 5 个徒弟。1937 年父亲在店铺后面建了一栋有 200 平方米
的二层砖木结构的楼房，供一家人住。家里雇了两个女佣。（根据张
礼忠 1998 年 4 月 15 日陈述书及访谈整理）

出生后仅 8 个月就因鼠疫失去母亲的程启秀家也是属于富裕阶层。

程启秀（1941 年生）讲述

程家位于常德城内繁华街鸡鹅巷。占地 600 平方米，被称为程家
大屋。四周封火印子围墙，院内，前厅后院，三进三出六天井，栽种
着各种树木和花草。正厅堂上，挂满着先祖传下来的匾额、水墨字
画，设有 24 把红木太师椅。

祖父星吾生于 1896 年，是城内有名的传承了先祖秘方的中医。

图3—7　程启秀（2001年）

祖父的祖父是中了科举的清朝官吏，程家大屋也是从那时传下来的财产。

父亲程志安生于1920年，1937年和母亲张桂英结婚，1939年生下了哥哥恭仁，1941年生下了我。母亲的娘家在城内长巷子里经营着一家南货店，同时还制作贩卖些小点心等食品。

1941年11月8日晚9时许，母亲要父亲去街上饺饵面担上买一碗饺饵来，当时母亲也许为了加强乳汁才如此要求。母亲吃完饺饵几个小时后，突感不适，发起高烧，上吐下泻，抽搐成一团。全家人看到母亲突然发病，惊吓得不知所措，尤其父亲焦急万分，祖父虽为名医，事出骤然，既无认识也无主张。第二天不到中午时分母亲就死了。一家哀悼，悲痛欲绝。（基于程启秀1999年12月陈述书、常德受害调查委员会的调查记录及笔者对本人的访谈整理）

根据当时居住在鸡鹅巷的其他居民的回忆，在程家大屋的厢房里有好多家借住在那里，那些借住的人家里也出现了死者。程家大屋因此被封锁，空无人住达一年以上。[①]

二是能够维持安定生活的小康家庭。

这类家庭经营着药店、酒店、辣椒批发店、饭店、米粉店、酱油作坊、皮革店、染坊和酒作坊等，规模不大，但维持生活没有什么困难。其中，有的是雇几个熟练工及学徒的小作坊，也有完全不雇人的小店。

何英珍（1934年生）讲述

我家原来住在县城内东街水巷口。家乡是江西省丰城县塘家墟。

---

① 根据住在鸡鹅巷的居民石喜莲、施秋舫、德珍回忆。邢祁、陈大雅主编：《辛巳劫难——1941年常德细菌战纪实》，第93—94页。

家乡人聂振茂在常德经营帽子铺，伯父和父亲于民国十一年来到常德，在聂振茂帽子铺里学徒。那年，伯父 21 岁，父亲 17 岁。3 年学徒期满后，伯父和父亲成了帽子铺店员。民国二十九年，伯父和父亲用积蓄开了家中药兼辣椒店，把伯母、母亲和我们兄弟姐妹从江西的老家接到了常德。1941 年，我家是有 18 口人的大家庭。祖父在江西老家收购货物，店里卖的中药和辣椒基本都是从江西运过来的，伯父和父亲常往返于江西和常德之间。祖母也来到了常德，但是在郊外农村生活。

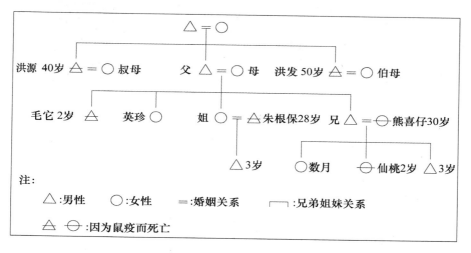

图 3—8　1941 年何英珍家的家族构成

我家第一个被日本细菌战害死的是我的嫂嫂熊喜仔，她已经是有了 3 个孩子的妈妈。1941 年冬天一天早饭后，嫂嫂忙着收拾好了锅盆碗筷，就去上厕所，倒在了厕所门口。家里人忙把她扶起，抬到床上，她发了高烧，呼吸困难，昏迷不醒，颈项也肿了。不久，脸也变紫了，身体上出现了不少红斑，气息奄奄，临近中午时分离开了人世。听大人们说，我嫂子早两天就感到不适，畏寒，发烧，大人们劝她休息，但她仍坚持干活。谁料到她竟是染上了日本侵略者所散布的鼠疫病菌呢！

图 3—9　何英珍（2002 年）

　　我家第二个受害而死的是我二姐夫朱根宝，28 岁。他原是我家里的帮工，和二姐结了婚，还生了一个男孩，成了家里的一员。嫂嫂死后，他忙着帮助料理丧事。之后第三天早上，也是吃过早饭后，姐夫把一袋袋的干辣椒背上吊楼去晒，以便加工碾成粉末出卖。刚背到楼梯口就倒在地上。身上的症状和嫂嫂的差不多，全家人真是心急如焚。这怎么办？家里人都感到既然是得了这样的病，送出去诊也是枉然，不如待在家里好好料理，凭着他那健壮的身体或许还有生还的希望。可是事与愿违，二姐夫的病情越来越恶化，当晚也离开了人世。

　　世上哪有不透风的墙！"何家三天就死了两个人！"噩耗在左邻右舍迅速传开了。这真是晴天霹雳，弄得人心惶惶，于是扶老携幼，躲的躲，藏的藏了。我们水巷口那条小巷，顿时人烟稀少。

　　整个常德城也异常紧张，东西南北门都设有关卡，进出的人都要打预防针。我父亲和哥哥幸好打了预防针，才得以保全。而当时待在家里的两个小孩还来不及打预防针就染上了鼠疫，一个是我心爱的 2 岁的弟弟毛它，还有一个是死去嫂嫂 2 岁多的二女儿仙桃，相继发病死去了。

　　父亲早把我和妹妹送到农村外婆家去了。父亲和哥哥舍不得那点家产，死守在家里，并且写信给回江西老家探亲的伯伯、叔叔，告知家里发生的不幸。伯伯、叔叔得信后，日夜兼程往家里赶。回来后没过几天，两人也得了同样的病，相继死去。我的伯伯何洪发，50 岁，叔叔何洪源，40 多岁。

之后，保甲长来家里，盘问死的人埋在了什么地方，又搜查了家宅并且消了毒，还发现了两只死老鼠，将它们送到广德医院去了。我家被封锁了一段时间。（根据何英珍 1997 年 5 月陈述书及对本人访谈整理）

诸圣金（1925 年生）讲述

我 3 岁时，过继给伯父做养子。父亲（养父）在常德城纹条巷经营常爱皮革厂，生意很好。

我小学毕业后，因有日机轰炸，为了我的安全，父亲送我回乡下与亲生父母共同生活。

初中毕业那年腊月十五，我父厂里的戴伯师傅，推门入室哭丧着脸说：“小老板你爹病危，赶紧带钱和你二伯（生父）一起上城，送你爹去住医院。”我顿时眼泪止不住地往下淌。二伯叫人到枫林口村亲戚家里去叫避难的我姐。

到了厂里，见学徒们已把父亲抬至堂屋，他口吐血泡，鼻孔冒血，全身乌紫，脖子肿得像水桶快要炸皮似的，惨不忍睹。我大声呼叫，“爹呀，你醒醒还是见儿一面吧”，这时只见他头一歪喷出乌血而身亡。

邻居胡老板（开油粮南货铺的）说：“这是人瘟。丝瓜井边的邱老板昨晚死去，症状与诸老板完全相同，他家把他抬到广德医院，医生也说无法治疗。你们赶紧安排后事吧。”二伯根据大家的建议便买棺木去了。

这时我姐也气喘吁吁的赶来了，她捶胸顿足地大哭，引来了左邻右舍前来看望。常德旅馆的内老板说：“昨天还好好的，怎么就死去了呢？”姓伍的徒弟说：“昨天早饭只吃半碗，就去鸡鹅巷谢皮匠处讨账。回来已近中午，他与内老板都没吃午饭，只是睡在床上呻吟。晚饭时也未见起床。晚上房门都没关，是我带上的。”

大家议论纷纷时，姐想到了母亲，一进门又号啕大哭，声音嘶哑了仍止不住。我连忙给父亲磕了头便又去看母亲，这时姐正要碰壁，幸被房租老板拉住，大家劝说："这是菩萨放的瘟疫，凡人无能为力。你撞死了，不是给你二伯添麻烦吗？"接着又赶人去买棺材。这时候，间长（相当于现在的居委会主任）也赶来了，要在场的师徒们掩住口鼻，戴上手套，将二人放入棺木。并交代，在棺材缝隙处用漆布密封，盖好棺盖，立即喊脚夫抬回乡下埋葬，不可久放。

当时都认定是瘟疫，不敢抬回家，便葬在诸氏宗祠旁边的小山坡了。然后等到五七才请道士操办丧事。后来听说戴伯也染疫而死。因为"文化大革命"期间平坟建猪场，我便把父母遗骨埋到团山。1995年砖厂需土，我再次将遗骨转至陈家山，并立碑以敬孝心。（诸圣金1998年6月陈述书摘要）

曾金钟（1921年生，当时一家人住在府坪泥鳅巷）讲述

我的老家是在湘西凤凰县，父亲曾秦川和伯父曾茂林一起经商，买卖棉线和茶叶。做生意走常德，感到常德易于经商，于是于1929年带着家人们一起来到常德。从此，父亲和伯父在常德城内闹市区府坪泥鳅巷开了一座3层楼36个房间的旅馆。由于经营有方，宾客满门，生意做得很兴旺，还雇了保姆、洗衣工和挑水工。

1942年，我们是一个大家庭，我已经嫁到桃源县木塘垸，父母、3个妹妹、伯父伯母、哥哥嫂嫂生活在一起。

我的婚姻是由奶奶定的。那时，日本人轰炸，奶奶去乡下避难，她特别喜欢那的那家人的儿子，就做媒把我嫁了过去。我的丈夫是放木排的，把木排放到武汉、上海。

1942年的春天，旅馆茶房来到婆家，告诉我父亲去世的消息。我心急如焚，立即与他一起往常德赶。快到家时，被来迎的哥哥拦住。哥哥说："妈也病倒了，这是人瘟"，要正在怀着孕的我不要回家。我只好回到乡下，把家人情况告诉奶奶了。奶奶听了，便起身赶往常德。

后来，我才知道，奶奶到时，我的父亲、母亲、伯父和伯母已经去世了，是奶奶安排了他们的后事。之后，祖母带着家人去了姑父杨正伟所在的幼婴堂避难。

一个多月后，丈夫放木排回来了，我同他一起去了常德府坪泥鳅

巷。轰炸把旅馆炸毁、烧掉了。又赶到幼婴堂去寻亲人，听周围的人说幼婴堂的人全都死了。

就这样，因鼠疫传染爆发，国民遭无辜，亲人遭不幸，我真正尝到了家破人亡的滋味。

受鼠疫感染死亡的亲人有：父亲曾秦川 42 岁，母亲包凤英 41 岁，哥哥曾起夫 23 岁，嫂嫂张永金 20 岁，妹妹曾大妹 18 岁，妹妹曾小毛 16 岁，妹妹曾幺妹 16 岁（收养的孤儿），伯伯曾茂林 50 岁，伯母田妹 50 岁，姑父杨正伟，表哥张明 26 岁，保姆张妹子、挑水工谭水长 38 岁，洗衣工王嫂 40 岁。（根据曾金钟 2001 年 2 月 13 日申述书及对本人访谈整理）

祝伯海（1930 年生）讲述

我是鼎城区百纺公司的退休干部。原籍常德县石板滩乡石板滩村，民国时期称渐安乡六保。受害人是我姨胡芳萍，姨父盛文中和三姐祝金翠。

姨和姨父在鸡鹅巷开豆腐店，店名叫盛记豆腐铺。姨家是一幢二层木楼，约 80 平方米，上层住家，下层经营。他们努力经营，加上是在繁华地段，生意红火。民国三十年时，姨 37 岁，姨父 39 岁，三姐 14 岁。

我家很穷，无田无地。我父亲雨清在一家杂货店当挑夫子，空闲时做点小生意，一家 7 口勉强维持糊口度日。三个姐姐，大姐、二姐做了童养媳，弟妹呱呱坠地，三姐金翠给姨做了养女，姨特别疼爱她。我当时 11 岁，常随父亲跑常德。

姨和姨父见我家苦难，经常接济，送钱送物的，我们两家来往走动亲如一家。在乡下远亲近邻做点小生意的人依着父亲的关系，常到姨家里歇歇脚，喝点茶水，算是穷人间的朴素人情联系吧。

那年腊月初五，母亲叫我第二天陪父亲去常德，一是办年货，二是接姨一家到乡下来过年。家境虽穷，也想一年辛辛苦苦下来全家团聚过个好年，两个做童养媳的姐姐和哥哥也都回来。

晚饭后，有几个邻居过来，有个叫菊甫的人对父亲说："雨清，听说这些天街上流行什么鼠疫，死人快得很，死蛮多人了。还说凡死的人，摸不得，要是摸了天把必死无疑。你街上有亲戚，不赶紧去看

图 3—10　祝伯海（2001 年）

一看。"还有人说："听说广德医院进去的人死多活少，天天死好多人，死人不准埋，要火烧。"

　　一个叫三陀的说："今早碰上石公桥镇的老表，听他讲起，前不久那架日本麻飞机在好多地方丢了麦子、谷、布巾子、棉花。天把就出怪事了，老鼠跑不动，摇摇晃晃像喝醉了酒，站不稳，走不动，倒下去就死了。紧接着就是死人，有的包家家死，道士都不敢上门去开路，凄惨得很。"

　　母亲听了大家的话急得饭也不吃了，起身准备干粮，催促我父子俩星夜进城。

　　从乡里到常德全靠两条腿，没有船没有车。父子俩结伴而行，一路汗水一路焦灼。腊月初六早上，我们到了常德城骡马店附近，迎面看到一辆马车拉一车蒙着白布的死人，后面跟一群男女老小，嚎的嚎，哭的哭。我打了个寒战，感觉兆头不对，父亲和我的感觉一样，我们不由自主地加快了步伐。

　　在距盛记豆腐铺不远的地方，父亲买了两碗饺子加烧饼，我这才感觉饿空了肚子。父亲目不转睛地注视着盛记豆腐铺，店门没打开，左右几家都关着门，大街上有一道石灰线。穿着黑衣的警察来回走动，还有穿白衣服的人往来忙个不停。

父亲向摊主打听道："借问老哥，这里出了么子事？"摊主满脸愁云地说："你这老哥怕进城里来找亲戚的吧。这里发生了瘟疫，死的死，逃的逃，有的送到广德医院死活不知。盛记豆腐铺一家三口昨天送广德医院了。你看那白灰印，都封了，墙壁贴着告示"。父亲赶紧拉着我连走带跑地奔向东门附近的广德医院。

来到医院就见空坪上、走廊里多处是用白布蒙着的尸体。穿着白衣戴着口罩的护士奔着。父亲找到一位护士引见院长。我们上了二楼，见一洋人正和一戴眼镜的中年男人正说什么，父亲猜到洋人就是院长，先向中年人问一下，才知道他是院长助手。报了姨、姨父和三姐的姓名、地址，说明来意。中年人取出一个大本子，在一页停住了，低沉地问道："你是他们什么人？"父亲答："亲戚。"助手就对我们说："昨天上午，三人被送来本院，染上鼠疫了。现在两女已经死了，男的还有一口气，你们可以跟我去看看，请你们注意，死人病人都不准接触，最好不讲话，这是传染病，很危险。"

护士给父子喷了些药水，就被带到走廊东头，看到姨和三姐的尸体放在木板上，掀开白布，果真是她们，手、脸、脚呈黑色，我不由自主地大喊了一声："三姐呀！"父亲也失声哭泣，中年人马上把我们带走了。

我们被带到一处病房，见护士正给姨父打针。姨父的额头上搭着湿毛巾，身体不停抽搐，见到我父子，有话想说的样子，可是他已经没有那个力气了。父亲哽咽道："妹夫，昨晚我和伯海连夜赶来的，来迟了。妹和翠儿刚才见到了，她们死了。你好好诊病，莫怕。"没等父亲说完，姨父已泪流满面，嘴在动，手在动，少顷便停止了年轻的生命，没留下一句话。连针还没打完呢，人已死了。护士取来白布盖在姨父身上。

洋人院长来了，他们眼睁睁地看到我们生死离别。他用手在胸前佩戴的十字架划着十字，用中话对我们说："愿上帝保佑你们。"说完摸了我的头，然后在父亲的肩上轻轻拍了两下。中年人对父亲说："尸体不能拖走，由院方处理，统一拉到西堤电灯公司火烧。因为这是很凶病的传染病，你们和家里人不要再来了。"父亲神情呆滞地点了点头，然后向这两位具有同情心和仁爱的人鞠躬敬礼，以表谢意。

出了医院，父亲买了纸钱和白幡，拉着我与死难者亲友们边哭边撒纸钱。我们随拉尸车来到西堤临落路口电灯公司。只见穿白衣服的医院的人与穿黑色制服的警察将众人隔开10丈左右，在地上挖了很大很深的坑，里面放着一个大铁炉，一具具尸体往炉中扔，浇上煤油，点火焚烧，尸焦臭味扑鼻难闻，浓烟滚滚。死者的亲友们哭着，吼着，多想再见一下亲人遗容啊！但都被制止住了。人们都向炉子方向跪下向死者作最后告别。头，磕了一遍又一遍，哭吼声，一阵又一阵。我哭着叫喊："三姐呀！姨呀！姨父呀！"父亲劝我不哭，他自己早已泣不成声。（根据祝伯海1998年12月陈述书及对本人访谈整理）

在众多的受害回忆中，祝伯海的回忆是比较细致清晰的。这大概与他其后的职业和工作有关。20世纪50年代末，祝到桂林陆军学校深造，之后当上了防化课教员。在讲授军事化学知识"鼠疫"一课时，脑海里浮现出3位亲人受害的情景，他就将这段经历整理了出来，并在学校召开的忆苦思甜大会上做了介绍。之后，他还大量阅读了军队内外资料，向校内军事化学、医学教员请教，研究了七三一部队、一六四四部队在中国各地使用细菌武器的情况。

三是贫困层家庭的受害。

在原告杨志惠的家中，父亲早年病死，母亲在常德的广德医院院长家做女佣养活志惠四姐弟。还有原告郭梅秀家，因饥荒于1937年从常德西边的安化县农村逃到了城里，因为生活很不安定，作为主要劳动力的梅秀的爷爷和父亲做着酒水生意，又用扁担挑着商品到处叫卖。另外还有摆摊糊口的小贩、佣工和路过常德的难民。

郭梅秀（1948年生）讲述

我永远都不会忘记，父亲生前给我们讲述祖父、姑母在常德城惨死的情景。

我的父亲叫郭七星，1994年五月初九去世，终年84岁。父亲生前只要有点空闲，就会讲述祖父、姑母惨死的往事，悲痛欲绝，常常泣不成声。

父亲说："我们的老家在安化县狮毛盖，1937 年闹饥荒，家中无米下锅，父亲周志强就带着一家老小来常德谋生路，住在有钱人家的吊脚楼底下。开始进城时，靠给人挑水和做小工度日，后来做小本生意，在畔池街摆摊。1942 年古历十月二十七日，父亲从畔池街收摊回家，突然染病倒在床。口喊头疼肚子疼，两手不住地在胸前腹部胡乱抓摸，疼得在床上翻滚。母亲以为父亲是得了绞肠痧，让姐姐用土瓷碗给父亲刮痧，姐姐的手触到父亲的身体时，感觉父亲的身体滚热烫手。第二天，父亲的病情加重，高烧不退，还出现胸气短，呼吸困难，口里流出带血丝涎液不止，连大小便也失禁了，黑稀大便弄满裤裆。母亲四处请郎中，点了两剂药，但病情不但不见好转，反而四肢开始抽起筋来。慢慢地，脖子肿起来，周围长出拇指般大小的软坨。后来，他连呻吟的力气都没有了。父亲病倒后，姐姐终日在床前照顾他，两天后，姐姐也病倒了，她的症状与父亲一模一样。父亲病了 4 天，就在痛苦中断了气。姐姐在父亲去世的第二天离开了人间。他们的尸体上遍布乌紫色疤块，嘴里鼻孔里冒血泡。城里人讲，这是发人瘟，旁人拢去不得，使得父亲、姐姐死后无人收尸。"

"当时我外出挑货郎担未在家，母亲无力安葬死人，只能坐在河滩上望着吊脚楼哀号。后来尸体腐烂，幸被好心人用两块木板抬去埋在河滩。第二年被洪水冲走了。"

"父亲和姐姐死后，母亲打算与我讨米回老家，途中被好心人郭兴华瓦匠收留，母亲见郭人好，便改嫁于他。郭兴华 1959 年 9 月病故，母亲是 1960 年 6 月去世的。"

现在已经知道祖父和姑母的惨死，是侵华日军七三一部队使用细菌武器造成的。日本侵略者惨无人道，杀害中国无辜民众，天理难容。（郭梅秀 1998 年 5 月陈述书摘要）

李光中（1927 年生，时居常德城内府坪街）讲述

我是回族人。我家原住在常德城府坪街（现民主街），父亲于 1930 年开了常德城内最大的回族餐馆"清真复和楼"。1938 年，在清真小学读 4 年级时，日军开始对常德进行空袭，因此停止上学。后来进了一所私立小学，读完初小。抗日战争胜利后，因家里经济条件好，请了人教我英语和汉语。

图3—11　李光中（2004年）

　　1948年，听从小学时的老师、地下党员的建议，去了上海，考入了大厦大学（现华东师范大学）读书，学习教育心理学。我参加了反对国民党内战政策的学生运动，并填写了加入共产党组织的申请书，但是没有被批准。解放以后才知道没被批准的理由主要有三个。①"有过激民主主义思想，对组织有害"，因我有时在报刊上发表散文诗歌等，因而被认为是"过激民主主义"。②"家庭成分高，经受不了白色恐怖。"家庭出身成了一大障碍。③"持有家庭温情主义倾向"，我重感情，家人相依为命，被认为是不能以党的事业为重。

　　大学在读期间，父亲去世，餐馆无人经营，不得不退学回到常德。通过上海地下党的介绍信与常德党组织取得联系，一边做着家里的工作，一边从事常德地下党的工作，1949年7月29日常德解放，迎接解放军的入城的秧歌队就是从我家出发的。建国以后，担任常德地区专员、地委书记的秘书。1990年退休后，做了律师。

　　我证明李天明、李锡成父子死于鼠疫经过。先说说我与受害人父子的关系。

　　（1）同宗关系，都是常德县许家桥西庄坪李氏宗族后人。我的父亲李先兆和天明的父亲没有出五服，是同一高祖的子孙。天明和我都是"光"字辈①，因他染天花满脸麻子，从小被称呼"天麻子"，后来索性名字也改成了天明。

（2）雇主儿子和佣工的关系。天明在清真复和楼挑打杂。

（3）少年时代的童友。天明的儿子锡成，从辈分上来说，小我一辈，但是在年龄上却大我 5 岁，常在一起玩，我喊他的小名"伲伢"，他喊我的小名"棒儿"。

天明的工资微薄，他的妻子夏长生就包揽了他们住的黑神庙巷子里的官衙（公安局等机关）当差人衣服来洗，为找帮手，便从娘家迎来了侄女夏新年，做锡成的童养媳。锡成到了十五六岁时，去裁缝店学徒。这时，一家人才得以过上了较好的日子。

然而，从 1938 年起常德受到日军飞机轰炸，清真复和楼被烧毁了。天明及其他工友失业了。天明便担起扁担卖饺饵，赚了一点钱之后，就在鸡鹅巷租了一间棚屋铺面，开了"天胜馆"专卖牛肉粉面饺饵等小食。

1942 年春天，锡成患了重病，当时不知道是鼠疫，我和姐姐光珍还去他家里看他了。他睡在竹床上，衣服敞开的，裤未系带，全身发烧，腰背间红肿，长了个大疮似的，开始溃烂，人已神志不清。几天后他就病死了。我和姐姐还去清真西寺，看他赞"者拉仔"（回族葬礼风俗）。锡成的尸体由老家乡下来人抬去德山，葬于茅湾，也是天不亮抬走的。

锡成死后一个月，天明也是以同样的症状死去。锡成死前，天明还给他请了郎中看，以为是"牛瘫"或"背花"，用麻油调了药敷过。而天明病后什么药也未用过，就悲惨地死去了。据说他是被悄悄地抬到八斗湾老家后，才按回族风俗下葬的。

关于轰炸及投放鼠疫菌的回忆：

1941 年 11 月 4 日那天，按每天"跑飞机"的惯例，天亮前即吃早饭，天亮后即同母亲各背一个"警报袋"跑出东门，到岩桥边我六姐夫家租的喻家豆腐铺，只要拉了空袭警报，我们就往岩桥乡下跑。但那天没有拉空袭警报，一开始就是拉的紧急警报，笛声刚息，

---

① 所谓字辈，就是在宗族为了区分男性成员的辈分而编五言诗或七言诗，各代人出生后取名时按顺序取其中一字入名以显示辈分。

日机即已临空盘旋。这天日机并未投弹，也未闻机关枪扫射声，只听到屋顶上有落下物时的洒洒作响的声音。日机飞走后，我们也未注意屋上究竟落的什么。此后，听到大人们议论，说日机在城区上空投的东西蹊跷，尽是些小纸盒装的五谷杂粮、棉絮、布巾等，散落在瓦上地上。当时并不知道是鼠疫菌的载体，更不知其严重的危害性。锡成可能是出于缝纫的职业习惯，在洒落最多的鸡鹅巷的街上，还收集了一束花布巾准备做缝扣（布质绫扣）。此后不久，城区到处发现老鼠，并陆续出现瘟疫死人的现象。（根据李光中 2001 年 12 月 12 日所写证词及对本人的访谈整理）

综合以上城区受害陈述来看，大致有以下特点。

第一，总体来看，忙于生计的贫困阶层及小康阶层鼠疫受害比较严重，他们文化水平不高，没有时间了解防疫政策，没有打防疫针的人很多。关于这一点，民国政府卫生署派遣来的外籍防疫专家伯力士当时就有非常清醒的认识，有关内容将在第五章介绍。[①]

第二，家里只要有一人染上鼠疫，往往会连带传染他人，造成数人以致全家人死亡。从以上回忆也可看出，家里人生病时，其他成员会精心照顾，在卫生条件很差，用水也不方便的环境下，家人间的互相传染是不可避免的。而且，还会殃及邻居，一条街上接二连三地出现死者。

第三，民众对政府的防疫政策有抵抗情绪，接受不了解剖、火葬等处置，往往是相信没有事实根据的传言。出了鼠疫患者、死者的家庭，绝大多数是不报告、不送往隔离医院，半夜将尸体拉出城，悄悄掩埋土葬。

第四，政府在运用保甲组织进行防疫工作，可以看到保甲长也起了一定的作用。但是，更多的家庭是尽量躲开保甲长的监视和干涉，甚至避开邻居，自行处置患者及死者。

第五，病倒或死在城里的帮工、小业主等，在他们临危时或死后悄悄被运回乡下老家。

以上这些特点，都成为鼠疫受害进一步扩大的途径。

---

① 参见第五章第二节。

二 常德地区受害全貌

发生在常德城内的鼠疫迅速向周围农村扩散，造成了大量人口的死亡。

常德细菌战受害调查委员会整理的《受害者名册》中记载了7643名受害者，分布在13个县、70个乡镇、486个村落。应该说，实际上的受害范围远远超过了这一记载。商业繁荣的常德城的交易范围，辐射四川、贵州、湖北等省，如后所述，鼠疫是随商人、挑夫等流动人口一起向远处传播，以致这些地区都有鼠疫死者。而且战乱时期，军队、难民很多，人口流动性大，这也是鼠疫受害扩大的原因之一。

受害比较严重的武陵区、鼎城区及汉寿县各乡镇的情况如图3—12所示。

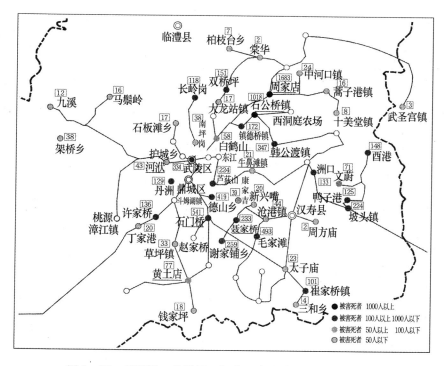

图3—12 武陵区、鼎城区、汉寿县各乡镇细菌战受害情况

表3—4　　武陵区、鼎城区、汉寿县等乡镇的细菌战受害者死亡人数

乡镇名	被害者数	乡镇名	被害者数	乡镇名	被害者数
武陵区德山乡	419	黄土店镇	77	西港乡	148
城内	334	白鹤山乡	58	鸭子港乡	125
芦荻山乡	224	康佳吉乡	39	崔家桥乡	101
丹洲乡	129	草坪乡	33	文蔚乡	71
河洑镇	43	中河口镇	24	沧港镇	44
南坪岗乡	38	牛鼻滩镇	21	三和乡	4
鼎城区周家店镇	1683	丁家港乡	20	周方庙乡	2
石公桥镇	1018	钱家坪乡	18	桃源县架桥乡	38
石门桥镇	541	大龙站乡	17	莫林乡	16
韩公渡镇	347	石板滩乡	17	九溪乡	12
谢家铺乡	259	蒿子港镇	16	临澧县柏枝台乡	7
镇德桥镇	172	十美堂镇	8	津市棠华乡	2
双桥坪乡	151	黑山嘴乡	4	南县武圣宫镇	3
许家桥镇	136	汉寿县毛家滩乡	493	常德师管区	90
洲口镇	133	聂家桥乡	233	三斗坪挑盐者	115
长岭岗乡	118	坡头镇	224		

资料来源：常德细菌战受害调查委员会编《中国湖南常德侵华日军731部队细菌战受害者及其遗属名册　第三部》，2002年8月。

表3—5　　　　　　　　各个村子的鼠疫受害状况

村名	当时人口	发生时间	死亡者数	死亡率（%）
德山乡枫树岗村	650	1942.4—1943.9	187	29
芦荻山乡伍家坪村	600	1942.5—1942.7	201	33.50
双桥坪乡蔡家湾村	371	1942.7	370	99.70
河洑镇合兴村	56	1942.9	17	30
石公桥镇市街区	2000	1942.1	115	5.70
周家店镇熊家桥村	578	1942.1	152	26
周家店镇九岭村	350	1942.1	112	32
周家店镇柳溪湾村	480	1942.1	158	32.90
周家店镇黄公咀村		1942.1	124	
周家店胡家庄园	400	1942.1	144	36
韩公渡镇牛牯陂村		1942.1	203	

注：双桥坪乡蔡家湾村的蔡氏宗族除了蔡运成（21岁）1人以外，其余全部死亡。由于死者的名字已无法搞清楚，所以蔡氏死者在受害调查委员会整理的《细菌战受害者名册》中没有记载。

三　鼠疫的扩散

如此大规模的细菌战受害究竟是以怎样的途径蔓延开来的呢？根据受害者和幸存者的记忆，可以考察一下鼠疫的感染途径。

（一）鼠疫向近郊农村的传播

近郊农村的鼠疫流行与城内的鼠疫流行密切相关。而近郊农村地区的鼠疫传播，一般都不是出自单一的传染源。近郊每个村都有很多人在常德城里打工，打工者染上鼠疫，病发后接二连三地回到村子里，也有的村里人因为去探望常德城里亲属而被传染，总之，这些人成了病源，引发了村内及附近村庄的鼠疫流行。

1. 河洑镇的受害

河洑镇距离常德县城仅仅 2 公里，所属各村离县城也都很近。以合兴村和雷坛岗村为例看一看近郊农村的受害状况。

合兴村

合兴村是李姓宗族聚居的村，全村人都姓李。李氏一族除了合兴村外，在以下将要提到的雷坛村、朱湖、崖坪、南湖等村也有分布。

合兴村是个小村，1942 年时人口只有 56 人，当年 9 月因鼠疫的流行，仅一周时间内村里就死了 17 人。

最初是卖酒的 48 岁的李伯生，因进货经常往县城跑，在县城被传染上了鼠疫，回到村里就死了。从这以后，伯生的家人相继染病死亡，热心地帮助处理伯生家人后事的伯生堂兄李高生的家里，也开始有人发病死去，8 口之家的高生家有 6 人死亡。

伯生、高生的同辈人李先生是道公，主持丧事，处理遗体，也染病死亡。帮助挖坟埋葬伯生的一堂，先生的邻居汉清一家 3 口人，以及汉清的姻亲 2 人也相继死去了。〔根据在村里的访谈调查，以及李建华 1998 年12 月 6 日陈述书、常德细菌战受害调查委员会对李腊珍访谈的访谈记录"鼠疫受害者走访录"（1998 年 4 月 3 日）整理〕

雷坛岗村

1942 年，雷坛岗村的人口有 350 人左右，有 18 人因感染鼠疫死亡。当年 8 月，"收棉花那阵子被国民党军队抓壮丁了"的青年李怀君，在县城的军队驻地感染鼠疫后被家人拉回家里，几天后死了。这之后，他的家人及近亲家共有 9 人死亡。

1942 年 9 月，现在称为"三组"的小自然村，因另一原因引发了鼠疫。在常德城卖河水的丁大儒，在城内染了鼠疫后回家，六七天后死亡。两天后，大儒的妻子以及亲属们也相继死亡。（基于对村民的访谈调查以及丁保成 1999 年 3 月 19 日陈述书、李本福 1999 年 3 月 12 日陈述书整理）

2. 德山乡的受害

德山乡在常德县城的南面，现在由于城区扩大，一部分地区已经与市区连在一起。1942 年春夏，德山乡所属各村不断地有鼠疫患者出现，不停地有人死去，这种现象持续了很长时间。以下介绍的茶叶岗村鼠疫持续了一年左右，枫树岗村更长，持续了一年半左右。

茶叶岗村

村里最早患鼠疫死去的是万家全，他在常德东门三关店美孚洋油行（贩卖灯油）担任掌柜，1942 年 4 月感染鼠疫后被运回老家茶叶岗村。

王吉大（1931 年生）讲述

1942 年农历七月十九，我母亲又到常德城里去看望我姨父和姨妈（均已故）。一到那里，姨父姨妈说："妹，你怎么来了，俺这里在发人瘟，死了好多人。"妈原想在姨家住几日，听他们这样说就有点怕，第二天就回了家。当天晚上，我妈感到浑身上下不舒服，以为是走远路吃亏了，也没在意。第二天早上，我妈感到四肢无力，头痛发烧。这天，我家和叔父一家到鄢家巷溶里六斗割稻，我妈强打精神做了早饭，饭后，父亲他们都割稻去了。我妈感到支撑不住，就去睡了。过了一会，我就听到我妈大声呻吟："我肚子疼，吃亏得很嘞！"我赶快走到床边，妈痛苦地说："伢儿，快点喊你爹去，我不好得很，不得了！"我赶忙跑去喊我父亲，刚到大堰塘背上，父亲挑着谷来了，听我说后，甩掉扁担就往家跑。到家一看，我妈在床上手脚乱动，像是在扯筋，已不省人事了。父亲一摸我妈的头和身上，滚烫火烧。

好多邻居听到我家闹哄哄的，都过来看。耀之爷（已故）对我父亲说："家发，你屋里的只怕是得的乌哇症，你给她呼脚后跟看看。"我父亲马上给我妈呼脚后跟，这时闻到一股恶臭，一看原来我妈拉大便到床上了，我父亲赶快为我妈擦洗换衣，发现我妈拉的大便漆黑，身上起了一块一块的乌斑，我妈眼睛发直，已不行了。父亲大声喊我妈的名字，失声哭了，我和弟妹也大声哭起来了。

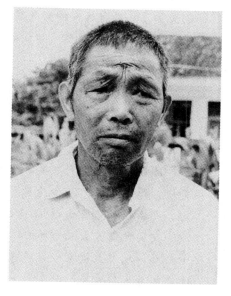

图3—13　王吉大（2001年）

我妈就这样死去了。死得好惨，口鼻流了好多血水，手和脚痛苦地蜷曲着。我婶娘（已故）给我妈穿衣时费了好大劲才穿好，放进棺材时，我叔父和请的丧夫使劲扳压，才把我妈的手脚弄直。我妈死时才36岁。

由于我父亲直接用嘴为我妈呼脚后跟，就在帮忙的人安排我妈后事时，我父亲又喊心里不好。我叔父赶忙扶他躺到床上，过了一会儿，就听见我父亲痛苦的呼喊声。我叔父跑过去一看，那症状和我妈一模一样。我叔父说："这是拐哒，只怕传起旺生的病哒。"那天晚上，我父亲又哼又喊又扯筋，床上屙了好多黑大便。天亮后，帮忙的王家根、王家佩（都已故）说："家发病得这样狠，把旺生早点抬出去，莫到屋里敲锣打鼓，救活的要紧。"于是，丧夫们将我妈的棺材抬到大堰塘背上，准备出葬。

我妈葬出去后，葬坟的人还没到家，就听邻居耀之爷喊："家发也死了。"我妈出葬不到两个时辰，我就看到我父亲手脚抽筋，翻白眼，不一会儿就死了。父亲死时只有37岁。

我和弟妹们哭得死去活来。左右邻居为之落泪。父母都葬在王氏祖坟易方山。

父母死后的第三天，4岁的弟弟吉云和2岁的妹妹冬枝又相继得病，症状与父母的症状一模一样。小小的年纪，本来就瘦弱的身子经不起病魔的折磨，两人先后死去。弟妹死后，我叔父将他们草草埋在小坟山。

一家6口人只剩下我和5岁的妹妹桂枝，我们嗓子哭哑了，眼泪

也哭干了。那种悲惨的情景我到死都忘不了。（根据王吉大 1998 年 5 月 25 日陈述书及对本人访谈整理）

肖长学（1942 年生）讲述

从我有记忆起，就听见父亲肖友志（已故）经常对我说："毛陀（我的乳名），你妈死得好惨，那时好苦，你才出生几个月，要不是你伯母（高春连，已故）把你带大，你也不在人世了。"

1942 年农历八月中旬，我母张玉梅做早饭时，突然觉得身体不舒服，浑身无力，以为是感冒了，但是她坚持把十几个人的早饭做好，并照顾我兄弟吃饭后才去休息。父亲给邻居王新桂家帮工回来后，发现母亲的头火一样的热。家里没有钱给母亲看病，父亲感到万分为难，就去王新桂和邻居家借钱，可是，哪家都没有多余的钱，父亲看到母亲病的样子内疚得哭了起来。

母亲就安慰父亲说："我知道家里没有钱，我不怪你。我可能染起邻村的那种人瘟病了。你无论怎么苦都要把 8 个儿女带大成人，你也要保重身体。"谁曾想到，这就是母亲的遗言，从得病到死只有 3 天。母亲死时口吐血水，屙黑大便，肚子痛得打滚，死后邻居给她穿装死衣时，发现遍身有很多大大小小的乌紫块。母亲埋葬在祖坟山栗儿窝。

母亲死后刚出葬，我胞兄肖长明 12 岁，胞兄肖长弟 5 岁相继传染得病，症状与母亲一样，仅 6 天时间，我家就死了 3 人。两位胞兄死后葬于乱葬岗。

面对这突如其来的打击，我父亲及全家人哭得死去活来，千斤重担落在父亲一人身上，从此，父亲既当爹又当妈，起早贪黑，拼命干活，来支撑这儿多母去的家庭。我兄妹几人因此不能读书，过着衣不遮体，饭不中口的生活，直到解放。

到现在，我才知道人称的"人瘟病、乌哇症、瘟麻子"是七三一部队施放的鼠疫菌造成的。想起来真是割心割肝，一辈子也哭不完。（肖长学陈述书摘要）

枫树岗村

枫树岗村的受害情况与茶叶岗村相似。因为有多种传染途径，所以鼠疫流行时间长。此外，由于枫树岗村是茶叶岗村的邻村，所以茶叶岗村也成了枫树岗村的传染途径之一。笔者走访了枫树岗村的村民。

20 世纪 40 年代，枫树岗村是有 6 个自然村 650 人左右的村落。村里有诸、王、郑、李 4 个大姓和七八个小姓。4 个大姓中，诸姓宗族的人最多，差不多占了村里人口的一半。据说诸氏的祖先是明朝的将军，洪武四年（1371）来这里定居。从那时起，诸氏在这里已居住了 600 年以上，子孙已繁衍了 26 代。

鼠疫从 1942 年春天流行，开始时势头较猛，逐渐减弱，但持续了一年半左右，枫树岗村有 187 人死亡，21 户全家死亡，成了绝户。在村里访谈调查时，村里人回想起这 21 户的姓氏：王姓 8 户，诸姓 4 户，曾姓、张姓各 2 户，高姓、龚姓、郑姓、李姓、建姓各 1 户。

村里最早发病的是郭姓的一家，郭家男主人在常德城里开煤油行，得了病，回到村里就死了。之后，村里陆续开始死人。

以下几位的讲述，提供了 1942 年 4 月鼠疫猖獗时的情景。

曾昭辉（1933 年生）讲述

1942 年 4 月，我 9 岁，我胞妹昭霞 7 岁。由于我父母忙于农活，我祖母诸幺妹带昭霞到我家祖地茶叶岗村鄢家巷我父亲朋友万家田家去玩，万家田被瘟麻黑子折磨得死去活来，祖母见后马上带昭霞回家。就在回家的当天下午，昭霞就得了"感冒"，到了晚上，她发烧、抽筋、口干、喊喝茶，手在胸前乱抓，第二天下午 4 点钟左右离开了我们。

胞妹在病重期间，邻居亲友都来看望，胞妹死后，都来帮助料理后事，由于直接接触病源，我家亲友边邻都相继染上鼠疫。首先是我二舅父邹新堂，其症状与我胞妹一样，胞妹逝去后第四天就气绝身亡。边邻周大婶的小侄子在舅父死后两小时也离开了人世。

胞妹死后 10 天左右，我祖母到邻村乌塘岗村八组曾日新家讨赊欠我家的烟苗钱，他家人住在富裕户王安帮家。早晨去时身体很好，可到下午在回家途中昏倒在乌塘岗村八组和枫树岗村一组交界处的菜园篱笆冻刺树下，已不能动弹，奄奄一息。后由好心的邻居抬回我家，当时我在本村四组熊保保家读汉书，我甘玉莲大婶（已故）对我说："你奶奶病危，快回家送终。"我从学校一路小跑家中，见我奶奶已躺在堂屋竹床上，满面充血，口角吐涎，嘴不能说话。她见我回来，忙抓住我的手，另一只手则在胸前乱抓，她已经说不出话来，我只是一个劲地喊奶奶。我父母在一边清理奶奶的脏衣服，更换死衣。我看见奶奶身上有大小不一的乌点，内裤里有黑大便。

6月上旬，我祖父曾纪成、幺祖父曾纪辰相继含冤死去。还有我的大舅邹新阶、三舅邹月秋也感染了鼠疫，先后死亡。（根据曾昭辉1998年4月28日、1999年1月25日陈述书整理）

王怀德（1934年生）讲述

我系枫树岗村一组村民。1942年4月，正值瘟疫盛行死人较多，我父亲给人抬丧后，4月23日突然病发，上吐下泻，发高烧，我奶奶和我母亲护理，我父亲就已经不能说话了，用了民间草药以及烧灯火等方法都无效果，病情反而急剧加重。于4月24日死去，只有一天一夜的时间。年仅34岁。我婶婶等人给我父亲擦洗身体时，发现我父亲身上全身发紫，遍身是黑斑点，有人说是人瘟，有人说是乌哇症，还有人说是霍乱。由于传染性大，出殡抬丧都找不到人。（王怀德1998年5月18日陈述书摘要）

绝户的家庭中有一户李姓人家，丈夫在常德城内做小商贩，1942年春天染上了鼠疫，回家两天后就死了。之后，他的3个孩子、妻子、母亲都相继死去，成了绝户。

1943年染上鼠疫死亡的事例，如诸姓的一个家庭。这家父子三人在常德城内鸡鹅巷开了一个小裁缝店，1943年9月老大染上了鼠疫，父亲和老二用担架把他抬回了枫树岗村，很快老大就死了，然后老二、老三也相继死去。之后，帮助这家出殡抬丧的诸氏族人里也出了不少死者。

（二）石公桥镇及周围地带的鼠疫受害

第二章介绍了石公桥镇是周围的农村及镇德桥镇、周士乡、韩公渡乡等规模小一些的乡镇的经济中心。石公桥镇发生鼠疫后，鼠疫迅速从石公桥镇向周围农村传播。

鼠疫到底是通过什么途径被带到石公桥镇来的呢？传染途径到现在还不清楚。但是，如上所说，由于石公桥镇与常德城以及其他地区之间，从经济活动到社会交往方面都有着紧密的联系，所以，社会生活的各种活动都可能成为传染的途径。

1. 镇上的受害①

1942 年 10 月，桥北街的居民发现街上死了好多老鼠。特别是鱼店、肉店、米店、油店、酱油店、食品杂货店死的老鼠更多。正元堂药铺老板丁为桂和医生聂胖子说这是鼠瘟，会危及到人，把死老鼠装进撮箕里，埋到河边，在店周围撒了很多雄黄消毒。有很多人看到他们的做法就跟着模仿。

当地人回忆，最早死亡的是熊金枝的奶奶陈三元。

之后，给人家帮工的 30 多岁的石冬生，突然得病，开始是打寒战，很快就发高烧，第二天就死了。因为死得突然，周围的人说长道短，怀疑是被毒死的。石冬生结婚后没有和哥哥分家，平时家人不大和睦，时常吵嘴。冬生死后，他的父亲石元和也得同样的病死去了。

鱼行老板张春国和他的妻子染上了同样的病，第二天死了。不满周岁的小儿子张伯君、女儿、帮工也很快死了。张家 4 口人全部死亡，绝户了。

之后灾难进一步扩大。丁长发花纱行和谷米鱼行②也开始死人，丁长发妻子鲁开英发病，不到两天就死了。之后，长发的女儿丁月兰、母亲丁刘氏、管账先生魏乐远、长发本人、两个弟弟和弟媳、雇工鲁方新、贺第卿等人，一个接一个地在一周内相继死去了。

生意兴隆、规模为石公桥镇商家之首，名声远在常德之外的丁长发花纱行，就这样因为鼠疫一瞬间就人死绝家破落了。丁家免于一死的，只有当时在常德城里上学的长子丁旭章一人。

镇上人心惶惶，人们说"瘟疫来了，死了这片死那片"。

鼠疫在整个桥北街蔓延开来，因鼠疫死去的人数骤增。石公桥只有两家棺材铺，肖记寿器店和童记寿器店，都在桥南街。鼠疫发生后，买棺材的人络绎不绝，两三天就把存货卖完了。棺材铺的老板也怕传染，关了铺门，死了人连棺材也买不到了。亲属们就用棉被把尸体包上，抬到荒坪上埋掉。

镇区居民各户总计死了 111 人，分属 77 个受害家庭。这个数字里包

---

① 有关石公桥镇区的受害情况，是综合了"有关石公桥镇鼠疫劫难的座谈纪录"（邢祁、陈大雅主编：《辛巳劫难——1941 年常德细菌战纪实》，第 95—102 页），以及黄岳峰、王华璋的陈述书以及对黄岳峰、王华璋、贺凤鸣的访谈调查而整理的。

② 花纱是棉花、棉线、棉布的总称。

括一些非长期居住的本镇居民的家人亲戚。丁国豪鱼行的 5 名死者中有已经嫁出去的长女，她是临时从婆家回来照顾患病的父母的，她自己也被传染死去。贺凤鸣家死去的是嫁到鳌山姐姐的 9 岁小女儿何小妹，她是来外婆家玩的。

石公桥镇是地区经济贸易活动的中心，这里突然爆发的鼠疫使得周围农村区域以及来做买卖、避难，甚至讨饭的，凡是来到这个镇上的人，都卷入了这场灾难。益寿堂药铺里死的两个人是从湖北汉口来的汉剧团演员。汉剧院第五团来湖南农村巡回演出，投宿在益寿堂时被传染上了鼠疫。从周围农村来石公桥镇做工的农民也染疫而死，王商成家死去的是刚从农村来的挑水工。来这里的生意人也染上了鼠疫，从湖北易市来的鱼贩因为帮助丁国豪鱼行埋葬死者而感染，回家后不久就死了。一个来自湖南省中部邵阳地区的姓申的青年人在石公桥镇买了棉花，死在了回家的途中。撑着木船来往于常德和湖南南部的石首等地，运来麻等土特产品、运走水产品的老船主肖和妻子，在石公桥镇装满了货返回，也死于归途。

李丽枝（1926 年生）讲述

我年幼时即与石公桥镇丁长发的长子丁旭章订了婚。丁家早就在桥北街上开花纱行。生意越做越大，门面扩大到四五间，又增开了谷米行、鱼行，来行里贩货的客商络绎不绝。丁长发的字号在常德周围乃至湘西各县都有名。

1941 年春节，旭章来我家给我父母拜年。我与他同桌吃饭，虽然很尴尬，但两人一见倾心。他偷偷问我："几时到我家去？"我的脸唰地红了，不知如何回答，冲口说了一句："我又没有长翅膀。"

凡是知道我是丁家儿媳的人，都夸我八字好，女儿家羡慕我，说我是"痴人有痴福"。我心里乐滋滋的，婆家有钱，旭章在常德读书有文化，人品又好。

春节过后不久，媒人登门，选定婚期为农历九月二十四。我父母自然答应，我成天守在家里做点针线活，痴想着未来的幸福。

婚期临近的当儿，石公桥传出噩耗，说发生了瘟疫，婆家隔壁的张春国家里已经死人了。我的心提得老高，默默祈祷上苍，保佑婆家老幼安康。哪知命运偏要捉弄人，我婆婆鲁开英于农历九月二十突然死去。据说得病后腋下窝红肿，身体作寒作冷，发高烧，很短的时间

内就离开人世。我这个即将过
门的媳妇，听到婆婆病逝，思
想上的打击特别沉重。人们相
信妇女的命相，发生了这种
事，不知道背后怎样议论。我
自己也十分困惑，难道是我的
八字太恶，过门前就克死了婆
婆吗？

谁也没有料到，旭章的妹
妹丁月兰也染上了同样的病，
不到一天，魔鬼就夺走了她幼
小的生命。

妹妹的尸体刚入殓，奶奶
发起高烧来，满口胡话，直喘
粗气，仅几个钟头就停止了
呼吸。

图 3—14　李丽枝（2001 年）

邻居张春国的儿子张伯君死了，恰逢伯力士博士带领的防疫队来
到石公桥镇，随同来的还有军警。防疫队解剖了伯君的尸体，初步断
定是鼠疫，并决定解剖更多的尸体，然后一律火化。我公公怎忍心让
老母亲和心爱女儿被剖腹挖脏呢？他们乘夜用船将两位亲人的尸体悄
悄运到离镇 1 里地的荒郊埋葬。

奶奶死后，公公也身感到不适，继而高烧，神志不清，公公也死
了。之后还没过半日，大叔、幺叔、管家魏乐远、大婶和小婶 5 人也
相继丧命。

旭章正在常德求学，得到家人惨死的消息，连夜跑到我家。我见
到他，眼泪就像泉水一样地涌了出来，边哭边说，准备和旭章一同回
丁家料理后事。父母阻止我们。我吃了秤砣铁了心，对父母说："我
生是丁家的人，死是丁家的鬼。"就和旭章直奔石公桥镇。

一路上，我叮嘱旭章，要克制，更要注意不要被传染。有我们在
丁家就有根。

桥北已经挖了深壕，禁止通行。只好转往桥南走。站在桥头的警
察把我俩拦住，要检查"注射通行证"。旭章一边闯一边说："人都

死光了，还管什么证不证。"警察听说他是丁家的大少爷，深表同情，就让我俩过去看一眼，并告诫我们"必须迅速离开"。

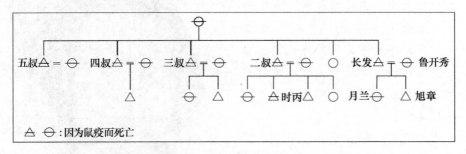

图 3—15　丁家的家族构成

　　跨进门槛，见到人世间罕见的惨状，大厅里横躺着 6 具亲人的尸体，两位雇工也已是奄奄一息了。面对这悲惨的情景，我的心已碎了。想哭但又不敢哭，唯恐防疫队的医生来取死者的内脏化验。我看了看公公的遗体，手脸发乌，两眼半睁。听人言，死者的眼睛睁着，只要一抹就闭上了。可谁也不敢把公公的眼睛抹一下，怕染上这可怕的瘟疫。旭章呆若木鸡，脸上胀得发紫。我生怕他晕倒在地，或者无法抑制地扑向父亲的遗体，那是最危险的。我伸出手搀扶着他，使劲地拉住他。

　　几位街坊小伙子劝慰我俩："人死不能复生，有你们在丁家就有希望。你们没打针，还是早点离开吧。我们会替你们把亲人安葬好，晚上就用船运到对面山嘴去。"

　　旭章拉着我，向公公拜了三拜，匆匆离开了非常留恋又不敢逗留的家。[根据余昭绪、彭正湘整理的李丽枝回忆（载邢祁、刘大雅主编：《辛巳劫难》）以及对李丽枝的访谈整理]

丁时丙（1936 年生）讲述

　　我是丁长发的侄子。人们都说丁家除了旭章以外全都死了，实际上并不是的。

　　我和三叔也活着。在父辈 5 个兄弟中我父亲是老二，长发伯父是长子。1942 年时，丁家已分家，分成了两个家。长发伯父一家是和三叔、四叔一起生活，我们一家是和奶奶、五叔生活在一起的。1942

年秋天更衣穿夹袄的季节，一天早上，奶奶死了。那天夜里，父亲也死了。之后，母亲、妹妹、弟弟、五叔、五婶也相继死去了。剩下的只有8岁的姐姐和6岁的我。（根据对丁时丙的访谈整理）

向四秀（1917年生）讲述

1942年，我家有5口人，公公，丈夫，儿子不到4岁，女儿不到1岁。在镇上桥北街摆小百货摊子。农历十月初，公公彭新皆突然得病死去了，当天晚上丈夫彭善中也死了。我把公公的尸体用棉被包裹着，自己背到离石公桥镇2公里的老家鹰崖嘴，想埋在附近的乱葬岗，那里已有部队看守，不能随便埋。只好找到公公的亲戚家，把公公的尸体放在牛圈里，怕来检查，上面盖上了牛屎。当天晚上，我想投宿在那亲戚家，亲戚害怕被传染，没让我进屋睡，就在屋檐下铺上稻草睡了。第二天自己又推又拖，几个胆大的女人也来帮了我一下，把公公的尸体拖到一个积肥的坑前，翻下去了。

图3—16　向四秀（2001年）

无论怎样都不能火化，也不能被剖肚子，那样的话，来世就不能转生了。

丈夫的尸体是妹夫帮助处理的，花了一块银元雇人把丈夫的遗体给埋了。

那个时候，我哪有心思顾孩子们，女儿肚子饿了，总是哭。我对着还不懂事的女儿讲："你哭什么，你的爷爷、爸爸都死了！"就给孩子灌点冷水。

丈夫死后生活难，3个月后我改嫁了，招了一个卖馄饨的上门。（根据向四秀1998年5月16日陈述书及对本人访谈整理）

2. 新德乡的鼠疫受害

20 世纪 40 年代，按照国民政府的行政划分，石公桥镇属新德乡管辖。关于新德乡各村的受害状况，以覃家榜村为例介绍。

该村位于石公桥镇以南 5 公里，现属于熊家桥村，民国时期是新德乡第九保覃家榜村，村内有覃家榜大屋场、楠木峪、太平寺等自然村。覃家榜是覃家和方家两个宗族的聚居地。因为离石公桥镇很近，村民日常生活往来于石公桥镇，在镇上店铺里干活的村民很多。因此，石公桥鼠疫一爆发，覃家榜马上被殃及。

方恒山（1933 年生）讲述

先讲讲我家受的劫难。当时我家没有分家，父亲一辈 3 兄弟都住一起，家有 13 口人。我伯父方景发在西湖口帮工，经常为老板家上石公桥丁长发鱼行卖鱼，不幸染上鼠疫。回老板家后，突然发高烧，两天就死了，年仅 41 岁。尸体未抬回家，就地埋葬在堤坎上。同年我姐姐方爱秀，从学校回家路过闹鼠疫的亲友家门口，到家后，开始头痛发烧，抽筋死亡，时年 11 岁。还有 5 岁的小妹方幺妹同时染上鼠疫，相继死亡。全身是乌黑色。我母亲抱着我幺妹哭得死去活来，全家老小也痛泣不止。

覃家榜大屋场内，7 天死人 39 人，其中 8 家绝户。举例说明惨景。

覃人杞全家老小 8 口，全靠帮工度日。人杞经常上石公桥镇在丁长发鱼行做小工，打月工，有时贩小鱼经常赶集。不幸染上鼠疫回家后，高烧卧床不起，头晕抽筋吐血而死，年仅 40 岁。女儿覃有年来吊孝，染上鼠疫，第二天抽筋死亡，年仅 20 岁。老奶贵家妈 66 岁高龄，抱着儿子、孙女哭得死去活来，染疫死亡。

覃人磬是小手工裁缝，常住石公桥镇，帮人做衣。石公桥镇鼠疫大爆发时，他不幸染上鼠疫，回家途中突然发高烧，回到家没来得及等医生治疗就死了，时年 53 岁。他儿子守光，精强力壮，同时染上鼠疫，两天之内死亡，时年 18 岁。之后，侄儿覃希华、覃尧年相继死亡，时年 17 岁。

王中秋，女，经常为老伴儿划船上石公镇卖柴、卖菜、打肥田草卖，染疫，回家后，剧烈头痛，高烧，两天死亡。

楠木峪的受害。张信天 47 岁，张从万 46 岁，两人在石公桥石喜廷、仁廷纱行米行当搬运工，染上鼠疫回家后，两天死亡。陈大生，女，33 岁，常上石公桥丁长发纱行里卖棉纱，染疫一天就死了。儿女哭泣不止，喊娘喊天。

太平寺的受害。方明富在石公桥丁雪太布行当管事先生，染上鼠疫回家后，高烧、呕吐鲜血，两天死亡。方明圣在火龙占乡公所工作，出差到新德乡公所，回家后，突然高烧至发狂，抽筋而死，年满 20 岁。（根据方恒山 1999 年 8 月 8 日陈述书以及 2001 年 4 月对方恒山之子方小明的访谈整理，当时方恒山患脑溢血，病危）

3. 韩公渡乡的鼠疫受害

鼠疫在石公桥镇发生后，很快向周围的农村地带传播。下面来看看石公桥镇东南方向的韩公渡乡的鼠疫受害状况。

牛牯陂村离石公桥镇大约 10 公里，村民的日常生活及经济活动都要和石公桥镇发生联系。村里人为了卖米、棉花、家禽、鸡蛋等农产品，以及买日常用品就要去石公桥镇。1942 年 10 月的一天，村民高万云去石公桥卖完棉花回到村里后，病倒了，其症状与鼠疫相同，两天后去世了。正在办万云的丧事时，万云父亲、兄、弟、妹也相继病倒了，4 人于当天死亡。

牛牯陂村是高氏家族的聚居地，族人来往密切。继高万云家之后，鼠疫受害在村里继续扩大，同族及邻居总共死去了 30 多人 ［根据高万云的孙子高明顺（1943 年生）1998 年 12 月 28 日陈述书］。而常德细菌战受害调查委员会整理的《细菌战受害者名册》上登记的牛牯陂村鼠疫死亡者数是 203 人。

牛牯陂村发生的鼠疫，不仅造成了本村人的死亡，也将远道而来的亲戚置于死地。当时居住在离牛牯陂村 30 公里远的蒿子巷复林村的丁德望，为我们提供了以下的证言。

丁德望（1933 年生）**讲述**

我家当时住在常德以北 50 公里的蒿子巷复林村。

1942 年 10 月，我随同父亲丁敬初和两个叔父、姑父、祖母等，前往韩公渡牛牯陂村姑父高玉庭家参加表兄高俊来的婚礼。

该村是高氏家族聚居地，离石公桥镇仅 10 多公里，经常有人前往购物或销售农产品。就在我表兄结婚的前两天，高玉庭的哥哥高芝庭为给侄儿送一份贺礼，运了一小船谷到石公桥销售。带菌回家后，吃完喜酒就发病了，3 天后死亡。我父亲与高芝庭同桌饮酒进餐，在高芝庭发病的第二天病倒了,两天后死亡。

当时,我已是年满9岁的小学3年级学生,一直守候在父亲床前。我是5个子女中唯一的男孩。父亲临死前已经不能说话了,但他心里是明白的。我现在还清楚地记得,父亲是望着我流着期盼的眼泪死去的。其悲伤之情,现在回想起来,还是忍不住要伤心落泪。

父亲做客死在亲戚家里,当时交通不便,又无钱把尸体运回自家安葬,就在当地把父亲草草埋葬了。

父亲的惨死,折断了支撑我们家庭的顶梁柱。当时全家8口人,上有年过古稀的祖母,下有我们姐弟妹5人,大姐最大13岁,我是老二,3个妹妹分别是7岁、5岁、3岁。全靠父亲农耕和兼做手工缝纫为生。父亲死后,全家生活重担都落在只有三寸小脚的母亲身上,当时她年仅40岁,却终身没有改嫁。我姐和3个妹妹无钱入学,终身文盲。我也仅读完小学4年级就停学了。一家孤儿寡母,历尽了艰辛,难为母亲一人含辛茹苦,将我们抚养成人。

父亲死后,我几乎每年清明节都会去牛牯陂村,到父亲的坟前祭拜。(根据丁德望2001年2月28日向东京地方法院提交的陈述书及对本人访谈整理)

4. 镇德桥镇的鼠疫受害

该镇位于石公桥镇西南方约5公里,是个规模比石公桥镇小得多的镇。这里的居民也因购买日常生活用品等经济活动,频繁地进出石公桥镇。

几乎是与石公桥镇同时,镇德桥镇也爆发性地流行起了鼠疫。《细菌战受害者名册》上登记的镇德桥镇死者是172人。但是,是谁、从哪儿带来了鼠疫,这样的关于细菌战受害的基本问题,大半个世纪过后,人们回忆起来时说法各异,已经无法搞清楚了。但是,鼠疫是在1942年深秋时爆发,镇德桥镇死了很多人,对这两点,当地的老人们的意见是一致的。我访问镇德桥镇时,李八一、顾瑞秋、殷三桃、余友本等人一起回忆了镇德桥镇的鼠疫受害情况。

他们回忆,镇街上死了30多人。他们能记起的有:何颇记杂货铺店全家8口人死了7口、高金阶的小儿子、丁征宝的妻子左翠英和儿子丁毛头、彭天宝的妻子、农民李庆阶、习柏焕等。还有很多人连名字都记不起来了。

关于第一个死者是谁，大概有两种说法。

一是50岁的苏太廷是第一个死的。苏的妻子抱着苏的尸体号啕大哭，一边哭着，她自己也发病了，几个小时后就死了。

二是李八一的叔叔和爷爷。

关于家人的受害，李八一陈述如下。

> 1942年，我家是家庭殷实，人丁兴旺，可算是当地上等商户。当年11月，在常德读书的我叔叔李启坤回家路上，出于同情和好奇，到有鼠疫死者人家看望了一下，回到家就暴死在地。紧接着我爷爷李道振也死了。之后只隔三五日，我镇就不断出现死人现象，死者的主要症状是，腹股起坨，发高烧，身上有紫色斑点。镇上人惶惶不可终日。常德防疫处实行封锁交通，紧急救援等措施，才缓解了百姓的恐惧心理。（李八一1999年3月20日陈述书摘要）

5. 周士乡的鼠疫受害

民国时期的周士乡即现在的周家店镇。周士乡位于洞庭湖西岸平原，乡域内有广阔的水域荒洲，与洞庭湖相连。这片水域可捕捞当地名产银鱼，丰收之年可捕获数万公斤。陆地盛产稻米，湿地和沼泽上生长繁茂的杂木和芦苇可供采伐，这些物产有不少是经由石公桥镇运往各地。水域的荒洲随季节变动，雨季洲小而少，雨竭洲大而多。周士乡的南端离石公桥镇街只有十几里地，居民因卖货购物经常来往于石公桥。

20世纪40年代，周士乡的面积为200平方公里，其中80平方公里为湖泊荒洲。常住人口约1.5万人，来荒洲沼泽捕鱼砍柴的流动人口在4000人上下。新中国成立以后，由于政府的行政区划范围缩小，但是人口增长了，1998年的土地面积为143平方公里，农业人口和城镇人口共计3.75万人。[①] 周家店镇街区有3个居民委员会，农村地区有25个行政村。[②]

根据细菌战受害调查委员会周家店镇小组的调查，周士乡域内的大部分村落都没能逃脱鼠疫的侵染，全乡的死难者人数达1683人。

水域荒洲的受害

在周士乡的荒洲湖泊区域，一年到头都有很多到这里来谋生计的贫穷

---

① 镇区人口中，有城市户籍人口。

② 在这个地区里，行政村基本上是由几个自然村落形成。

农民。远的有来自湖北的，近的有来自周边各县的。他们在这里打鱼、割草、坎芦苇、养家鸭，就住在临时搭的芦苇草棚里。乡公所为了管理这片区域设了 4 个临时保：竹山嘴、黄公嘴一带为第一保，官堤障一带为第二保，贵家铺和高堰岗一带为第三保，杨腊溪、铁甲嘴一带为第四保。

从水里捕捞上来的鲜鱼一般当天就要运往石公桥镇，渔夫们频繁地出入石公桥镇，所以，镇上的鼠疫也很快传染了渔夫和生活在荒沼区域的流动人口。

据当时在乡公所任田赋保管员的刘博儒和经济干事事务员兼兵役干事萧宋成的回忆，荒泽地区的鼠疫，是从第二保的官堤障、柴码头扩散到其他区域的，传播速度很快，导致大批人死亡。有的全家死在船上，有的死在砍柴的山上，还有的死在为居住而搭的柴棚竹屋里。当时，有家可归的纷纷逃离了，无家可归者几乎全部死在这里了。有亲人的，遗体由亲人善后，没亲人的，遗体就曝尸荒野，任野兽撕咬鸟禽蚕食。一时间，荒沼地区，人的尸体、死老鼠、死水鸟、死鱼、死鸭，随处可见。

很多居民是这片荒沼水域鼠疫受害的二次受害者。在当地广为流传着一个名叫涂锦荣的男人的悲剧。涂锦荣从常德附近的安乡县回家，途中经过西洞庭芦苇荡时，被乌鸦啄瞎一只眼睛，到家不久就出现了鼠疫的症状，很快就死亡了。

两人回忆，鼠疫肆虐时，荒沼水域放置的尸体总共有 880 具。乡公所愁于处理，临时各处募捐，雇了几个乡丁零工，尽可能地掩埋了一部分。但是由于范围广，资金不足，还有不少只能弃置荒野了。（详见第五章三节）。

当时民间流传民谚"夜闻死尸臭，目睹无人舟"，形容的便是这悲惨的景象。

吴光才（1934 年生）讲述

40 年代，我家当时住在新德乡年丰村八刘家庄园。姐姐吴桂珍、表兄也是我姐夫王寿安、姐夫妹妹王淑兰 3 人，在洞庭湖的夹堤章、赵家当一带水域以打鱼为生。寿安和淑兰是姑姑的孩子，姑姑夫妇早亡，由我的父母养大。姐姐桂珍和姐夫寿安的婚事是由父母决定的，结婚后，姐姐一家虽然生活很穷，却也是和乐融融地生活着。

1942 年 10 月的一天，姐姐到石公桥卖鱼购物，从石公桥镇回家的路上感到头痛，发起了高烧。姐夫围在姐姐身边看护，也没能挽救姐姐的生命，第二天天亮前离开了人世。之后，姐夫和淑兰，还有贵雪儿也病倒了，症状和姐姐一样。第二天，3人相继死了。姐姐一家就这样地死绝了。这是我亲眼所见。

八刘家村有32户人家120口人，大多以农业和渔业为生，1942年10月因鼠疫村里死了46人，约占人口总数的39%，其中有5家绝户了。

摆渡船户王老二和妻子刘姑娘，带着儿女，全家6口人，以摆渡为生。全家死光，由邻居埋葬在鸟儿山。

渔民刘方贝家11口人，有两只渔船。7天9人：刘方贝、二儿子刘习久、三儿子刘桂生，还有刘忠元、刘建华、刘忠丽、刘忠斌、刘立军、邓老妈丧命。只有大儿子刘彩平和妻子离家出走，去岳父家避难，幸免于难。

杨自功家4口人，死去3人，大儿子杨珍杉10岁，小儿子杨友达只7岁。妻子熊妹姑幸免于难。可怜她伤心过度，哭瞎了眼睛，在万般无奈的情况下，于1945年悬梁自尽。

刘鄂如家5口人，2人生活在渔船上。刘鄂如死后，妻子陈平妹痛哭丈夫，眼泪未干，也命归黄泉。随后，儿子刘一亮、媳赵云英、孙女也死了。全家人死光，烟火断绝。

刘桂秀家5口人，以捕鱼为生。父母先死，兄弟3人埋葬父母后死去2人。

刘孝风家7口人，4人死去。

熊怀生结婚刚10天的妻子汪春香才17岁，死去。

夹堤口河边的造船厂，由陈华清、陈为乾兄弟开办的，有砖木结构厂房27间，580平方米，38名工人，专为渔民及客商制造和整修船只，生意兴隆。发生鼠疫后，11人死亡。工人王大发（36岁）、王小发（28岁）、周子立和妻子等5人，是外地人，死后无人收尸，老板陈为乾用20元大洋请乞丐们给安葬在鸟儿山。其余工人看人瘟严重，离厂而走。鼠疫导致人亡厂毁。（吴光才1998年1月28日陈述书摘要）

向道仁（1933年生，家在周士乡九岭村）讲述

我家很穷，没有土地，父母是佃农。父母生了哥哥和我两个孩子。外祖父只有母亲和大姨两个女儿，没有儿子，所以哥哥还很小时就被送到外祖父家当养子。

　　1942 年，哥哥 14 岁，跟着外祖父在洞庭湖的冲天湖、牛屎湖、涂家湖一带打鱼。10 月中旬的一天，外祖父和哥哥两人到石公桥镇丁国豪鱼行卖鱼，不幸染上鼠疫，在返回捕鱼的途中死在涂家湖边。家人因不见他们回家，就到处寻找，最后在涂家湖岸边找到他们时，尸体已成乌黑，不能运回家，只好拆下渔船的铺板，就地掩埋了。此情此景，令人痛断肝肠。（根据向道仁 2000 年 6 月 19 日陈述书及对本人访谈整理）

熊家桥村

1942 年 10 月，熊家桥村，鼠疫肆虐。据村里参加受害调查的遗属及志愿者的调查，鼠疫殃及 73 个家庭，共 152 人死亡。

　　鼠疫是从熊用楠的尸体被运回仲仙坪集落开始的。熊用楠为了躲避抓壮丁，在妻子的娘家阳城关复兴村躲了一些日子，征兵过后就回家团聚了。一天他在荒洲王茅岭割了些芦苇，用船运回家，途经石公桥时，正赶上丁长发家暴死了几个人，丁家院子里聚集了许多看热闹的人，用楠也停船上岸挤在人群里看了一会儿。傍晚回到家，夜里就开始头痛，发高烧，没到天明就死了。熊氏本族人由 12 人抬着他的棺材，把他埋葬在肖家山了。丧事过后两三天，抬棺材的尚九、运生、国华 3 人先病倒了，两天之后都死了。之后，剩下的作之、用珠、坤成、大炎、用祥、春廷、用宜、国佛、何方来 9 人也相继病发死去。

　　几乎同时，在石公桥镇熊春和的米谷棉纱行当交易员的熊美廷的遗体也运回了熊家桥村。老板熊春和看到熊美廷在行里工作有功，买了棺木送了钱给他办丧事，停尸两天，还请了道公来做道场。[①] 在这期间，族人、亲戚朋友都来吊唁，还有不少人帮忙。这也成了熊家桥村里众多人感染鼠疫的一个原因。

　　死去的这些男人，是丈夫，是父亲，是家里的壮劳力。他们死了，家也就散了。比如，因抬了熊用楠棺材而死的熊运生只有 30 岁，是两个孩子的父亲。大儿子 10 岁，小儿子 6 岁。运生死后，家里没有了劳动力，妻子只好带着 6 岁的儿子改嫁到安乡，剩下 10 岁的熊春初，帮叔父看牛为生。

　　22 岁的青年熊朋程，结婚刚 3 年，有一子 2 岁。因帮助操办熊美廷丧事，染疫发病，两天后死去。半年后，妻子文三秀改嫁到龙子岗，剩下

---

　　① 有关道公及办丧事的仪式，参见第四章第一节。

幼子和 50 多岁小脚母亲，生活无着落，小脚母亲背着孙子讨米度日。

绝户的家庭也有不少。比如 31 岁的阳梅建家，梅建、他的妻子、儿子人能和人杰、小女儿幺妹，5 口人都死了。熊大金 46 岁，身强力壮，人称金和尚，有一个儿子熊用宜，也是身体健壮，家里只有父子二人。熊美廷死后，父子两人都去帮了忙。几天后两人上山砍柴，途中身感不适，熊大金先回家，担子一丢就睡在床上。之后熊用宜也回到家就倒在地上，人事不省。晚饭前，父子都死了。邻居来帮忙把尸体摆在堂屋，晚上谁也不敢守尸，第二天才抬出去埋葬。

连村头回龙庵，也死了 3 位和尚。从此暮鼓晨钟的声音消失了，村民们说，菩萨也是自身难保。［根据阳仁高（1935 年出生）1999 年 1 月 23 日陈述书及对村民的访谈调查整理］。

九岭村向家屋场聚落

与熊家桥村毗邻的九岭村，1942 年时人口 350 人。由于鼠疫流行，一个半月左右村里死了 112 人，有不少是向家人。

九岭村有一个小自然村叫向家祠堂，因供奉向家祖先的祠堂而得名，其中有一家开了榨油坊，那家人所住的地方就叫向家榨坊，向家祠堂与向家榨坊很近，基本连在一起。20 世纪 40 年代，这里居住的向家人大约有 80 人。

榨坊是 1910 年前后向道同的父亲开的，是用替人家阄猪积攒的钱开设的。当时当地开的榨坊很少，所以来加工菜籽油、芝麻油、棉籽油的人很多，店里还买卖榨油坊菜籽、芝麻、棉籽及用于肥田的油料枯饼（油渣饼），买卖做得很大，北至湖北的公安、闸口，南至湖南的湘潭、长沙。向家榨坊也经营粮食生产，有 1000 多亩田，生产的粮食大多销售到常德、石公桥的谷米行。

1942 年 10 月至 11 月间，向家屋场鼠疫肆虐。关于鼠疫传染源有两种说法。

一是在向家榨油坊发现了大量的死老鼠之后，就开始死人了。

二是向家榨坊的雇工向道伍，为榨油坊的杂用去了石公桥镇回来之后发病死亡，他是村里的第一个死者。

这两种说法实际上是没有矛盾的。不管哪个在先，向家榨坊里发现了大量死老鼠和向道伍是第一个死者都是公认的事实。

向道伍死后，向家榨坊的长子妻刘清和、三子向道华、三女向兰英、次子向道同的女儿向叔兰相继发病死去。向家办丧事时，向氏族人都来帮忙。向家榨坊名声大，死人甚至引起乡里的注意。乡长派来乡丁监督让家里人将死者尸体火化。

但为时已晚，鼠疫已祸及全族，向家榨坊 6 户死去 18 人，向家祠堂殃及 12 户死了 24 人，总共绝户 3 家。

死人连日不断，有时一天死七八人，先死的还有家属亲邻埋掩尸体，后死者无人埋葬，只好请住在向家榨坊的"大叫花尹太爷的太保们"帮助埋葬。

在这个肥沃的洞庭湖区，经常有从周围农村或其他省份来的乞丐。向家榨坊积善，给乞丐们提供了住处，来投宿的乞丐多时甚至达数十人，乞丐头叫尹太爷，村民们称乞丐为太保。太保们白天出去乞讨，晚上回来就到向家榨坊过夜。向家榨坊死了人后，太保们为了报恩，帮忙掩埋尸体，他们当中也有不少人染疫死了。

来向家榨坊做生意的商人客户，也染上了鼠疫。以他们为媒介，鼠疫传播到了更远的地方。据向家后裔说，就他们了解到的情况看，至少有 9 户 25 人死在归途或者到家后很快就死了。如湖北公安县的刘际发、闸口的沈大成、湖南湘潭的陈金皆、长沙的刘运坤；等等。［根据向道同（1923—1999）1998 年 12 月 19 日陈述书、向道仁 1998 年 12 月 18 日陈述书以及在村里的访谈调查整理］

柳溪湾村

在柳溪湾村里，有个被当地人叫作"老屋曾家"或"曾家屋场"的曾姓人家聚居的自然村。村里有个"少林武学馆"，由曾广达、曾溢林经营。武学馆实际上是教书的私塾，曾广达教祖上传下来的武术，曾溢林教《四书五经》、《左传》等古典经传。[1] 二十几名学徒，来自常德地区石公桥镇、镇德桥镇、大龙站乡、双坪桥乡及澧县堂华、渡口等地。

向家榨坊鼠疫肆虐不久，毗邻九岭村的柳溪湾村也爆发了鼠疫。1942 年10 月，曾广达的儿子昭生得病，头痛发烧，不食不饮，两天就死了。曾广达妻子陈幺姑抱着儿子的尸体号啕大哭不止，刚给儿子办完丧事，她也头疼高烧起来，不到两天就命丧黄泉。之后只隔一天，曾广达本人也染病而亡。后

---

① 《四书》为《大学》、《论语》、《中庸》、《孟子》，《五经》为《诗经》、《尚书》、《周易》、《礼记》、《春秋》。

来，曾氏族人一家接一家，一人接一人地相继死去，不到60人的屋场总共死了31人。当中最年长者是70岁的曾广茂，最年小的是两岁的曾妹芝。

曾家屋场的鼠疫迅速传播到了村里的其他自然村，导致了更多人的死亡。据村里细菌战受害调查志愿者的调查，当时有489人的柳溪湾村，二十几天内死了158人，占人口的三分之一左右。

继向家榨坊之后，曾家屋场成了这个地区鼠疫传播的另一源头。随之附近的一些村庄，如阳陂庵、岩桥坪、武岗、白合寺等村都出现了死人现象。

当然，柳溪湾村里这样大规模的鼠疫爆发的感染源不仅是曾家屋场村民的活动范围广，石公桥镇也是来源之一。

檀树岗自然村的彭吉生52岁，经营了一个小卖铺，经常从石公桥采购些红糖、糖果糕点类的食品进行销售。1942年10月的一天，吉生从石公桥回来路上突感不适，两天后死亡。之后，吉生妻子刘兰姑，弟弟纯生、纪生，儿子黎军，母亲余晚姑，最小的弟弟练武及妻子曾春姑等相继死去，一家10口人死了8人。

柳溪湾村鼠疫爆发后，罗家庵、下陈家、胡家庄、黄公嘴、李家冲、徐家湾、新时堰、八刘家等村及荒洲地区也发生了鼠疫。［根据曾晓白（1940年生）1999年1月16日陈述书及在村里访谈调查整理］

白鹤寺村、天井村、大砖桥村　贵伯群（1933年生）讲述

我是鼠疫受害者家属，也是村里鼠疫受害调查人之一。

白鹤寺、天井、大砖桥3村地处周士乡的北部边界，离石公桥镇十几里，北邻津市市的渡口镇枫树村，西接本乡的武岗村。1942年10月间十几天的时间里，几个村里接连死了60多人。

我讲述一下我所调查的本村及我家里的受害情况。

1942年10月的一天，大砖桥村李家冲的理发师傅李必高去石公桥镇买理发工具，回家路上就感到身体不适，到家就出现剧烈头痛、高烧、全身抽筋、颈项起坨等症状，第二天就死了。亲属为他办丧事，村里很多人参加，之后有23人相继死亡。

当时本省衡南县有两个铁匠，罗铁匠和赵恒太铁匠长期寄居在白鹤寺村袁家榜袁国恒家，生炉打铁。10月中旬，他俩到石公桥街上铁铺联系业务回来后，相继死亡。这下连累了住户家，袁国恒、袁清林父子也死了。袁万立、袁长安、袁国民等袁氏族人，及罗振邦、罗

声翁等邻居也惨死。

　　我家也有牺牲者。我的姨妈和一个下堂（改嫁）的伯母住在石公桥镇上，母亲带着我 11 岁的哥哥贵培成和 5 岁的弟弟贵仲琪去玩儿。就在那时，石公桥镇爆发鼠疫，哥哥和弟弟染上鼠疫而亡，尸体就地埋在街后的乱葬岗上了。（贵伯群 1998 年 12 月 24 日陈述书摘要）

（三）交通要道黄土店镇的鼠疫受害

　　黄土店镇位于常德市南部约 36 公里处。有沧水河流过镇上，由于水运方便，从很早以前起，黄土店镇就是连接常德及周边的汉寿、桃源、安化、桃江等县的重要交通枢纽。过往着各种各样的人们，小商小贩、搬运工人、从前线逃跑的国民党军队士兵，还有从日军占领地逃过来的难民和流浪的乞丐等。

　　黄土店镇于 1942 年至 1943 年间爆发鼠疫。鼠疫传播的来源当然不止一个。镇上人的说法主要有两种。

　　第一，流动人口带来了鼠疫。这又可以分为几种途径。

　　一是国民党军队的逃兵带来了鼠疫。与镇街只隔着一条小河的青龙井村来了一个姓胡的逃兵，他在农民杨正荣的家中喝茶歇息后投宿，结果就死在了杨家。之后，杨家子女三人和一个外孙相继死亡。从那以后，青龙井村就开始流行鼠疫，镇上很多人家也出现了死者。

　　现在已经难以确定死亡人数，人们还能记得起来的鼠疫死者，如，尹金生的姐姐家 3 口人全部死亡，胡艾玉家 4 个子女全都死了，孙致福家死了几人，梁敬初家的他本人及两岁的女儿，王明秀家女儿死后，明秀哭泣不止眼睛失明了。

　　二是小商小贩及难民带来了鼠疫。在竹巷村康家湾，有一座康氏一族供奉祖先牌位的祠堂。路过的一个卖烟小贩和一个叫费德全的难民死在了祠堂里。之后，竹巷村有许多人死了。

　　三是从湖北运盐到常德的挑夫在回湖北的途中，路过黄土店镇有多名死亡。

　　四是从以下周朋的陈述可以看出，黄土店镇上的商人因采购、进货等经济活动频繁出入常德，在常德城里染上鼠疫也不是不可能的。

　　第二，在常德城内的民国政府军队驻地内因鼠疫死亡的士兵尸体被运送到黄土店镇埋葬，鼠疫也因此被带到这里。

很多老人都说亲眼见到军队夜间用船把大量遗体运过来，遗体被掩埋在黄土店。之后，镇里就发生了鼠疫。〔根据梁在全（1939年生）1999年1月20日陈述书及在黄土店镇的访谈会〕

周朋（1932年生）讲述

我的家乡在陡水坡村，离黄土店镇大约5公里。

20世纪30年代末，我家有12口人，是一个大家庭。

1939年，祖父从亲戚那里借了200银元交给父亲，让父亲在黄土店镇开一家南货店，取名兴泰南货店。父亲和18岁的堂兄一起经营这家店，父亲营业，堂兄从常德进货。堂兄几乎每天都要跑常德，从鸡鹅巷经营的南货批发店那里批发商品。那家批发店的老板姓林，是黄土店镇青岗村出身的。

图3—17　周朋（2002年）

生意开展得很顺利，1941年末，父亲用赚的钱买了山林和水田各20亩。这年冬月（阴历十一月），父亲自己去常德进货了。与林老板好久没见面了，便在他家歇了几日。回来之后，父亲感觉身体不适，堂兄请来本地的名医周德进给父亲诊疗。周医生诊断父亲是患了鼠疫，劝父亲去常德广德医院接受治疗。父亲打算第二天去广德医院，谁知到了晚上，就出现了呕吐、抽筋的症状，不久死去，年仅37岁。

当时，父亲雇了一个厨师在兴泰南货店做饭。父亲死后，是这位师傅把父亲的遗体运回陡水坡村的，而且，办丧事时他也帮了很多忙，腊月初，他也出现和父亲同样的症状死了。

父亲死后，祖父让大伯经营南货店。就在家人想要克服失去我父亲的损失，重整旗鼓另开张时，第二年正月店里17岁的学徒病倒了，跟父亲一样的症状，不久死去。

这名学徒是草坪镇出身，他的父母从村里赶来收领了尸体。大伯亲手给了学徒父母银元 38 元。3 月，大伯也死了，病状和父亲是一样的。南货店无法经营下去了，祖父就以 100 元的价钱把店卖给别人了。以此为契机我家 5 股分了家，热热闹闹的大家庭就这样地散了。每股分到了米 4 升、房屋 2 间、茶园或水田 10 亩。从此，我和母亲的生活变得极为艰难。我才 10 岁还不能干农活，农田就让给三叔耕作，三叔每年分给我们 600 斤大米。生活主要靠母亲织布养猪维持。

父亲去世后两年我 12 岁时，进了黄土店镇的布铺当学徒。3 年学徒期满后，就留在店里当了伙计，第一次拿到工资，当年的工资是 4 石粮食。（根据对本人访谈整理）

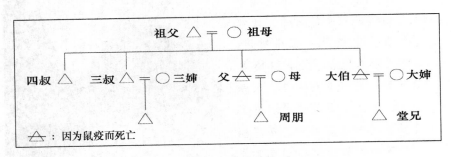

图 3—18　20 世纪 30 年代末周朋家庭构成

（四）远离常德县城的农村地区鼠疫受害

1. 桃源县李家湾村

桃源县离常德县城有 20 公里左右。据传晋代诗人陶渊明闻名于世的《桃花源记》是基于桃源县一带的风景所创作的。今天的桃源，依然竹林茂密，溪流弯曲。

在桃源马鬃岭丘陵地带的莫林乡，有一个叫李家湾村的小村子。1942年，这个李氏家族聚居的仅有十几户人家的村子，因为鼠疫死了 16 人。

李宏华（1931 年生）讲述

我们李家移居到李家湾村到祖父佑生一代已经是第四代。40 年代初，我家有 10 口人，只有 6 亩田，从地主家租了几亩田耕种。

光靠种田无法养家，1935 年祖父李佑生在常德县城鸡鹅巷开了一家小餐馆。1938 年日军轰炸常德，同年沅江涨大水淹没了城内一些民房。社会不安定，生意很难做，祖父就开始做买猪卖猪的生意。我父亲松亥在家收购，祖父一两个月跑一趟常德把猪运到城里卖。开餐馆时，祖父和鸡鹅巷一家小旅馆的老板成了朋友，每次去常德城就住在那家小旅馆。

1942年5月，祖父去常德贩猪回家第二天病倒在床，几天后去世。祖父去世后，嫁到约10里外的包家山村的姑姑春香回家探望祖父，伏在祖父的身上放声痛哭，随即春香姑姑感染鼠疫身亡。之后，春香姑姑的婆婆也感染了鼠疫去世。当时人们虽然不知道这是什么病，接二连三地死人，却知道有传染的危险。春香的婆婆为了不传染家人，感到不舒服时就把房门紧闭，不让别人帮忙，自己一个人擦洗了身体、换上衣服躺在床上直到安静地死去。

之后，祖母陈梅姑、二叔李新亥和二婶覃凤仙、三叔惠亥紧跟着去世了。帮忙给祖父换衣服的叔祖父李耀金和妻子朱菊英、耀金叔祖的二儿子宗桃、三儿子宗成也被传染死去了。然后，来家里探望的祖父姑母李福英、耀金的姐姐李玉姑也去世了。再有，祖父的堂姐妹也是二婶覃凤仙母亲的月英，参加女儿的丧事后回到离李家湾20里远的永泉村后也很快就死了。李家以及亲戚一共死了16人。（据对李宏华的访谈以及李安谷1998年7月13日陈述书整理）

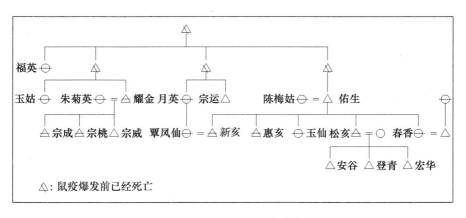

图3—19　李氏家族以及亲戚关系图

2. 津市

津市现在称津市市，是常德下辖的一个县级市，距离常德约100公里。

彭友元（1950 年生）讲述

图 3—20　彭友元（2001 年）

自从我有记忆起，我祖母段桂英和我父亲彭武荣经常对我说："毛姐（乳名），你祖父死时就惨呢，吃了一辈子亏，到后来死的人多了，连抬丧的丧夫都请不到，真作孽呀！不知道是出瘟麻子还是发人瘟，想起来真叫我几辈子也哭不完说不完那。"

1942 年，我家住康家吉乡乌塘岗村，古历八月初，祖父彭松庭为生活所迫和跑马坪的肖松柏前往津市襄隔街挑脚（搬运工）和贩运棉花，赚点力资差价养家糊口。谁会想到，到了津市没几天工夫，我祖父就感觉到身体不舒服，打不起精神。开始以为是水土不合，谁知病症越来越严重。于是我祖父就对松柏爷爷说："兄弟，我今天身体不圆经，不知是不是传染了这地方的人瘟病，我想邀你回去，不知你是去还是不去。"就这样，我祖父收拾行李踏上了回家的路程。

津市到我家有 70 公里，我祖父日夜兼程，最后到常德就走不动了。便喊了一个车夫送到家中。

到家后，病情越来越重，遍身发烫，舌干口渴，手在胸前乱抓，又屙又吐，一个劲儿地喊肚子痛。祖父临危时，拉着我祖母和我父亲的手说："桂英呀，我怕是活不出来了，这一家老小就靠你母子俩了。我有不测，草草安葬就行了，莫多花钱。"在这生死离别之际，我一家老小哭得死去活来，心如刀绞。众乡亲见状，无不为之惋惜，痛恨这该死的人瘟夺走我祖父年仅 45 岁的生命。仅 4 天时间，我祖父口鼻流血水在哭声中含恨离开了人间。给他穿装死衣时，发现遍身有许多大小不等的乌紫块，内裤有黑色大便。死后葬于冬冒嘴。

我祖父死后，我大姑妈彭家枝（11 岁）和小姑妈彭家秀（7 岁）披麻为父亲戴孝，送葬回家后相继得病，症状与我祖父一模一样，不到 7 天两姑妈相继死亡。两姑妈死后第三天，我胞兄彭友方（2 岁）也被人瘟夺走了生命。我祖母和父母眼泪哭干了，那日子现在想起来真是度日如年，如坐针毡。他们都葬在杨柳叉。

祖母经常对我说："毛姐，你命大，八字硬，要是当时你出生了，也肯定不会留在人世。"解放后，我的父母双双病逝，我彭氏家族只有我一人。（彭友元 1998 年 5 月 25 日陈述书摘要）

（五）分析传染途径

从上述鼠疫大范围发生的实际状况看，鼠疫传染大概有以下一些特征。

第一，鼠疫的传播从空间分布和时间顺序上看，首先是在常德城内发生，之后向近郊农村传播，接着向更远的地区扩散开来。

第二，鼠疫传播与人们的经济活动和社会生活密切相关，日常生活本身便成了鼠疫的传播途径。作为各地区经济社会生活中心的镇和大村，往往成为鼠疫传播的中心。并且，鼠疫沿着干线道路和水运发达的河流区域向公路沿线、河的下游支流传播时，也随着人的流动被带到如桃源县等比较偏远的地区。

第三，一人死去，往往造成一个家庭、村落、宗族众多人的死亡。宗族聚居于一村一地区，家庭之间彼此交往密切，一旦发生传染性极强的鼠疫，家庭成员、宗族成员之间的相互感染的概率是极高的。另外，姻亲之间的密切交往也导致了鼠疫传播到婚姻圈内的村庄和地域。

第四，人与人之间相互传染，其中原因除了由于人们缺乏鼠疫知识，医疗条件不完备外，可以说，与中国人的家庭、亲属观念及交往方式，以及文化中有关身体、疾病、死亡的风俗和信仰也密切相关。比如，保证尸体完整下葬的"保全尸"观念、亲属聚集大办丧事的重葬习惯、对土葬的执着等，如果仅从医学角度看，的确是妨碍了防疫工作，助长了鼠疫的传播。关于这个问题，将在下一章进行更详细的分析和讨论。

四　恐怖与怨恨

（一）大量死亡的惨象

在鼠疫受害严重、村民死亡率高的村子里，受害情况极为悲惨。下面具体看看死亡率高达 30% 以上的周士乡九岭村和芦荻山乡伍家坪村的受害情景。

1. "死神笼罩" 的九岭村

前文已述及九岭村因鼠疫死亡 112 人，向道同失去了大嫂、弟弟、妹妹和幼女。在他的陈述书中，亦描述了鼠疫发生之后的状况。

> **向道同（1923—1999）讲述**
>
> 鼠疫发生后，昔日的欢颜悦目一扫而光，愉快亲善的气氛荡然无存，唯有愁眉苦脸，哭儿泣女，哀母悲父，惨状历历在目。天天从破晓到黄昏，从黄昏到天明，乱葬岗上黄土堆积，抬丧送葬的人群日夜不断，痛哭声、号泣声震撼四野。老人哭儿声，儿哭娘声，声声撕心裂肺，痛断肝肠。更有惨者，那些嗷嗷待哺婴儿伏尸啼哭，薄暮垂危的老人哭得死去活来。死神笼罩着整个家乡。
>
> 综上讲述，均系本人亲眼所见，亲耳所闻，这些都是本地的鼠疫惨状。血泪斑斑，惨痛史实，屈辱岁月，苦难往来。（摘自向道同1998 年 12 月 19 日陈述书）

其实，向道同也感染了鼠疫。因被及时送往石公桥的防疫队，接受防疫专家伯力士的治疗才得以幸免。（详见第四章第二节）

2. 伍家坪村 "旺族" 朱氏二房的受害

伍家坪村所在的芦荻山乡，位于常德东郊，离县城很近，现在已被划入城区武陵区。20 世纪 40 年代，伍家坪村的村民基本上都是朱姓，第一章介绍的朱氏宗族的二房聚居在这里。明朝初年，二房的祖先朱旻开始入住，子孙世代繁衍，人丁兴旺，村内房舍整齐，成为当地大族。

鼠疫发生前，朱氏家族地盘近 5 万平方米，村内居住 150 多户，近600 口人，住房建筑设置 "就像一个小城"，村子被小河与土墙围绕，东西南北有 4 个门出入，村内有 8 条小巷，村中央有一个祭祀祖先的大祠堂，族人共同拥有池塘、水田和山林等族产。

1942 年 5 月，村里鼠疫肆虐，朱氏族人死亡达 201 名，剩余村民大多逃出避难，灾祸过后，村里只剩下 20 人左右。

伍家坪村的朱方正就鼠疫的发生及族人相继死去的惨状有如下陈述。

朱方正（1921 年生）讲述

鼠疫细菌战残害我家族人的悲惨事情，发生在 1942 年 5 月中旬。那年我 21 岁。

当时，在常德街上我族人朱廷珍做缝制衣服的活儿，朱堂儿以卖水换钱求生，另有一族户的外甥刘一生杀猪，族人亲友熊美廷帮工做米粉。由于朱堂儿经常走动，不知在何处染上了一种瘟病，病情很重，不能行走。就由朱廷珍、刘一生、熊美廷找了一副担架，把朱堂儿护送回家。当天晚上，朱堂儿发高烧，抽筋，口吐白沫带乌血，手

图 3—21　朱方正（2001 年）

在胸前乱抓乱打，并且身上起了红、乌黑斑点，就这样没有几个小时就含恨离开了人间。全家人哭得死去活来，族人悲痛万分，帮助料理后事，把死者葬在前山。

这悲惨的情景不到两天又发生了。护送的 3 人也出现了与朱堂儿类似的病状，很快一命呜呼。而且传染给了他们的妻子儿女等。那时，我们族人人心惶惶，泪水成河，把一个又一个的尸体掩埋在前山。病情日趋恶化，逐渐扩大到全族。

那些日子真是可怕极了，天天都死人，时时有人死。有的一家死六七人，有的死四五人，少的一家也死了一两人。

活人刚刚把死人抬上山，回来就发病，有的在半路上就不能动弹了。前个死人未抬出，后面接着又死人。挖坑都挖不赢。后来，就在前山的葬坟处，挖了好几个埋人的坑洞备用。而且，活着的人对病人说："你快点断气吧！等会儿就没有人来得及抬你了。"那凄惨的情

景，真叫人魂飞魄散。

开始死的人由 8 个人抬棺材去安葬，后来由 4 人抬去安葬。棺材没有了，就由 2 人用木板抬去安葬。木板没有了，就由一个人用夹栏挑着两个死人去安葬。事先挖好的坑洞里，有的坑洞葬 2 人，有的坑洞葬 3 人，多的葬到四五人。（朱方正 1998 年 5 月 30 日陈述书摘要）

在这场灾难中，朱明星家里死了 19 人。

朱明星（1944 年生）讲述

图 3—22　朱明星（2001 年）

我 1944 年 3 月 8 日出生。是诉讼日军细菌战受害的原告代表，现住中国湖南省武陵区芦荻山乡伍家坪村。1942 年侵华日军细菌战引起鼠疫流行，我朱氏家族 201 人死去，我家也死了 19 位亲人。

父亲朱北谷（已去世），朱方正现年 77 岁，张大姐现年 82 岁，朱方雨现年 70 岁，他们经常讲述村里鼠疫的灾难。

我家鼠疫受害由我大伯父朱兆庆发病开始的。朱堂儿死后，我大伯父参加料理了丧事。没几天大伯父就突然发高烧不止，口干，口吐白沫带乌血，抽筋，手在胸前乱打乱抓，遍身都是红黑乌斑点，不到一天就死了，死时 32 岁。一家大小和亲属哭得要命，亲属及族人含泪帮助料理后事，没两天，我伯母刘金枝又染上大伯父一样的病，不到一天也一命呜呼，死时才 33 岁。后来扩大传染到我一大家，堂兄朱廷河 12 岁，二伯父朱兆兴 30 岁，二伯母罗元英 29 岁，堂兄朱庭云 18 岁，堂姐妹朱月英 14 岁，伯父朱兆微 15 岁，叔父朱兆美 13 岁，姑姑朱喜枝 8 岁，伯父朱兆清 29 岁，伯母黄冬支 28 岁，堂姐朱秀英 9 岁，堂姐朱元英 29 岁，伯父朱兆望 35 岁，伯母何兰英 34 岁，堂兄朱廷湘 14 岁，堂姐朱宝玉 10 岁，相继染鼠疫去世。

这惨不忍睹的情景，日益扩大，瘟疫即将逐渐传染全族的紧要关头，族人们采取了措施，先把一部分子女送到外地隔离。并告知，凡外地一切亲友，不准回朱家探亲，看望病人。

在那短短的半月之中，我朱氏家族被这可恶的瘟病夺去了 200 多条生命。后人为了不忘死去的前人，把前山葬坟处起名为收尸山。

（朱明星 1999 年 1 月 16 日陈述书摘要）

（二）原因不明的瘟疫

1941 年 11 月以后，鼠疫逐渐开始在常德蔓延开来，各个受害地区的居民对瘟疫发生原因的了解程度各不相同，大致可分为以下几种情况。

（1）县城内的居民，特别是商人和工场主、小业主等生活比较安定的居民，通过政府的防疫措施和防疫宣传，了解到了鼠疫是由日军的细菌战引起的。对于政府的防疫措施，除了抵制火葬和解剖尸体等项外，像捕捉老鼠、大扫除等防疫活动，基本上都会协助。

（2）县城内的贫困阶层，特别是从农村来的打零工、短工的体力劳动者，不识字，也没有时间去接受防疫宣传和防疫教育，很多人不知道鼠疫发生的原因和防疫活动的内容。

（3）农村重点受害地区，像石公桥镇和周士乡这样出现了大量死者的地方，防疫队进入当地，而且被国民政府列为"疫区"，被警察封锁，防疫专家和警察向人们解释和宣传为什么会发生鼠疫及预防方法，所以，居民当时就知道了鼠疫的发生原因和鼠疫传播的特征。

（4）在广大农村，有不少村子虽然出现了很多死者，但是无论是地方政府还是防疫队都没有采取任何措施，甚至连有关鼠疫的街谈巷议也没有流传到那里。

无论是在县城内还是在农村，贫困阶层的染疫人数占大多数，而且，防疫工作并未扩展到重点乡镇以外的农村地区，从陈述书也可见，受害者中第二、四种的情况比较多。

尤其是在广阔的农村地区，村里病死了那么多人，人们连病的名字都不知道，也不知道究竟是怎么引起的。直到诉讼开始，才得知当年的瘟疫是鼠疫，是由日军施放病菌造成的历史真相。

历史上常德没有发生过鼠疫，但是灾荒之年会伴随着发生霍乱、痢疾等疫病，人们习惯性地把这种疫病称为瘟疫或人瘟。因此，当鼠疫流行时，人们也习惯性地称之为"人瘟"、"瘟麻子"，并且，根据受害者身体变黑、痉挛等的状态变化，称作"乌鸦症"、"乌哇症"、"抽鲫鱼痉"等。

在突如其来的具有强烈传染力和惊人传播速度的瘟疫面前，人们无法应对，有的只是恐惧和绝望。但是，眼看着自己遭受"人瘟"折磨的孩子、配偶或双亲不能见死不救，只得病急乱投医。尝试着用各种各样的土法治疗。虽然土方是民间生活智慧的积累，但是都没能对付生物武器造成的灾难，只有极少数的幸存者被救治，奇迹般地活了下来。当时从事治疗的巫师及中医因与病人接触也有不少人死亡。

对这种不明不白的疾病，人们当中有各种各样的猜疑。长岭岗乡长岭岗村有颜氏一族六七十人，因"人瘟"死去30人。究竟是什么原因造成了"人瘟"的流行呢？颜氏一族怀有"三怨"。第一，有些人认为是因为祖先祠堂的风水不好造成的，所以怨恨祖宗祠堂。第二，出现了死者的家庭认为是由于家宅风水不好才造成家人被传染，所以怨恨自家风水。第三，还有些人怀疑是由于祠堂周围生长的樟树位置不好，误了风水引起了灾难，所以怨恨樟树。

（三）丑陋可恨的鼠疫死

人们记忆中的鼠疫死，是丑陋、令人厌恶的。染上鼠疫后，人的身体会发生一系列的变化，在幸存者和遗属的陈述中，经常会被提及。

最初是强烈的头痛、高烧怕冷，大量出汗，流口水，之后会间断性地激烈地痉挛，排泄恶臭的液体状粪便，皮肤出现深色斑点，身体肿胀，颜色变黑，嘴里吐出带血的泡沫。从发病到死亡的时间，虽然有个体差异，但一般最长不超过三四天，就在这样非常痛苦的状态下死去。

当人们看到自己的家人、族人、亲戚的痛苦样子，会全力看护。亲人临终，特别是将要失去自己儿女的父母，会把孩子紧紧地抱在怀里。这些是人之常情，却让鼠疫毫不留情地继续吞噬家人和亲戚的生命，造成新的一系列的死亡。鼠疫死，是令人憎恨的死。

在鼠疫爆发地区，鼠疫造成了十分惨重的死亡，大量尸体连掩埋都来不及，无人收尸，曝尸荒野。那时的情景，在活下来的人们心里埋下了深深的屈辱感。

（四）"刻在记忆中的恐怖"

曾经被卷入鼠疫死的旋涡、有过染疫惨痛经历的幸存者，即使是已经过去了数十年，还会经常因那生死之间徘徊的经历而感到恐惧。

1998 年夏，笔者第一次去常德时就访问了染疫幸存者、常德市第一人民医院退休护士杨志惠（1922 年生）。杨志惠向笔者讲述了 1941 年 11 月她 19 岁时感染鼠疫的经历，有几句话给笔者留下了很深的印象。杨说："我亲身体验、亲眼看见了地狱一样的惨状。今天，我给你讲了我的经历，一旦回想起这些来，恐怕好几天都会吃不下饭睡不好觉了。"笔者深感歉意的同时，也感到了访谈者的责任。

杨志惠所写的陈述书：《刻在记忆中的恐怖——一个从死人堆里爬出来的幸存者对日寇细菌战的控诉》，谈到了染疫后，被运到设在常德东郊徐家大屋的隔离医院的情景。

杨志惠讲述

日寇在常德空投鼠疫菌后仅 13 天，我弟弟开始发高烧，茶饭不进，呕吐不止。弟弟患病的第二天，我也开始呕吐，很快发展为头痛、高烧、抽搐。这时，听到左右街坊一个传一个地说："不得了啦，不得了啦，常德发生瘟疫啦！"大家惊慌失措。我和弟弟的病在恶化，又听到这病是瘟疫，要死人的，我母亲简直吓傻了眼。随着常德瘟疫的急剧蔓延，保甲长凶神恶煞地勒令我们住进了隔离医院。

隔离医院是一个死人坑，又是一座焚尸炉。它是临时在常德东郊的徐家大屋仓促搭起来的。在地面上树起一排排木桩，盖上茅草，遮风避雨，室内地面上铺着稻草作病床。

母亲请人用木板和竹床把我和弟弟抬到这里时，"院"内已挤满"瘟疫"患者。大约有 200 名患者裹着破被衣衫痛苦地蜷缩一团，一阵阵撕心裂肺的哭喊声。一盏盏鬼火幽灵似的马灯，映照着一张张憔悴、恐怖的面孔，使人感到凄惨阴森，更感到死神一步步向我们逼近。

进隔离医院头天，我的神志还有点清醒。环顾四周，时不时看到有人被抬了进来。这里有七八岁的小孩，也有四五十岁，甚至六七十岁的老人。有男的，也有女的。耳边经常听到哪个哪个被芦席裹着抬

图 3—23　杨志惠夫妇（1998 年）

到郊外烧掉了。死者的亲人在地上哭得打滚。

其中有一个惨状我仍记忆犹新。那是我到隔离医院的第二天，我拖着沉重的病体匍匐着去找医生，只见前面一堆人正痛哭欲绝地在讲着什么。我抬头一看，大门外有几个用竹床做成的担架抬了过来，人群中发出阵阵叹息声，担架越来越近，上面是黑乎乎的一堆。担架到了眼前，顿时吓得我脸发白，心乱跳。原来，竹床担架上的死者被烧成了焦炭，形体扭曲，各种很难形容的怪异姿势，只剩了类似人体的轮廓。站在我身边的一个胖女人，惊叫一声，用双手掩住面孔哭泣起来。听人说，这些烧成焦炭的人，是被他们的亲人们从郊外焚尸堆中抢出来的，然后回家掩埋。我忽然想呕吐，一阵头痛，就昏过去了。（摘自杨志惠 1999 年 1 月 19 日陈述书）

当年被送到隔离医院的鼠疫患者，大多死在了里面，很少有人能够活着出来，从这个意义上讲，杨志惠的回忆是很珍贵的。

本章基于幸存者和遗属们的记忆，尝试顺着受害者的视线，去关注细菌战受害的惨景，重现受害全貌，并分析鼠疫传播的途径。

第 四 章

重生厚葬文化的悲哀

桃源县莫林乡李玉仙（2001 年）

福、禄、寿是中国民间信仰的主题，人们信奉神明往往是为了保佑自己和家人幸福、长寿、成为有钱的人。[①] 关于来世与再生、丧葬、疾病与治疗、身体等的观念和礼俗，可以说都是建立在这种重今生今世的信仰心态上。

序言已经提到，拥有这样的世界观及习俗的民众社会，在遭遇细菌战这样突发性灾难时，与植根于近代西方医学的防疫工作发生了正面冲突，民间文化不仅没能帮助避免灾难，反而助长了其蔓延。

本章将具体地描述战争破坏和地方文化之间的相互作用，以及风俗习惯、民间信仰对防疫工作的影响。

一　以民间信仰、巫俗对付瘟疫

中国人信奉神明。在各地供奉的众多神明中，几乎哪儿都会供一尊当地的守护神，守护一方土地和生活在那里的人们。因地域不同，守护神的类型也就各异，在常德地区，以土地公、观音菩萨为守护神的村子比较多见，也有如前面讲到的石公桥镇将杨泗将军奉为守护神供在北极宫。

神明的一个重要作用就是守护人的健康。鼠疫流行时，患者家人和当地百姓虔诚地祈求神明治病消灾。但是，当瘟疫肆虐时，连神明似乎也无能为力了。于是，愤怒的村民或者推到了神像，或者好几年都拒绝去庙里朝拜。

到青龙庵、华官庙烧香求神消灾　陈国建（1928 年生）讲述

我家住在周家店镇瓦屋垱村下陈家，我就本地细菌战受害进行了调查。

本村周家湾 71 岁的老汉周坤廷气愤地诉说："我们周家湾发生人瘟，那时不知道是鼠疫。周全武的家人先后死了 4 人后，发现有死老鼠，才明白是鼠疫。当时，白天哭声震天，夜晚呻吟动地。为了消灾，整个村子大小几十口人到前面青龙庵烧香求神保佑消灾，去了多

[①]　参见聂莉莉《閩南農村における民間信仰》（《闽南农村的民间信仰》），《国立民族学博物馆研究报告》第二十二卷三号，1997 年，第 585—651 页。

次，鼠疫仍然不止，后来人们把青龙庵的菩萨都打翻在地了。"

　　后我又到邻村的向家当村吴家调查，年已70岁的吴寿杉老人，眼泪哗哗地诉说："我家离向家榨坊（鼠疫点）不到两里，因为亲戚你来我往传染开来，我家亲人无可幸免，有的死于途中，有的死于田野。全村群众买齐香烛，纷纷到华官庙求神拜佛，但瘟疫不止。后来死尸遍野，臭气熏天，人们不敢收尸掩埋。"真是天地为之悲伤，鬼神为之哭泣。后有两年多，人们拒绝到庙里求神膜拜。（陈国建1998年8月25日陈述书摘要）

　　发生像疫病这样大的灾害时，人们除了向信奉的神明祈求庇佑之外，也会去向那些被认为能够驱邪捉鬼、驱赶恶灵的道公和巫师求助。

　　所谓道公，就是不出家的道士。他们不像出家道士那样去道观里修行，生活在自己家里，娶妻生子，也吃荤。常德有个五雷山，据说也是道教的圣地之一。湖北省的武当山作为道教圣地声名远扬，而五雷山在湖南一带被称为"南武当"，特别是常德人，以南武当在自己的故乡而自豪。在常德地区的丘陵地带建有许多道观，县城内的常清观、太和观较为有名。在这个道教信仰盛行的地方，有很多道公。

图4—1　石门县夏家辖乡花薮村道公陈志良（右）与徒弟（2002年）

道公的主要职责是主持办丧事。除此之外，也还负责赶瘟神和驱邪捉鬼。发生疟疾和霍乱时，被认为是瘟神带来的，赶走瘟神便成了道公的职责。另外，人们相信道公可以借助神力赶走恶灵和鬼。

除了道公，巫师也能驱邪捉鬼。在常德地区，巫师被称为"法师"、"土郎中"。"郎中"是对民间医生的称呼，在"郎中"的前面加上一个"土"字，意义就近似于巫了。有时，男巫师也被称为"老司子"，女巫师被称为"香姑"、"巫婆"。

向土地公祈愿、请道公驱赶恶灵　黄益（1931 年生）讲述

1942 年，我家住在草坪镇兴皖村。家里有父母和兄妹 5 人共 7 口人。10 月的一天，我大哥光贵 15 岁小名牛皮，二哥光富 13 岁小名黑皮，和 12 岁的姐姐多妹 3 人一起去赵家桥乡邱家湾村外婆家玩。当天晚上，三个人都感到身体不舒服，突然发高烧。母亲以为是因为外面风大穿衣少，或者是走山路被吓着了，准备晚饭后，洒碗水饭，烧几页纸钱就会好的。可到了点灯时分，多妹烧得更厉害，母亲为她解开领口第一颗扣子，发现她脖子红肿，呼吸困难。这只怕是到赵家桥乡邱家湾染上什么病了！听人说，那边出麻子死了好多人，这病来得快死得惨。

好心的邻居陈大妈上门劝母亲说："不是的，待明天就会好的。"午夜时分，母亲为多妹擦泪换衣服时，发现多妹身上有乌紫斑块，这一看吓了全家一跳，都围在一起掌灯细看，果然是瘟麻子。母亲为多妹擦掉鼻、耳、嘴边的血水，全家在恐怖的气氛中里守候着三人。

多妹在鸡鸣时，离开了我们。父母和我哭得死去活来，望着床上的光贵、光富以泪洗面。众乡邻见此情景，无不伤心落泪，帮忙钉木板埋葬多妹。埋在本组花子窝，现在村学校后山坡。

就在多妹出葬的当天下午，光贵和光富也高烧不醒，口喊喝茶，粒米不沾，症状和多妹一样。父亲为了让孩子恢复，偷偷把母亲陪嫁的两把铜锁和仅有的一块银元卖掉，买了猪头、香纸蜡烛，点七芯灯到对门土地庙烧香拜佛，万般恳求上天保佑。我二叔还出了一担谷，请来了道公先生驱邪斩鬼。这一切都无济于事，当天的下半夜，在一片哭泣声中两个哥哥永别了我们。从此，叫花窝里又多了两堆新土。[黄益 1998 年 6 月 10 日陈述书（由黄益女儿黄桂荣代笔）摘要]

黄益所提到的"洒水饭"和"烧纸钱"都是民间祛邪习俗。洒水饭，就是把粥洒到地上，给那些带来疾病的鬼吃，为的是让野鬼吃饱，不再来伤害人。"烧纸钱"，是以焚烧的方式给神灵世界及阴间送钱过去。这些方法都是为了供奉神灵，请神灵出面赶走恶灵。

土郎中驱鬼　罗开明（1951 年生）讲述

我家住在德山乡枫树岗村。1938 年，我父亲罗获清为了躲避战祸，去四川省东津县宅犹丰砂场做工，留下母亲和不满 3 岁的大哥东海。临别前，父亲流着泪对母亲说："金枝，家里的事情拜托你啦，你要好好照顾东海儿。等赶走了日本鬼子后，我定会回来与家人团聚。"

父亲走了之后，母亲和大哥相依为命，过着饥寒交迫的生活。1942 年春天，枫树岗村流行瘟疫，死人很多。与我家同住一栋房子的

图 4—2　罗开明（2001 年）

刘开典的弟弟刘开林和妹妹感染了，几天后死去。之后，我大哥也得病了，开头是发高烧，出汗，流口水，紧接着是抽痉疯，拉肚子。一天拉十几回，大便稀黑，腥臭难闻，脖子肿了起来，且有一小坨，用手一摸就滚动。

当时母子饭都没得吃，哪有钱治病。无奈，只好母亲请了土郎中郑腊梅，她是本家大妈，兼做弄神隔鬼之事。郑见状就说："这怕是死去的开林在找替身。除了烧灯火外（用灯草蘸桐油烧了之后，把火吹灭，放在病人穴位上轻轻点击，被认为可以治病），还要隔鬼、吃药。"于是在大哥的人中、前额、两手指、耳边根等处各烧了几下，还给了一包黄药粉。

当天晚上，又把她请来，烧纸钱，点香蜡，施法水，闹了半个晚上。第二天天刚亮，大哥便死去了。葬本组罗家山。（罗开明 1998 年 6 月 27 日陈述书摘要）

请“香姑”驱除怨魂　郑治龙（1953 年生）讲述

我家住在德山乡枫树岗村 12 组。

1942 年 4 月 21 日是我父郑云福的婚期。祖父母让父亲和我姑姑于 4 月 17 日去石门桥镇观音庵村外祖父家邀亲家来吃喜酒，中途要经过鄢家巷（本村 2 组）和茶叶岗村。父亲和姑姑在外祖父母家住了一夜。第二天一早回家，离村不远时，姑姑突然心里难过，四肢酸软无力，已不能继续行走，由父亲好不容易背回了家。

家里一见都惊呆了。准备办喜事的浓兴几乎一下消失了。于是急忙找郎中李保安（本村 8 组）药治。当时乡下缺医少药，穷人都把治病希望寄托在神明上，晚上又请来法师郑腊梅（本村 6 组）。郑见状说：“现在鄢家巷、茶叶岗发人瘟，死的人多，尽是冤魂野鬼找替身。十七十八两天日子不吉利，七不出门，八不归家嘛。”

说罢，吩咐烧纸钱，点燃香烛，然后神气活现地吐法水，念念有词。尽管她施法事很起劲儿，可姑姑却叫喊连天，声声撕心裂肺，法师扫兴地走了。第二天，姑姑头脸上的汗珠直往下流，湿透了衣衫。肚子剧痛，面红紫，喊喝茶，手脚抽筋，呕吐，手不停地往心胸、肚子上乱抓，身上衣服也抓得稀烂，大便接连不断，弄得满屋腥臭，叫人作呕，最后，脖子也胖大起来，不能说话，全身出现了紫黑斑块。神不灵，药不解，只好听天由命了。当晚下半夜，姑姑不明不白地死去了。墓葬本组马头山。

天亮已到 4 月 21 日，是父亲结婚的日子。无奈只好推迟婚事，改办丧事了。

姑姑怎么死的，我们今天才知道是日本的细菌战所致。（郑治龙 1998 年 6 月 23 日陈述书摘要）

二　用中草药和土法治疗

细菌战受害发生的 20 世纪 40 年代，常德地区的老百姓得了病，如前面引用的罗开明的陈述那样，或者去请中医治疗，或者请郎中用土法治疗。西医在民间还没有普及。

民众对于中医的深厚信赖从民国政府的报告书中也可见一斑。

常德地区开始流行鼠疫之后，赶往常德地区指导防疫的民国政府战时防疫联合办事处处长容启荣的工作报告书中有如下记载。

> 今春常德鼠疫再度流行时，民众对防疫工作不甚满意。当地中医中药界鼓吹筹设中医鼠疫医院，所拟办法极为不妥，未获□准。为免歧视中医之责，经向防疫处建议，如鼠疫病人愿请中医诊治者，可□其延至隔离医院诊察，主方并派人煎药进药，其主治之中医与煎药进药之亲属仍应遵守隔离规则，着防蚤衣，佩戴口罩，以免传染，并须主治到底。迄八月底止仍未有中医在隔离医院内诊治鼠疫病人。□廿九年宁波发生鼠疫时，当地中医曾有同样要求，经决定上项办法后，并无愿意在隔离医院内诊治者。以上建议并无歧视中医之意，若我国古方确有医治鼠疫特效□□，当竭力采用，但规定在隔离医院诊疗，乃□恐隔离消毒不周反致互相传染。[①]

《常德县志》上记载了常德中医专科学校校长、中医张右长研制了独特的鼠疫疗法的事迹。

> 张右长，字雨苍，号适园医隐，常德县丁家港五里冲人，清光绪九年（1883）生。早年拜河北盐山的张锡纯为师，学习中医。从学数年，尽得其术。回到常德，悬壶应诊，在实践中继续钻研，常与广德医院美籍医生鲍为良相切磋，参观他剖腹疗病，取西医学之长，补中医之短，于是医术大进。后经国民政府考试院高等考试及格，成为当时既精通医理又富临床经验的著名医生。他所开设的"适园医馆"，经常门庭若市，求诊者络绎不绝。（略）
>
> 他对治疗鼠疫，尤有独到研究。早年曾随其师张锡纯去东北治疗此病，积有丰富的实践经验。后又参阅《千金方》记载之恶核病、李保初《医言随笔》中之耗子病，以及瘟疫学家王孟英、化瘀派医家王任清的著作，进行理论探讨，写成《鼠疫之研核及治疗》一书，提出以"清血热，散血滞，解血毒"为主的治疗原则。全书分略史、病理、诊断、治疗、预防诸篇，搜讨广远，引证高切，成为治疗鼠疫独辟鸿蒙之作。抗日战

---

① 容启荣：《防治湘西鼠疫经过报告书》（1942 年 9 月），第 12 页。□为字迹不清处。

争中，日本侵略军在常德投掷鼠疫杆菌，造成鼠疫流行，他把此书交常德中医公会刊印散发，用以防治鼠疫，收到良好效果。①

但是，专业医生即使有再好的治疗法，对于县城里的贫民和农村的贫困农民来说，都是很遥远的，尤其是农民，与名医的诊疗更是无缘。

在农村，从人们的回忆可以了解到，对付瘟疫主要依赖土法，大概有以下一些土方法。

（1）将当地人认为有解毒作用的"蓼辣子"（蓼）、艾蒿、雄黄、冰糖、甘草、山茶等植物和中草药一起煎熬，有的还与用猪尿浸泡过的黑豆一起煎熬，让患者服用。

（2）用青蛙、蛇、鲫鱼等属于凉性的水生物放置在病人身体上，使其高烧减退降温。或者如第三章第一节中闻宗云所述，她的父母到处寻找蛇血蛇胆来给她吃，尝试着给她治疗。

（3）把被认为具有消毒作用的石灰或者艾叶撒在地上，用烧着后的烟熏来进行消毒。

中国人的世界观重视阴阳平衡，世界上的万事万物和人的身体都要保持阴—冷和阳—热的平衡，才能保持人的健康，万物才能健壮成长。鼠疫发生时，即使当时人们并不知道这是什么病，但是看到患者有高烧、身体肿胀等症状，就用这种朴素的观念来应付病症，除了用艾蒿、石灰等消毒外，不少人用属凉性的鲫鱼、青蛙、蛇来给亲人治疗。

下面介绍接受过这些土方法治疗的幸存者的故事。在第三章第三节中介绍了桃源县李家湾村李佑生因鼠疫死亡的事例，当时，嫁到外村的李佑生女儿玉仙回家给父亲办了丧事后，也感染鼠疫倒下了。

煎药救命　李玉仙（1920 年生）讲述

我的丈夫陈海燕把病重的我背回村里后，请来村里的土郎中杨春柏看病。杨春柏把冰糖、甘草、雄黄、石灰、山茶等中草药放在一起熬，之后把药汤一点一点地往我嘴里灌。看我还醒不过来，又把药汤用竹筒往我鼻子里吹。过了两天，我醒过来了，也可以吃一点饭了，身体慢慢地恢复了。

---

① 《常德县志》，第 629 页。

可是之后，我的丈夫，还有十来个亲戚都相继感染鼠疫倒下了，杨春柏用同样的办法，把他们的命也都救了。（对本人的访谈整理）

生鲫鱼治疗　曾昭辉（时居德山乡枫树岗村）讲述

晚上，我胞妹昭霞病重后，我父亲才喊来我姨母、母亲的结拜姐妹、小郎中郑腊梅，由其子罗玉先陪同来我家，姨母见我妹后说："这是抽鲤鱼痉，就是乌哇症，只要将活鱼放在病人口中或者烧几下灯火就会好的。"在这伸手不见五指的夜晚，去弄一条鱼是何等的艰辛。我父母为了孩子绞尽脑汁终于弄到一条活鱼，我记得很清楚，我母亲为了寻找鲫鱼还不慎扭伤了踝骨。但是，为时已晚。罗玉先吓得哭了起来，说："我不要死，我不得那狗日的人瘟病。"我妹在生病后第二天下午4点钟左右离开了我们。（曾昭辉1998年4月28日、1999年1月25日陈述书摘要）

用西洋角、蓼辣子治疗　李本彪（1941年生，时居河洑镇雷坛岗村）讲述

叔父李怀君死后，我家先是两个哥哥被传染上了。之后另一个哥哥、姐姐和我也都被传染上了。姐姐最先去世，之后先得病的两个哥哥也病危。这时，恰巧国民党军队的蔡军医路过，他是河南人。他诊察了哥哥们的病后，让母亲把家里的公鸡杀掉，把鸡头放在哥哥们的肚子上，让身体降温。虽然我母亲把家里所有的公鸡都杀了，也还是没能挽救哥哥们的生命。两个哥哥死了。

我也很危险，可是家里的公鸡已经全被杀光。母亲急了，跑到田

图4—3　李本彪（1998年）

里去捉青蛙。母亲用泥巴在家里地上围了个圆圈，往里倒入冰凉的井水，把发高烧的我泡在里面。并且，把剥了皮的青蛙放到我的肚子

上，每隔几分钟就把变热了的青蛙取下来，换上凉青蛙。

我母亲还把蔡军医给的西洋角（羚羊角，中医作解热剂）削成粉，和采来的蓼辣子一起煎成药，给我灌下。听从蔡军医的建议，我母亲用沾了酒的毛巾擦拭我和哥哥的嘴巴和鼻子。

我母亲竭尽全力照顾着我和哥哥，终于把我俩从死神手中抢了回来。之后，母亲每天都念叨着死去的姐姐和哥哥们，伤心流泪，解放那年，母亲的眼睛瞎了。（对本人的访谈整理）

"用猪尿泡蒸黑黄豆"保住了性命　彭金桂（1933 年生）讲述

1943 年约 6 月份，日本强盗打到我们双峰县，我一家 5 口为逃避战乱，背井离乡，投奔一位在桃源做硝盐生意的老乡处安身。一路上，父母拖儿带女，小妹只半岁，我 9 岁，弟弟 7 岁，父亲一担挑了铺盖锅碗。经十几天才到常德鸡鹅巷，在凉亭处歇息，做饭吃，晚上露宿于凉亭。从前，凡要道或集镇多设凉亭，施茶水，方便过往行人停留歇息。我们根本不知其时常德鼠疫正在传播蔓延，全家染疫。到河洑凉亭歇息时，大家的病渐次发作。全家人拼尽全力于第三天傍晚才到桃源。我们举目无亲，在一座宝塔下停住歇息。这时，父亲找来一抱稻草放在地上，母亲、弟弟和我躺倒便睡。看样子母亲病势沉重，天渐渐黑下来，母亲有气无力地哼叫要喝水。当时天又黑，心里有怕，我勉强能动得，摸到外面舀了点水，找了几块石头支起锅烧水。当我捧起水叫母亲时，她没了声音。父亲哼几声也没响动了。我自己也感到身上滚烫火烧一般，躺下去也起不来了。第二天一醒来，他们全都死了。一个个面上黝黑得怕人。

当地人不敢近前。后来几位好心肠的老头合计把我家人安葬在乱葬岗。再后来我已不省人事。后来人们告诉我，一位善良的母亲收留下我，用猪尿泡蒸黑黄豆，然后插兆果刺及其他中草药救活了我，把我从死亡线拉了回来。这位母亲成了我的养母，直到送我出嫁。还有一个说法是，当时安葬父母的人，准备把我一起埋掉，有人一摸我的胸口说："有热气，没有死，那埋不得。"这才没被一并埋掉。我一家 5 口，4 死 1 存，好不悲凉。这是日本欠下的血债。我的话一字一句，千滴血，万点泪。家仇国恨，永世难消。要为亲人讨还公道，否则地下的亲人不会瞑目。（彭金桂 1998 年 5 月 15 日陈述书）

三　保尸体完整　重入土为安

和其他地区的汉族一样，常德人也有着强烈的保持死去亲人尸体完整和入土为安的观念。死者的遗体务必保持完整，安葬入土，灵魂才能安息，死者只有土葬才能安详地去往另一个世界。

民国时期，民众的世界观基本上还是以儒家观念为核心，保持身体的完整是与儒家的教义孝道密切相关的。"身体发肤，受之父母，不敢毁伤，孝之始也"，这句古训记载于儒家经典《孝经》之中。对于深受儒家道德观念影响的民众来说，解剖死者尸体这样损毁身体的事情，是绝对不能接受的。

而且，遗体一旦被解剖，死者的身体就不完整了，受佛教影响的人们相信，尸体一旦被损坏，死者不但在阴间不得安生，且不能投胎转世。这不仅对于死者来说是悲惨之极，对于活着的亲人们而言是子孙们的失职。

另外，入土为安的观念与中国人的风水思想也密切相关。人死后会去阴间。为了死者能在阴间生活得好，墓地的选择非常重要。在风水好的地方建造先人的墓地，就能通过先人的遗骨，将大地的灵气、能量源源不断地传给子孙后代，保佑子孙繁荣、家产发达、门庭显贵等。一代又一代的中国人将本族、本家及本人的时来运转、避灾逃祸寄托于获得一块风水宝地并为之不懈努力。世人的富贵荣华、没落衰败源于祖先墓地的灵气。因此，让死者入土为安是天经地义的事情。[①]　一般来讲，留下了子孙后人，寿终正寝的祖先被埋入祖坟，重其风水，而年纪轻轻便因意外之灾而丧生的人则葬在非正常死者的乱葬岗。

从前文国民政府防疫政策得以贯彻施行的常德城内、石公桥等地的幸存者及遗属们的陈述中可以看到，政府的防疫政策，特别是尸体解剖和火葬两项，是难以让民众接受的。其中，很重要的原因就在于民众的信仰和代代相传的习俗。

当时，围绕着防疫措施流传着各种传言，其中有不少是毫无根据的谣言，有的谣言非常离奇。但是，信奉尸体完整和入土为安的民众却信以为真，即使是在笔者调查之时，有的村民还会很认真地告诉笔者政府和隔离

---

①　参见聂莉莉、韩敏、西泽治彦、曾士才编著《大地は生きている——中国の風水思想と実践》（《活着的大地——中国的风水思想与实践》），神奈川：TERRA INCognita，2000 年。

医院的"暴行"。因为抵制防疫措施，所以即使家里出现感染鼠疫的死者，也不去向防疫队和政府报告，悄悄地将遗体运往城外进行土葬。

在常德县城，大多数人家是避开保甲长和警察的视线，悄悄地将死者土葬的。第三章中介绍的事例中，除了最先被发现的鼠疫患者蔡桃儿和祝伯海死在广德医院亲人没能土葬以外，其他都被家人土葬了。在防疫队所至的石公桥镇，居民们也是想方设法避开防疫队和警察，把亲人的尸体土葬了。

那么，人们如何能在保甲长和警察的监视下进行土葬呢？各想各的办法。前面介绍的陈述书中已有一些提及，我们再来看两例。

"父亲把两个死去的弟弟放在箩筐扮成睡觉的样子挑出城土葬" 张礼忠讲述

弟弟国民和国成死了。一家人偷偷里痛哭得不得了，尤其是奶奶用毛巾捂着嘴哭，口中血都逼出来了。因为怕被保甲长知道，那时高山巷口有警察站岗，又怕警察发现抢去火烧。所以，一家人只能小声地哭了一通晚。两个活泼可爱的小弟只一天多的时间就死了，突然被鼠疫夺去生命，哪有不悲愤的呢？

第二天清晨，打四更后，我父亲先叫徒弟罗弄山起来，出城到小西门外小巷里把事先买好的特定可放两人的木匣子用床单包好，背到校场坪乱葬岗。又拿出两只箩筐，把两个弟弟一头一个地放在箩筐里，装着睡觉的样子，上面盖着衣服，随着跑警报的人群，挑着弟弟从大高山巷走青阳阁出小西门外到了校场坪乱葬岗。我拼命地跟在父亲后面跑，我们跑到了校场坪南边荒地，看见罗弄山用床单包着木匣子先到了。埋土时也不敢大哭，掩埋后父亲久久坐在坟前流泪不愿离开。我目睹了这一悲剧，一提往事心里就痛，就掉眼泪。（据张礼忠1998年4月15日陈述书及对本人访谈整理）

"医生给写了字条来应付检查" 李明庭（1934年生）讲述

1942年我有6岁多了，我家住在县城内西围墙（现五一冰场对面）。同年10月的一天，我祖母陈满姑突然得病卧床不起，畏寒发高烧，抽筋，身上长出许多红斑点，两天半就死了，皮肤乌黑色。

死后两小时，家里来了一个医生模样的人，戴着口罩站在祖母的遗体旁观察了十多分钟后，说了一句话："鼠疫。"我父亲听说"鼠

疫"二字，立即跪在医生面前，请
他关照一下，临走时给他一个包封
（红包）。他叮嘱我们千万不要惊动
邻居，要在深夜天亮之前悄悄地将
尸体抬出城外安葬，为防万一遇到
检查，他又给我们写了一张字条来
应付检查蒙混过关。

　　因为当时的政府下了一道通
令，凡是得了鼠疫而死的人（孕妇
例外）都要送进焚尸炉火化掉，如
若隐瞒不报，要罚钱，还要罚两担
柴火。受传统观念的影响，我父亲
不忍心将祖母火化，求医生关照免
于火化。祖母得鼠疫而死，邻居也
不知道是得什么怪病死的，只知道

图4—4　李明庭（2001年）

来人验过尸。我们悲伤，忍泪不能哭，怕惊动邻居。

　　我们请了几位丧夫在当晚的深夜，我记得是街上的更夫刚敲过四
更，趁夜深人静，我们护送着祖母的遗体出了永安门（东门），走水
巷口上沅水大堤跑步前进。一路上我们提心吊胆，担心遇到检查的人
坚持要开棺验尸，那会造成不可想象的后果，违反政府通令论处。我
很小，但跟着丧夫和大人拼命往前跑，气喘吁吁，到了陡码头，上了
船才放了心。我们包的一只划子（小船）经过三滴水到茅湾上岸，
将祖母葬在平江会馆的公山上，即现在的德山乡永丰村，因为我们的
祖籍是平江。（李明庭1998年7月26日陈述书摘要）

四　厚葬文化

（一）汉族葬仪及鼠疫受害

很多陈述书里都谈到，因为参加葬礼而感染了鼠疫。

常德人与其他地区的汉族相同，将丧葬与生孩子、结婚并列为人生的重
大礼仪。为死者，特别是为父母、祖父母隆重地举办丧礼，既是因为儒教孝
道观念的影响，也与佛教的生死轮回观念以及民间的灵魂信仰相关。从前面

的陈述可知，出现鼠疫死者的初期，当人们还不知道这是可怕的瘟疫时，尤其是家境比较好，死者年龄高，家里儿女齐全的家庭，会请来道公大办道场，用当地的话说是"为死者开路"，隆重时道场达数日。

这其中包含有各种仪式。当地的道公告诉我，仪式根据死者性别而不同，基本上构成如下。

收敛：临终看护，守终。

下榻：将遗体从卧房移到大堂。

报丧：向亲属、朋友发出讣告。

成服礼：死者的子孙和亲戚根据亲疏关系着装分为五等的丧服。

入殓：设置灵堂安放棺材，将遗体抬入棺中。

家礼：丧主请来儒学士绅在孔子画像前行祭礼。

三献礼：亲属在死者牌位前献上供品。

宾祭礼：吊唁者在牌位前献上供品。

做道场：请和尚或道士超度。

点主礼：在死者牌位上点上朱红。

陈仓礼：将煎过的稻谷分给死者子孙。

择日：请风水师择良日埋葬死者。

出殡：将棺材从家宅抬到埋葬地。

安葬：掩埋棺材造墓。

基本的仪式构成是既定的，但实际举行时会有很多变化。主要是根据家庭经济情况不同，葬仪的详略构成会有所不同。富裕家庭会照章一项一项地郑重举行，而贫困家庭就要简单得多。但是，将死者装入棺材的入殓，超度亡灵的道场，以及掩埋棺木的安葬等这些重要仪式是很少省略的，一般都会举行。

不论是郑重举行的葬礼，还是简化的丧事，都会有很多亲属和邻人参加，而且，办丧事互相帮忙，既是出于人之常情，也是社会生活中人们互帮互助的实际需要。

做道场的仪式是丧事的高潮。根据家庭的经济状况，道公人数不同，2人、4人、6人、8人不等，富裕家庭请的人数多。而且，时间长短也不同，有1天、3天、7天之别。富裕家庭做道场时间较长。

道士的领头人被称为"坛主"，手下人叫"坛伙人"。有办丧事请求时，坛主根据情况带相应人数的坛伙人前往，道场包含以下仪式。

打预告：向天上地下各路神明及菩萨报知死者的姓名。

借天地：演示释迦牟尼、如来等佛向中国的最高神玉皇大帝借修行用土地的神佛世界之故事。

启师科：请神佛下界来保护众生。

取经：演示三藏法师去天竺求取经文的故事。

签约：与下界来的神明约定庇护协定。

扎告：将举办葬仪之事告知司民菩萨灶王爷。

启水：将举办葬仪之事告知水神龙王。

净坛：将妖魔鬼怪封入坛中。

升华：向死后世界的鬼神无遗漏地报告死者所持财宝。

地藏科：向地藏王报告死者的到来。

开方破狱：为让死者的灵魂顺利通过地狱而进行超度。

招亡：召回死者的灵魂和亲人见面。

叫饭：给死者灵魂供奉饭菜。

弥陀科：祭祀弥陀佛。

启忏：诵念佛教的金刚经、观音经、弥陀经等经书。

道忏：诵念观音经、玉皇经、血湖经、十王经、慈悲经、金刚经、七佛经、弥陀经、地藏经、解冤经等十经与死者的灵魂告别。

从做道场的仪式中可以看出佛、道、儒及民间信仰的融合。对人们来说，做道场有着重要的意义，一般来说，道场有着如下的功能。

（1）"解罪"，也就是说可以消除死者生前所犯下的罪过。

（2）把死者的灵魂带向通往阴间之路，顺利地渡过阴间之旅。

（3）有的死者对家中还有牵挂，因此灵魂执意不肯离开阳世去阴间。若是留在家中就会惊吓子孙后人，通过举办仪式，道公就能够把死者的灵魂连同肉体一同送往阴间。

（4）祭祀阴间的阎王和菩萨，讨好他们，为的是让祖先的灵魂在阴间生活得好些。祖先的灵魂状态好，自然而然就会保佑子孙。

（5）向世人展示自己的子孙孝道。

（6）对遭遇意外灾难而不幸去世的死者，道场可以制服附体的恶灵，让灵魂得到安息。

在做道场等仪式进行中，道士们要念经，有时也会演出舞蹈和上演汉剧。因此，在娱乐活动很少的农村，办丧事时往往会聚集很多亲属、邻居以外看热闹的成年人和小孩子。从防疫角度看，聚集了很多人的葬礼，为鼠疫的传播提供了绝好的感染源。

第三章提及伍家坪村朱氏一族死了201人，第六章将介绍双桥坪乡大桥村蔡氏一族死99户370人，这些都是与宗族聚集参加丧葬，有了病人亲戚邻里间相互探望、帮忙护理等的人情理义、风俗习惯密切相关。鼠疫肆虐时，连主持丧葬的道公和尚以及抬棺材的丧夫也未能幸免。

葬礼和亲人的感染　高向东（1965 年生）讲述

我住在鼎城区草坪镇先锋村，是侵华日军七三一部队细菌战受害者遗属，诉讼原告。

我的姨奶李秀云一家，住常德城卖烟草。1939 年遭日本飞机轰炸，一家 5 人被炸死，只有李秀云存活。1943 年 3 月初，孤苦伶仃的李秀云突然感觉身体不适，发高烧，请人抬回老家草坪镇先锋村葛麻山。不到两天，口吐血沫，水米不沾，暴病身亡，尸体呈黑色。

李秀云的堂弟李芝山（我舅爷）、李八元、堂姐妹李秀芝、李秀云的妹妹李小妹（我祖母）和高秋山（我祖父）等去看望病重的李秀云，并帮助料理后事，先后传染鼠疫。李芝山得病后，发高烧，当时用黄泥巴和蛋清敷在脸上，很快开裂，神志不清，发狂，不到一天就悲惨地死去了。李小妹前往李芝山家看望，并参加送葬，回家后水米不沾，颈部起包，吞咽困难，发高烧，死时非常痛苦，面部抽搐，尸体呈乌黑色。像这样悲惨死去的还有刘月桥和堂伯高在春、高在生，也是给人抬丧后染疫身亡。

我家邻居刘月桥（李秀云夫侄）为李秀云料理丧事后，不到 3 天就暴病死去，并先后传染了刘氏家族 11 口人，他们是刘芝庭、刘瑞庭、刘道生、刘道坤、刘少桥、刘本江及刘月桥的妻子、儿子、媳妇、孙儿等，无一人医治有效，全部暴病身亡。一时间，棺材都无处停放，那情景只要是人看了都会伤心落泪。就连请来为刘月桥做葬礼的道士严旺生、阳贵生、严再芝等人也暴病身亡，无钱安葬，只好用稻草裹尸，草草掩埋。

　　解放以后，我们才知道这天怒人怨的瘟疫原来是日军七三一部队制造散播的鼠疫。（高向东 1998 年 12 月 22 日陈述书摘要及对本人的访谈）

　　高向东的陈述，具体地展示了鼠疫是怎样通过丧葬连续不断地向故乡、亲属传播开来的情景。可以看到，参加葬礼的亲属不仅有宗族成员，也包括姻亲、远房亲戚。

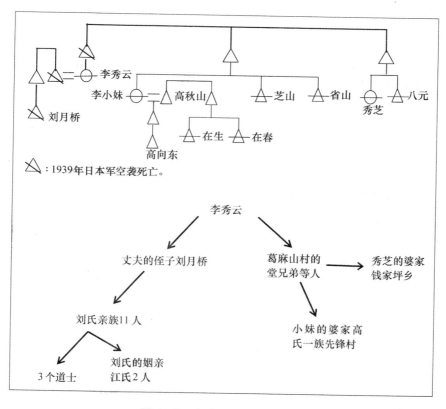

图 4—5　李秀云死后波及亲属

（二）以丧葬为媒介的鼠疫受害扩大

　　在第三章第三节已经介绍过，1942 年 10 月，住在周士乡大砖桥村李家冲的李必高去石公桥镇买理发工具回来后就发高烧、抽搐，第二天死亡的事件。李必高死后，很多人因参加他的丧事而受感染死去。

白鹤寺村的葬礼　贵伯群讲述

李必高家境殷实，亲属为他办丧事，做道场3天。就在死者停尸期间，不少亲友、邻里前来悼念，帮忙办丧事，或看热闹围观。这一下遭殃的人太多了！李必高办完丧事，紧接着帮忙的、抬柩出殡的，纷纷得上了同样的瘟疫，头痛、高烧、抽搐、起坨、身体发黑，得病一两天就死去。直接从李必高家传染鼠疫的有李自海、李向培、李有守、李有训、李九田、刘丕浩、李龙清、钟竹姑、李龙海、李报之、李秉乾、李应广、李有恒、周四姑、李丫头、刘美菊、刘美凤等17人。

辗转交叉，彼此作用，间接从李必高亲友传染鼠疫死去的有李有德、李有长、李万甲、李万云、李长英、李应名、李应州、李应发、李运祥、李运州、李向志、李凤英、李巧姑等人，李姓一族的媳妇家以及姻亲中有刘香姑、文冬生、杨善贵、曹巨男、曾有枝、刘美枝、张传凤、陈秀姑等人，还有从其他地方过来的工匠朱篾匠、保裁缝等。在李家冲村落一共有23个人也死了。（摘自贵伯群1998年12月24日陈述书）

丧事过后罗氏一族超过半数人死亡　钱本儒（1930年生）讲述

周家店镇杨坡庵村七组，世居罗氏家族。1941年有30户131人。在石公桥一带鼠疫爆发时，这个山冲小峪也深受其害。

受害者罗家志素性本分，以耕作为本，农闲兼做小本经营。1942年10月他到石公桥镇丁长发鱼行挑鱼，串乡销售，只望增加些收入，充实家计。不幸身染鼠疫，回到家中，卧床不起，头痛高烧。请医生治疗，尚未摸清病源，第二天清晨暴死。死后遍身乌疤。可怜老母鲁珍姑伤心已极，只隔一天也一命归西。其胞弟家树，忙于母亲的家葬，突然发病，到半夜惨死。道士做斋办丧未出门，却母子二人去柩埋葬。凄惨已极，罗家5天全家6口均染疫死绝。远亲近邻一一前来吊唁，无不叹息。哪晓鼠疫如闪电一般，交叉感染，凡来此地的人，都劫中难逃。仅半月之间，罗氏家族死亡69人，死绝6户20人。

与罗氏家族相连的兴福寺，钟鼓长鸣，香烟渺渺，神灵普照。来往香客，络绎不绝。突然鼠疫染进佛门，老僧4人一同殒命。从此人们绕道，再也不敢前来求神，寺毁人亡，香火绝迹。（钱本儒2000年5月4日"鼠疫细菌战残害罗家庵情况的调查"摘要）

为姐姐送葬后村里一半人口死亡　陈国建讲述

我陈家世居周士乡瓦屋垱村下陈家。

1942 年 10 月，石公桥镇鼠疫流行，从桥北街伸向南街。我大伯父陈克铣的女儿陈卯香家居石公桥南街开鱼行，就只身回老家来避疫。不知我卯香姐已潜疫在身，回家的第二天，头痛发烧，弟弟和妹妹为之送茶送饭，而茶饭不进，请医生服药，而医治无效。家人为年仅 20 岁的卯香请裁缝做衣，第三天下午遍身乌黑死去。请木匠做棺材，又请道士做斋两天，满村子的人为我卯香姐送葬抬柩。

我的继父陈克权，姐姐梅香、文香、桃香先后五六天均染疫而死。大人死了就买棺材，小孩死了做匣子，后来另两个叔叔的 4 个儿女死了，只能稻草打包，抬去葬在娃娃山。我一大家人前后不到十几天就死了 9 人。继而整个村子闪电式地传开了，18 户人家，死于鼠疫者竟达 32 人之多，占村里人口一半以上。（摘自陈国建 1998 年 8 月 25 日陈述书）

葬礼之后坛主死了，传染 140 人死亡　丁德望讲述

汉寿县洲口镇侯王村与韩公渡乡相距 20 公里。1942 年秋天，韩公渡乡有个患鼠疫病死者家，请侯王村的道士徐华祝做了一天道场。徐华祝是坛主，韩公渡有他的坛伙人。徐华祝便把鼠疫带回了侯王村，回家当天就发病，次日死亡。紧接着他一家就暴死了 7 人，结果，就因有了他这一家鼠疫传染源，殃及附近几个村子，暴死了 140多人。（丁德望是常德细菌战受害调查委员会成员、诉讼原告。本文是 2001 年 2 月 28 日他向东京地方法院提交的陈述书一部分）

抬棺材的码头工人 8 人全部死亡　易孝信（1933 年生）讲述

我是中国湖南省常德市易家湾村的原告代表。易家湾村是我出生的地方。1942 年 9 月前后，由于日军细菌战引起鼠疫流行，12 人惨死，我们易家死 6 人，邻居和亲戚死 6 人。我的大姐易梅珍和她未满周岁的男孩张得星也未能幸免。

易家湾村离城区不到 1 公里，村里都是农民，以种植水稻为主，少量的旱地种植棉花。由于临近城区，大部分劳力还到城里去做事，以贴

家用。有挑河水卖，有的当码头工人除装卸货物外，还做殡葬工作。

　　1942 年 8 月 25 日，城北丹阳楼的顾北树的母亲罗氏突然死亡，死时全身乌黑，人称乌鸦症。我村和邻村的码头搬运工人易德阶、易德经、易孝慈、易孝荣、易孝堂、胡毛儿和邻村的喻承德、喻垮儿被雇用帮助打点丧事。他们除了得到死者家给的酬金外，还要在死者家吃饭喝酒，给死者净身装殓，结果全被染上乌鸦症。他们回家后，8 月 30 日晚上，易孝荣首先发病，发高烧全身抽搐，口里吐血泡，面部和全身呈紫色，到 8 月 31 日早晨没有得到任何有效的治疗，便悲惨地死去。死后全身呈黑色。大家说这是从城里传进村的乌鸦症。当时村里人不知道乌鸦症就是鼠疫。8 月 31 日下午，易德经又发了同样的病，抬到城里广德医院治疗时，才知道是鼠疫，他经治疗无效于当天死去。

　　防疫部门于 9 月 1 日进村进行预防治疗，虽然来得比较及时，但是，8 位做殡葬的码头工人还是全部惨死了。易孝堂年仅 8 岁的女儿易友芝，胡毛儿 9 岁的独生女胡小妹也随之死了。

　　我的大姐易梅珍、外甥张德星因回娘家探亲，到伯父易德阶家中吃过饭饮过茶水，也染上鼠疫身亡。

　　防疫队所采取的防疫措施就是将村里人疏散。没有死人的几户，都逃到亲戚家躲避。死者家中，除医疗队的医生外，谁也不敢进，死者无人殡葬，道士不敢做道场。伯父易德阶死后，他的儿子易孝伦只得撬了几块楼板，钉了一个木匣子，自己用肩扛到坟地埋葬。由于匣子太小，伯父的一只手还露在匣子外，真是惨不忍睹。（易孝信是常德细菌战受害调查委员会成员、诉讼原告。本文是 2001 年 1 月 28 日他向东京地方法院提交的陈述书一部分）

　　贫穷的农民家里死了人，也许没钱做道场。但是，即使不做道场，家人、近邻和亲戚会因为精心看护鼠疫患者、处理遗体而感染鼠疫，而且，受害往往不是仅局限于一村，会扩大到周围村落。以下两例均为石门桥镇观音庵村陈述，虽然两家染疫的途径各自不同，但是之后的后果是相同的。

祖父患鼠疫死后11位亲属染疫去世　谢秉仔（1930年生）讲述

我是日军细菌战受害者遗属，石门桥镇观音庵村的原告代表。

观音庵村离常德只有20多公里的距离，村里经常有人进城务工或贩运农产品做生意。因而把鼠疫病毒带回了本村。1943年冬，以本村为鼠疫爆发中心点，很快波及左右邻村。

祖父谢安新是一位从事手工劳作的铜匠。每逢农闲季节都寄居在常德东门朋友家，在城内从事小铜器流动加工。那年农历十月上旬的一天，祖父突然感觉到心中作呕，周身不适。急忙回到家休息，到家就卧床不起，发高烧，抽搐，淋巴肿大，口吐血沫，请当地郎中开方服药，完全无效，第四天农历十月初十去世了，时年57岁。

在祖父卧病期间，祖母肖玉兰，叔父谢维康和婶母刘秋芬轮流床前伺候。当时都不知道祖父是染上了鼠疫，也不知鼠疫的魔力，没有采取任何防疫措施。他们都不知不觉地染上了鼠疫。祖父死后不久，祖母肖玉兰、叔父谢维康、婶母刘秋芬和她幼小的儿子谢秉宽也相继暴死。

因为连续死了5人，而且症状完全相同，这才引起家里人的警觉，感到可能是发生了瘟疫。左邻右舍惶恐不安，都不敢来帮助抬丧和料理后事。两位叔祖父，即祖父的胞弟谢安长和谢安喜正在常德城里做劳工，得知我家噩耗后，亲情难却，冒着疫魔染身的威胁，赶回来帮助料理丧事。谁知惨祸接踵而至，他们俩不知是在城里做工时，还是回家后染上疫菌，也相继于当日下午死亡。之后，谢安喜之子谢保旬和媳妇陈香梅也随之染疫丧命。（谢秉仔1998年1月23日陈述书摘要）

父亲死后家人亲戚死去12人　谢秉宏（1937年生）讲述

1943年腊月初，因我有个兄长就读于常德城内移芝中学，我父亲谢康永为其送寄宿的口粮米进城，返程时路过西门外乱葬岗地段，见一乞丐病倒在路旁，父亲深表同情，俯问其详，并将他移身安全之处。仅此一举，便引疫染身。在归途中就感周身不适。回到家便卧床不起，发高烧，头痛，抽搐，淋巴肿大，发病4天、腊月初七就死了。死时，口吐血沫，尸呈紫色。时年40岁。

在父亲卧病期间，我大哥谢秉章昼夜床前伺候，大哥女儿谢大妹因时常与爷爷接近，两三天后父女俩相继死亡。我堂兄谢秉钧为大哥谢秉章沐浴更衣，也随之染疫丧身。随后，堂兄的儿子谢忠绪、谢忠储又相继在当月中旬染疫死去。腊月下旬谢忠绪之妻杨大妹死，谢忠绪的外公杨伯发死，谢忠绪的叔外公杨伯友死，杨伯友之女杨明晶死。我的外公罗元生、外婆李秀芬也因前来为我父奔丧，回家后不久也暴死。在前后不到一个月的时间里，我们的亲人中共有 12 人死于这场鼠疫。（谢秉宏 1998 年 1 月 19 日陈述书摘要）

（三）回族的葬仪及鼠疫受害

在许家桥乡的民族村、中堰村、跑马村，有多户居民是回族。9 个自然村编为了 3 个行政村，互相邻接，回族的人口总计约 600 人。在处于 3 个村中心位置的民族村里，有一座清真寺，每周日举行礼拜。

当地回族中有李、黄两个大姓，其人口占本区回族人口半数以上。这两族人的始祖都是在明朝永乐年间（1403—1424）移居到此地的。两位始祖都是明朝的武将，传说遵照朝廷进驻湖南之令从北京过来的。从那之后，子孙就在常德定居、繁衍。

据当地老人们回忆，回族民众也和汉族一样，鼠疫受害十分严重，村民大量死亡。回族中的鼠疫蔓延与汉族相同，丧葬成了传播媒介之一，参加出殡埋葬的人、主持葬仪的"老师傅"死了不少。"老师傅"，是精通伊斯兰教义，主持礼拜和丧葬仪式的长者。与经过专门训练的伊斯兰教专业神职者"阿訇"不同，老师傅不是专业神职人员，平时都有自己的职业，许家桥乡的老师傅都是农民。

老师傅的职责如下。①帮助阿訇传教。②礼拜的时候，读古兰经。当时，除了阿訇，只有老师傅持有古兰经。③为信徒杀生。信者的家里吃的鸡、鸭、羊、牛等家畜都是老师傅宰杀的。④葬礼的时候，除了主持祭祀之外，还承担清洗尸体的工作。成为老师傅的人必须具备以下条件。①恪守古兰经的教诲，每年吃素一个月。每天做 5 次祷告。②向阿訇学习阿拉伯语，能够阅读阿拉伯语的古兰经。③不吃猪肉、鳗鱼、水牛及死的动物。④在从事自己本职工作的同时，热心地为其他信徒服务。

当地的回族葬礼，由守灵、洗尸、包扎、入柩、丧仪、出葬等仪式组成。

守灵，是将死者的遗体放在堂屋的地板上，并且将身体洗干净在大的盆子里放置一晚，在这期间，家族的人和子孙要守在死者的周围。

洗尸，是指守灵之后，用水将遗体洗干净。

图4—6　许家桥乡回族村民

包扎，是用白布将遗体包裹好。

入柩，是把用白布包裹好的遗体放入清真寺中公用的棺材里。

丧仪，是朗诵古兰经和死者告别。

出葬，是将棺材搬运到墓地。埋葬的时候，将死者从棺材里移出来，只埋葬遗体。将棺材送回清真寺。

20世纪40年代初，许家桥乡老师傅有9人，1942年7—9月回族聚居区鼠疫流行时，主持葬礼的老师傅中有6人死去。

葬礼与鼠疫受害　李光府（1924年生，当时住在仁道乡中堰村）讲述

1942年，我们许家桥乡回族居住区域遭受了严重的鼠疫受害。当时，我回维乡人口大约400余人。

6月，中堰村丁家坪39岁的李先密，到常德城沙河街做牛生意，不幸染上鼠疫回家，发高烧、抽筋、淋巴肿大、呕吐、屙黑水。12日和14日，李先密和小女李光英先后死去。先密死后，留下妻女3人，田地无人耕种，经济绝源，生活十分贫困悲惨。

帮助李先密父女办丧事的丁如廷一家6口，在18日到25日的8天内死去5人，最后堂屋里还停尸两具。亲友们见此惨状，无不放声痛哭。丁家贫困，无钱买棺木，只得拆门板片钉成简单的匣子安葬，幼女冬梅无依无靠，后由伯父母抚养成人，至今健在。

由这两家连锁传疫，邻居又死去16人。中堰村处长形地带，分上下两个居民点。丁家坪位于下村，因亲缘关系，疫病传到了上村的马路坪、荷花堰，两个自然村又死去25人。

民族村的西庄坪、白家岗、樟树湾3个自然村与中堰村仅一港之隔，不是宗亲就是姻亲关系，探望病人或吊唁死者，因而病疫迅速传至3处。先后死去54人。其中李光福家已成绝户，连媳妇腹内快要生产的胎儿也葬身母腹。与中堰、民族两村毗邻的跑马村的跑马岗、永寺山、三德桥3个自然村共有16人死亡。三德桥汉族农民李德振，因挑货郎到民族、中堰村售货染病而死。

许家桥回维乡这个疫点，截至1998年11月底的调查，具有翔实材料证明死者117人，尚有无法查实或受害者没有直系亲属的死者数十人。

实际上，受害的范围扩展得更远。据我所知，李先密的妻兄马汉清，家住石门桥镇八斗湾村，相距30华里之遥，因吊唁先密父女而染疫，回家后就死了。跑马村嫁出去的黄末芳也因回娘家吊唁被传染，死在了婆家的驮古堤村，她丈夫家里死了7人。

我们家里也受害死了5个人。当时，我家是14口人的大家庭，有土地，生活得比较富裕，父亲和叔父能够上到高中。父亲先是在常德的银行工作，后来退职回到乡下当了学校老师。叔父一个人在常德城里的中学当老师。1940年代初，父亲和叔父分了家，祖父母和智力不健全的姑母随叔父夫妇一同生活，但是两个家庭住在同一宅院，共同抚养祖父母。

祖父母是虔诚的穆斯林，祖父很重视李氏一族的团结，和各家友好交往。因此，当村里出现鼠疫死者时，无论哪家的丧事祖父母都帮忙。很快祖父母就感染上鼠疫，死去了。之后，护理祖父母的婶母和我的嫂子、姑母也相继感染鼠疫死了。当时，我在广西省的高中学习没有在家。家里的受害状况，是后来从父母那里听说的。

我们家也成了别人家受害的传染源。同村的黄姓的一位婶母发病后，她的母亲从家里赶来看女儿，结果她母亲和黄家成员死了好几个人。

回族的葬礼，比汉族还要更严格地遵循传统执行。由老师傅为亡者净身，洗尸体，用布包扎，放入公用木棺内，站念圣经，然后由丧夫抬到公墓安葬。亲属、亲戚、好友均送葬到墓地，葬毕将公用棺送回到清真寺保管。日军的细菌战，不仅给我们带来了死亡，也破坏了回族数百年的传统。鼠疫受害者死亡的高峰期，老师傅因洗尸、包尸而死去6人，抬丧的死去8人，吊唁亲友者也死去不少。搞得人心惶惶，人人自危，恐怖气氛笼罩着这个疫区。结果是无人净身、包尸，无人敢抬丧。因天气炎热，有的尸体发臭，流尸水。埋葬也是异常草率，事后尸水外溢，尸骨随处可见，行人不敢过路，公用木棺摔在墓地无人抬回。（李光府1999年1月23日陈述书及对本人的访谈）

"死亡对于人类来说是需要解答的问题"，"现在地球上所能看到的人类所有社会，或者是已经消逝在历史及先史中的各个社会，都是把死亡作为文化中要解决的一个问题来设定，并且都对这个问题作出了相应的回答。"①

中国文化也和地球上其他文化同样，创造出了有关死亡的文化。通过诸如阴间、鬼怪、风水等在信仰世界里展开的想象，每个人具体的"死亡"，就与再生、祖先与子孙的纽带、生命回归大地等各种各样的意象相联结，这些想象和意象有助于人们克服对死亡的恐惧，减轻死亡带来的悲伤、不安和悲剧性。但是，原本是用以安慰人的文化，在细菌战这样一个特殊的环境下，完全无法发挥其本来的作用，因为成了民众抵制防疫政策、抗拒（西洋）医学的心理依据，反而助长了新的、更大规模的死亡。这是令人悲哀的，是重生厚葬文化的悲哀。

也许会有人埋怨文化的落后，老百姓头脑不开窍。但是，文化是与环境、经济以及社会生活的状况相匹配的，是历史积累的综合，不看这其中复杂的函数关系，仅用一个"先进、落后"的二元论公式归罪于文化是过于简单化的。

---

① ［日］内堀基光、山下晋司：《死の人類学》，第1—27页。

第 五 章

鼠疫发生后国民政府的对策与民众社会

从各地档案馆收集的细菌战相关史料

　　本章以常德市武陵区档案馆、湖南省档案馆、中国第二历史档案馆所藏政府防疫会议记录及防疫人员的报告书等史料、乡镇公所干事及乡镇警察所警察等公职人员的回忆、受害幸存者及遗属的陈述等为研究对象，参考中日两国历史学者的相关研究，将这些来自不同方面的资料进行相互对照和综合分析，以考察鼠疫发生后国民政府的防疫体制、对策及其效果。

一　国民政府的防疫体制及防疫活动

（一）常德县的防疫体制

　　1941 年 11 月 4 日，日军在常德县城内投下棉花、谷物等杂物后，县政府的卫生部门联想到 1940 年日军在浙江省衢县等地区实施的细菌战，马上收集了空投物，送到城内的私立广德医院进行检查。①

　　其后当地政府的动向大致如下。

　　11 月 5 日，县政府召开了紧急会议，有县医院、广德医院、防护团、乡镇政府等参加。会议中，广德医院报告了对日军飞机空投物的初步检查结果，并说明投放了鼠疫病菌的可能性极大。会议决定，向湖南省卫生处发电报，请求省政府马上派专家来常德。②

　　11 月 8 日，在县政府会议室再次召开防疫会议，参加部门有国民党常德县本部、县防空指挥部、县卫生院、驻军司令部、启明镇公所、长庚镇公所、沅江镇公所、三民主义青年团常德分团、红十字会第二中队、警察局、水警第二分队、国民兵团、保安第四大队、县商会、中医公会等。会上决定了以下事项：

　　　　（1）火急电湖南省政府及省卫生处，乞速派医师并携带药品器材来常以资防范。

---

　　① 容启荣：《防治湘西鼠疫经过报告书》，第 1 页，中国第二历史档案馆藏，档案号：372—706。广德医院鼠疫检查经过见附录谭学华手稿《关于日本帝国主义强盗在常德市施放鼠疫细菌的滔天罪行的回忆》。

　　② 邢祁、陈大雅主编：《辛巳劫难——1941 年常德细菌战纪实》，第 36 页。

（2）即日举行防疫大扫除。

（3）举行防疫宣传大会（与国父诞辰纪念合并举行），由县府严令各镇公所，饬每户派一人参加，并由卫生院及广德医院派人出席讲演。

（4）由卫生院及广德医院编拟防疾特辑，请民报、新潮报义务刊登，并拟制标语，分发各机关团体缮贴。

（5）推定由县卫生院、县商会、三镇，首先筹制捕鼠器壹仟具。款由商会筹垫，三镇公所负责推销。

（6）依照县政府捕鼠竞赛办法，定于本月30日起举行捕鼠竞赛，按成绩优劣，分别奖罚（由社会科李科长主办）。

（7）推由县警察局征在东门外觅借窑房一所，以作临时隔离医院。请由卫生院、广德医院、红十字学会负责治疗。俟首批疫苗发下，定期举行预防注射。①

在会议上，还成立了常德县防疫委员会，防疫委员会由常德地区的专员公署、师管区（民国政府军队的常德驻军）、县政府、防空指挥部、国民党常德县本部、三民主义青年分团、县警察局、县卫生院、广德医院、红十字会常德分会、中医公会、县商会、国民兵团等组成，组织简则由县卫生院拟定。

鼠疫菌投下后第7天即11日，12岁女孩蔡桃儿发病，于13日抢救无效死亡。这是常德城内出现的首例鼠疫死亡病例。此后事态恶化，死者接连不断出现，政府更加紧张起来。

11月20日，在行政专员公署召开的防疫会议上决定成立常德防疫处，由湖南省第四区行政督察专员欧冠兼任处长。防疫处共设总务股、财务股、宣传股、情报股、纠察股、补给股、防疫股等7个股②，如表5—1所示，各部门分别由军政民有关部门组成。③

---

① 《常德县防疫会议记录》（1941年11月8日），常德市武陵区档案馆藏，档案号：168—00054。

② 容启荣：《防治湘西鼠疫经过报告书》，第6页，国民政府战时防疫联合办事处编《疫情旬报》第1号，第2页，中国第二历史档案馆藏，档案号：476—198。

③ 《常德县防疫处三十一年度第二次会议记录》（1942年3月13日），常德市武陵区档案馆藏，档案号：168—00055。《常德各界防疫宣传会议记录》（1942年8月20日），常德市武陵区档案馆藏，档案号：168—00070。

表 5—1 常德防疫处内部构成

	股长	副股长	副股长	副股长
总务股	常德县长	专员公署科长	县府主任秘书	
财务股	湖南银行常德分行经理	商会主席	专署二科科长	县府财务科长
宣传股	青年团常德分团主任	《新潮报》记者	《常德民报》记者	
情报股	县警察局长	长庚镇镇长	沅安镇镇长	启明镇镇长
纠察股	统一检查所长	水上警察队队长	军警稽查巡查处长	
补给股	县党部书记长	防空指挥部主任		
隔离医院	院长方德诚	副院长王翰伯		

　　会议通报了成立临时隔离医院的进展，由警察局征借城外的地主住宅徐家大屋成立隔离医院，内设检查室、放射室、手术室等诊疗室及 3 间病房，共可收住 40—50 名感染者。在隔离医院周围挖掘了深 1.5 丈、宽 1.2 丈的沟，放上水，出入使用吊桥，以隔离老鼠进入。

　　同年 11 月中旬以后，中央政府、军队和红十字会派遣的防疫队终于相继到达。其后共投入了"计 20 支、共 200 名防疫队员"[①]。至 1942 年 3 月上旬，国民政府各部门、军队以及常德当地的卫生部门参加防疫工作的人员如下。

　　　卫生署、军医署及中国红十字会总会救护总队除调派人员前往防治外，湖南省卫生处第六战区及第九战区卫生防疫主管人员亦分赴该地指导防疫事宜。至参加常德实施工作人员计有第六战区司令长官部卫生处处长兼兵站卫生处处长陈立楷、战时卫生人员训练所检察学组主任陈文贵、卫生署医疗防疫总队第二大队长石茂年、卫生署医疗防疫第十四队、湖南卫生处主任技正邓一韪、工程师刘厚坤等。中国红十字会总会救护总队第二中队及第七三一队、军政部第九防疫大队第三中队、第四防疫大队第一中队、湖南省巡回卫生第三队、常德县卫生院、常德广德医院，此外，湖南省卫生处处长张维，卫生署外籍专员伯力士博士亦于 12 月中旬赶往指导一切。[②]

---

　　① ［日］江田宪治：《国民政府の防疫戦》，［日］松村高夫等著：《戦争と疫病——七三一部隊のもたらしたもの》，第 307 页。
　　② 《疫情旬报》第 1 号（1942 年 3 月 12 日），第 1—2 页，中国第二历史档案馆藏，档案号：476—198。

（二）国民政府的战时防疫体制

对于抗日战争时期民国政府的防疫机构，江田宪治有比较细致的考察，在此，在参考江田研究的同时，也引用第一手历史资料来加以说明。

20 世纪三四十年代的中国，对于人口来说，医院的数量太少，平均每间医院对应的人口是个很大的数字。而且，大部分医院集中在城市，农村的医疗状况尤为恶劣。因此，民国政府"从中央到地方实施卫生行政一元化，建立国立医院、省立医院、县卫生院、乡镇卫生分所等的卫生机构，通过建立地区密集型医院网络，以期改善中国的卫生状况"。

但是，这个网络在抗战之前未能完成。

中日战争爆发后，"军民频繁流动，难民数量不计其数"，很容易发生疫情。对于卫生行政所面临的新形势，国民政府采取了以下对策。

第一，各省设置"省防疫组织委员会"，由卫生署派遣的防疫专员和国际联盟派遣的防疫团、省卫生处要员、省警察署要员、医师会代表、商会和慈善团体代表等组成，置于卫生署管辖之下。县级按照省级模式亦设置县级防疫委员会和防疫处。

第二，成立军事化管理的防疫专家队。专家队依照"在各地移动，负责一定区域的卫生和医疗活动，发生传染病时立刻赶往疫区"的原则成立，由行政（卫生署）、军（军政部）、红十字会总部各自组成数队。上述赶往常德的防疫队就属于此类。

第三，成立战时防疫联合办事处。

当时，专家队的防疫官员、医生、护士、检查技师等的总人数不多（1940 年时约 1200 人），而传染病却频繁发生。因此卫生署、军部、红十字会等联合成立了战时防疫联合办事处。目的是为了便于各部门之间的合作，以期更有效地开展医疗防疫活动。

办事处负有以下职责：①收集和传达疫情。②制定防疫计划。③决定防疫实施办法，下达指示要求各单位执行。④对防疫活动进行现场指导。①

办事处为了通报疫情，从 1940 年 6 月起，陆续开始发行《疫情旬报》、《鼠疫疫情紧急报告》等刊物。各地区疫情主要通过派遣到各地的

---

① ［日］江田宪治：《国民政府の防疫戦》，第 293—296 页。

防疫队以及各级行政卫生机关收集。这些刊物的内容反映了当时政府所掌握的细菌战受害情况以及防疫体制的动向，对研究细菌战受害状况来说，是很珍贵的资料。①

第一章中介绍了战时防疫联合办事处处长容启荣于1942年5月对常德地区进行了视察，恰在那时，距常德约20公里的桃源县也发生了鼠疫。

由此容启荣提议，将常德防疫处变更为湘西防疫处，负责防治湘西地区的鼠疫，其下新设桃源防疫分所。② 湘西防疫处由湖南第四区行政督察专员张元祐兼任处长，常德县长戴九峰任副处长，卫生署专员伯力士任技术顾问，卫生署医疗防疫总队第二大队施毅轩任技术督察长，湖南省卫生处卫生试验所长王世辅负责联系。至1942年12月，参加湘西防疫处防治工作的军民防疫卫生医疗单位有：

1. 卫生署：医疗防疫总队第二大队所属第十四巡回医疗队，第二卫生工程队，第二细菌检验队及第四防疫医院。为加强该地防疫机构起见，最近已电调驻辰溪之第十五巡回医疗队驰往参加工作。

2. 军政部第九防疫大队第三中队及驻常德桃源各军医院。

3. 湖南省卫生处巡回卫生工作队、常德县卫生院、常德广德医院。

4. 中国红十字会总会救护总队第四中队第一一一、第七三一及第四七二队。

（三）政府的防疫措施

容启荣视察常德地区后，同年9月提交了《防治湘西鼠疫经过报告书》。此外，同年湖南省卫生处整理了《湖南省防治常德桃源鼠疫工作报告》。

这两份报告书不仅记录了政府所采取的防疫措施及所掌握的疫情变

---

① 写作本章主要参考了以下中国第二历史档案馆藏资料：《疫情旬报》第1号、第2号、第4号、第5号、第6号、第7号、第9号、第26号、第37号，中国第二历史档案馆藏，档案号：476—198。《鼠疫疫情紧急报告》第27号、第29号、第30号、第31号、第32号、第33号、第34号、第36号，中国第二历史档案馆藏。上述资料由中国湖南文理学院教授、历史学者陈致远前往南京中国第二历史档案馆搜集并提供。

② 湖南省卫生处：《湖南省防治常德桃源鼠疫工作经过报告》（1941年11月至1942年4月），第11页，湖南省档案馆藏，档案号：74—3—6。

化，也能窥见政府措施的意图，以及政府对于民众抵制防疫活动的困惑。根据两份报告书，当时国民政府的防疫措施大致如下。

第一，设立报告制度。容启荣的报告书反映了政府的认识，"疫情犹如作战，疫情报告与敌情报告是同样重要。务须迅速准确及严密方能事前防备或及时管制，染疫患者能得早期治疗，其复原之机会较多，迅予隔离转移传染之机会减少"。防疫处竭力进行了下列工作：①所有医院及开业中西医生若发现鼠疫或疑似鼠疫病人时应即报告，防疫处派员复诊。②警察局所暨乡镇公所应督饬保甲长随时查询所辖各户，遇有疑似鼠疫发生即应报告防疫处。③所有死亡应由家属于当日分报保甲长及警察局所转报防疫处，填发安葬许可证。其有疑似鼠疫症状须经检查、病理检查后始可填发安葬许可证。④有死鼠发现之地带，由防疫处派员挨户搜集并随时以侦查有无染疫患者。⑤办理疫情报告应列入警察暨乡镇公保甲长之考试。

第二，实施隔离治疗。"鼠疫传染至烈，尤以肺鼠疫为最危险，故染疫者必须强制隔离。"湘西防疫处在徐家大屋设隔离医院后，也曾计划购船设立"水上隔离医院"，但因经费不足未能实施。①

第三，对鼠疫患者家里进行消毒。"鼠疫病人经送医院隔离治疗，或染疫尸体已妥当处理后，所有患者居住地方及日常用具均应予以彻底消毒，必要时得予以局部烧毁，并应同时杀灭染疫鼠族及蚤类，以杜传染。""限病家迁出原址，移住他处将户封闭。"②

第四，对鼠疫死者遗体的处理。1941年11月末前后设立隔离医院的同时，在西门外等处建造了火葬炉。对鼠疫死者遗体强制进行火化的措施，民众的抵制十分强烈，隐藏尸体、偷走尸体的事情接连发生。因此1942年4月另设了鼠疫患者专用的墓地，允许土葬。

第五，对患者家属实行留验制度。

所谓留验，是指强制性地将鼠疫患者家属带至隔离医院观察，直到潜伏期时间过去，容启荣报告书中说，"其留验期间经法定为七日，已证明并未染疫即可恢复自由"，并对肺鼠疫及腺鼠疫患者的家属采取区别对待政策。

---

① "水上隔离医院"计划在容启荣和湖南省卫生处的报告中可见，但其后未见相关实施记录。在当地走访调查时也未听到相关信息，因此可推断该计划可能未付诸实践。

② 湖南省卫生处：《湖南省防治常德桃源鼠疫工作报告》（1941年11月至1942年4月），第14页。

肺鼠疫病人之亲友必须强制迁入留验所留验，至于曾与腺鼠疫患者密切接触之人经防疫处重新规定，仅限期迁出原址移住他处，并将疫户封闭，以便施行病家消毒及杀鼠灭蚤等工作。待封闭解除后，方可迁回居住。但在迁居期内，仍须将迁移住址报告警察局及保甲长以便随时派员访问有无鼠疫发生。此项变通办法其规定实系迫不得已。

第六，交通检疫，即在干线道路和河流沿岸设检疫站进行检疫。容启荣在报告书中写道，政府"原拟在川湘、湘鄂、湘黔、湘桂等水陆交通要道设置检疫站，所有来自常德、桃源之旅客，一律须受检查有无染疫症状，并将所有车辆船舶及货物予以消毒灭鼠及灭蚤"。

容启荣具体建议湘西防疫处采用如下检疫原则。

1. 常德及桃源城郊之水陆交通要道应设置检疫站，次要水陆路得设检疫哨，其不重要之小路在距城数里地带予以破坏。

2. 所有经过检疫站哨之船舶车辆及肩舆均须接受检查，若发现鼠疫或疑似鼠疫病人即送隔离医院，其行李应予消毒灭蚤之处置。

3. 所有出入疫区之旅客须一律接受预防注射。

4. 凡由各产地或商埠通过常德桃源之船只，如专载运往他县之五谷棉花及其他能隐藏鼠类之货物，应严禁停靠。

5. 凡由外埠的运入常德桃城区源之货物，得自由运输，但五谷棉花被服等绝对禁止由常桃城区外运。

6. 常桃县属境内准备外运之五谷棉花等物应存贮与疫区范围之外，各仓库并须具有防鼠设备。其设置地点由防疫处指定之。

7. 所有经过常桃又准予停留之船只，日间可在江面两岸停靠，黄昏后至清晨天明止须移向江心，离岸两丈以外之处，抛锚并应抽去跳板。所有上下行船只黄昏与天明之间 1 年禁止通行。

8. 凡由疫区出境之病人，必须向防疫处请领出境许可证，验可放行。

9. 凡由疫区迁运出境之尸体，必须领有防疫处签发之安葬证，始可放行。

10. 凡发生鼠疫及鼠疫病人之船只应施行灭鼠灭蚤之消毒措施。无预防注射证之船员及旅客，应留验 7 日。如发现肺鼠疫时，所有旅客及船员均应留验 7 日。

　　11. 遇有肺鼠疫流行时，得由军警协助完全断绝交通，其无特别通行证者一概不得出入疫区。

　　第七，杀鼠灭蚤。防疫官员认为"减少鼠族及蚤类之数量即可减少鼠疫传染之机会"，因此灭鼠成为当务之急。主要采用传统的放置捕鼠笼、捕鼠架和用碳酸钡制作毒饵进行捕杀等方法，但都收效甚微，反而增加了跳蚤离开死鼠转而咬人的风险。又试行化学熏蒸法，药品由美国运来，并且用煤焦油及肥皂制成乳状灭蚤液，灭蚤颇有成效，但是需要大量煤焦油，采购不易。

　　老鼠检查的结果如表 5—2 所示。

表 5—2　　　　　　　　　湖南常德鼠族分类检验结果统计表

1942 年	1 月	2 月	3 月	4 月	5 月	6 月	7 月	8 月	9 月	合计
受检鼠数	24	168	810	359	212	259	128	337	440	2737
感染鼠数	5	32	181	159	29	9	1	4	8	423
感染率	20.83	19.0	22.35	44.29	13.68	3.47	0.78	1.18	1.81	

资料来源：容启荣《防治湘西鼠疫经过报告书》表一（略有简化），第 18 页。

　　1942 年 10 月，老鼠的鼠疫感染率突升至 25%，由此湘西防疫处发放"捕鼠奖券"，抓到老鼠可兑换奖券，定期举行奖券抽奖大会进行奖励。居民积极参与，老鼠的数量减少了一些。

　　第八，打预防针。对除孕妇和幼儿以外的居民实施预防注射，是从一开始就实施的防疫政策。至 1942 年 10 月，根据老鼠的鼠疫感染情况，主要实施了以下两种措施。

　　在鼠间鼠疫感染率较高时期，采取强制注射疫苗的方法，在军警协助下，居民无论自愿与否一律强行注射。在其他时期，采取政府宣传、呼吁注射的自愿方法，居民自愿接受注射。1942 年 10 月以后，中止了比较平和的劝导法，开始实施一律打预防针的强制注射法。

　　第九，防疫宣传。大致进行了以下一些宣传：①三青团每周编辑壁报，张贴在城内闹市区和住宅密集区。②在当地报纸上实时刊登有关鼠疫的消息和预防知识。③湘西防疫处向居民发放防疫小册子，并举行防疫宣讲会。④各防疫队将防疫宣传口号刷写在墙上，在街头挂出横幅，⑤上演街头剧，散发传单等。

另外，还实行了一些临时性的措施，比如，1942 年春季鼠疫又出现高峰时，湘西防疫处作出决定："1. 疫区学校迁移，2. 戏院、电影院、浴堂暂行停业候命复业"①。

（四）桃源县的防疫

第三章第三节中介绍了 1942 年 5 月桃源县莫林乡李家湾村流行鼠疫，死亡 16 人的情况。

其后，桃源县政府采取了以下的措施：

（1）隔离李家湾村。大约有 3 个月时间禁止村民外出，外人也禁止进入。

（2）实施预防注射。给桃源县居民打预防针，李家湾的村民全体接受预防注射。

（3）观察老鼠的感染情况。这项工作在李家湾鼠疫流行前就已开始，1942 年 4 月 30 日首次在桃源县城内发现感染的老鼠，其后数量逐渐增加，5 月间 204 只中有 5 只、6 月间 227 只中有 8 只染疫鼠。参见表5—3。

表5—3　　　　　　　　桃源县老鼠检疫结果统计表

1942 年	4 月	5 月	6 月	7 月	8 月	9 月
检疫数	83	204	227	83	56	30
感染数	1	5	8	1	0	1
感染（%）	1.20	2.45	3.52	1.20	0	3.33

资料来源：容启荣《防治湘西鼠疫经过报告书》表二（略有简化），第 19 页。

二　政府档案记录的民众对防疫措施的抵制

如前所述，鼠疫发生后为防止疫情扩大，政府制定了各种防疫措施。后文还会介绍，有一部分染疫者经过防疫队的治疗奇迹般地恢复了健康。

---

①　《常德防疫处设计委员会第三次会议记录》（1942 年 4 月 18 日），常德市武陵区档案馆藏，档案号：168—00062。

但是从整体来看，染疫死亡者数量远远多于幸存者。

而且，如第四章石公桥镇幸存者所述，绝大多数的家庭都是在出现了死者之后才去求助于防疫队。因此不得不说，政府的防疫措施有很多都是纸上谈兵，政府防疫部门负责人及参加防疫工作的医疗人员都承认其效果不佳。下面逐项探讨政府防疫措施的效果。

第一，报告制度。

第四章提到，家里人感染了鼠疫，全家人保守秘密，想方设法避免被邻居和保甲长知晓。有的让医生开具假的诊断书，大多数家庭避开保甲长耳目趁夜黑偷偷地将患者及死者运出城。根据常德细菌战受害调查委员会的调查，常德城内 297 名死者中，有 275 人是被偷运出城埋葬的。①

在这种情况下，政府没有能够掌握随时变化着的真实疫情。

对这一情况，容启荣是这样报告的：

> 常德鼠疫爆发时，疫情侦查工作尚为妥善，其后日久此项工作逐渐松懈，时有隐匿不报或延迟报告事情。本年三月至七月间，鼠疫再度流行，染疫人数共三十一例，其中十七例系经为检验遗尸体然后发现。而于鼠疫流行之五个月期间内，在六万余常德人口中经检验之尸体共计只三十七具。以四月间检验二十个尸体即发现十一个死于鼠疫。在死者患病期间内防疫处并未得到报告。由此可推想，常德春季鼠疫流行染疫人数报告遗漏者或恐不少。②

第二，关于隔离治疗措施。

由于家属隐瞒患者和死者，虽然制定了借军警之力实施"强制隔离"的措施，但是，在连哪里有患者都不知道的状态下，要实施强制隔离实在是难以实现。而且被强行送入隔离医院的患者多数不治而亡，更增加了家属和亲人对隔离医院的不信任和怨恨。

容启荣在报告书中也记录了政府与居民之间对于隔离治疗的龃龉：

> 此紧急措施，无识及自私之徒反对至甚。又因患者因就医过迟救

---

①　《陈致远鉴定书》，第21页。
②　容启荣：《防治湘西鼠疫经过报告书》，第10页。

治无方，遂多归罪于隔离医院。

与近年调查所得的近 300 名死者这一数字相比，被送往隔离医院的人数甚少，早期发现被送往隔离医院接受治疗的更是微乎其微。容启荣在报告书中记述如下：

> 今春鼠疫再度流行时，经施用磺苯胺噻唑，治愈者七人，其中二人具有肺鼠疫症状，余为腺鼠疫及败血性鼠疫。故并非不治之病，但须早期就医，俾所用药得充分发挥其效能。自三十年十一月二十日常德设隔离医院成立后迄八月底止，收治病人二十五名，其中十二名经诊断证实为鼠疫患者，并与当地私立广德医院充分合作，必要时由该院代为收治，计经广德医院治疗之鼠疫病人共七名，其中三名系在恢复期内由隔离医院送往休养。[①]

第三，关于患者家庭实施消毒的措施。

不仅对住宅及周边进行消毒，还封锁住宅和对必要物品进行焚烧。1942 年 4 月初，第六战区司令陈诚发电报给常德防疫处，指示了 8 项防疫办法，第 7 项为，"利用各种方法灭鼠，认为有效时，不顾一切实施焚烧房屋"。其后，4 月 14 日常德防疫处会议上，作出决定"如至万不得已时，遵照电令办理（即烧毁房屋而不惜）"[②]。在笔者所接触的受害者家庭范围内，虽然没有家宅被烧毁，但是有家宅被封，一时间家人不得不搬迁他处，而患者家属要找到安身之处是极为困难的。政府的措施让受害者家庭雪上加霜，因而遭到了当事者的反对与抵制。

第四，关于鼠疫死者的遗体处理。

容启荣在报告书中承认，"在常德实行火葬时布置未周"，出现了一些问题。比如，"闻曾有并非染疫尸体亦予火葬，并有时数具尸体一同焚烧，甚或用同一火葬炉焚烧疫鼠，遂引起死者家属之怨恨及一般民众之反感。由是染疫者乃隐匿不报或分向四乡逃避"[③]。

---

① 容启荣：《防治湘西鼠疫经过报告书》，第 11 页。

② 《常德防疫处三十一年度第三次会议记录》（1942 年 4 月 14 日），常德市武陵区档案馆藏，档案号：168—00064。

③ 容启荣：《防治湘西鼠疫经过报告书》，第 12 页。

如果违反火葬令私自埋葬染疫死者的事情被告到防疫处,有可能会动用警察挖出尸体,强制进行火化。这种过激手段招来民众更深的怨恨,双方的对立日益严重。因此1942年4月伯力士提议停止火葬,改在隔离医院附近设置鼠疫专用墓地,施行土葬。[①] 常德受害调查委员会调查的城区297名死者中,至少有275人是被亲属土葬的[②],而且基本上都没有葬在政府设置的专用墓地中,而是由其亲属葬在家族墓地或是乱葬岗。

第五,患者家属留验制度。

这项措施实施过程中也遇到了很大的困难。当时,政府并没有设置专门供患者家属留宿的场所,"留验所附设于隔离医院内,设备不周。患者家属多不愿入内留验。故遇有鼠疫发生,即隐匿不报,或协助患者潜逃"[③]。

第六,关于交通检疫。

实际上,容启荣在提出具体建议时就已经意识到,交通检疫不易施行,"事体甚大,耗资至巨,非战时人力财力所及,且实施时技术上之困难更多。例如大量棉花五谷及络绎不绝之旅客行李等,事实上均无法彻底消毒",政府资料中从未见过对这一措施成果的报告。实地调查时,亦了解到这一措施实际上只是纸上谈兵。

虽然在各城门设置了检疫处,规定过往行人需要出示已经打了预防针的注射证,如果没有证件就要就地补打,但是,城墙缺口随处可见,不愁躲不开这一针。第三章中提到的在常德城区感染鼠疫的桃源县莫林乡猪贩李佑生,就是为了避开检疫处而从城墙缺口进出城区的。[④] 也有的人购买他人的注射证以逃避打针。

另外,虽然有禁止船舶夜间航行的禁令,但是管理松弛,而且即使鼠疫在流行,经济活动也无法停下来,谷物、棉花、被服等禁运品也依然流通不误。

第七,关于灭鼠捕鼠。

实地调查中,听到不少老人提起灭鼠捕鼠。据他们讲,当时规定每家

---

① 《常德防疫处计划委员会第二次会议记录》(1942年4月11日),常德市武陵区档案馆藏,档案号:168—00058。

② 《陈致远鉴定书》,第12页。

③ 容启荣:《防治湘西鼠疫经过报告书》,第12页。

④ 邢祁、陈大雅主编:《辛巳劫难——1941年常德细菌战纪实》,第20—21页。

必须抓到一定数量的老鼠，之后交给甲长保长，由甲长保长定期将收集到的老鼠交到指定的地方。那时没有任何防疫手段，也没有条件进行彻底消毒，现在回过头再看这一措施，虽然已经过去了几十年，人们还是有些后怕，说如此防疫反而增加了被传染的可能性。

防疫处命令各保甲必须上交一定数量的老鼠，但是，几乎所有的保甲都达不到规定，为此，防疫处多次在会议上就如何动员民众捕鼠进行了讨论。① 从 1942 年 8 月湘西防疫处会议记录可见，虽然鼠疫流行已一年半以上，但是还没有找到适当的办法捕鼠灭鼠。此会研究的主要问题之一"就是要检验老鼠以明疫源潜伏之情形，原来规定各镇捕送老鼠检验之办法均未能切实做到"。

第八，关于打预防针。

预防针是分两次进行，之间相隔 6 个月。这也是一项实施起来异常困难，最让防疫处头疼的措施。容启荣在报告书中写道："今春常德鼠疫再度流行时，有染疫者 31 人，其中 24 人死亡，均未经预防注射。"②

1942 年 3 月，常德防疫处会议上，制定了"普通防疫注射应如何推进案"，规定了以下实施办法。

　　1. 本城住民除孕妇婴儿及重病者外，一律予以鼠疫疫苗注射。

　　2. 防疫注射以挨户实施为原则，由保甲长领导军警协助按户籍名册一一举行注射后，登记姓名，发给注射证。

　　3. 第二次注射后，加盖印章为凭方免再受注射。

　　4. 注射日期由保甲长预先通知，借故躲避或故意违反者，由县府勒令疏散或封闭其住宅。

　　5. 注射后由县府指派干员按户籍册查验注射证，无证者押解附近之医务机关补行注射，并查明原因分别惩处。③

看上去规定很详细，但实际效果并不好。至 1942 年 5 月止，城内 6

---

① 比如，《常德防疫处三十一年度第二次会议记录》（1942 年 3 月 13 日），档案号：168—00055；《湖南省湘西防疫处第一次防疫会议记录》（1942 年 8 月 17 日），档案号：168—00066；《湖南省湘西防疫处座谈会记录》（1943 年 3 月 7 日），档案号：168—00074 中，均有记载。

② 容启荣：《防治湘西鼠疫经过报告书》，第 15 页。

③ 《常德防疫处三十一年度第二次会议记录》（1942 年 3 月 13 日），档案号：168—00055。

万居民中，仅有 28425 人接受了注射，还不到总人数的一半。其中完成了
2 次注射的仅有 9403 人。①

表 5—4　　　　　　　　常德预防接种人数每月统计表

		第一次注射	第二次注射	合计
1941 年	11—12 月	2909	1353	4262
1942 年	1 月	2370	790	3160
	2 月	2750	1180	2930
	3 月	4568	2630	7198
	4 月	6407	2779	9186
	5 月	1018	671	1689
	合计	19022	9403	28425

资料来源：容启荣《防治湘西鼠疫经过报告书》表七。

同年 8 月湘西防疫处的会议上，对于"如何贯彻预防注射"这一问
题又做出了以下决议。

秋季鼠疫之患亟应早为预防，关于防疫注射应采何种方式始能达
到普遍注射之目的案。决议：

1. 限城区各镇公所以保为单位，造具户口名册，呈送防疫处，
按照名册办理。

2. 预防注射开始日，首先注射各机关公务人员，在每次注射时，
通知机关长官领导全体员丁集合注射，以为人民鼠疫预防注射之倡
导，再以保为单位挨户注射。倡导注射地点设在府前街广场。

3. 普遍注射时，派武装兵若干管制交通，封锁各要道口，然后
由保甲长劝导民众循序注射。

4. 流动军民注射工作，由各检疫站切实办理。

5. 注射时切实注意消毒。因重病人、孕妇、婴儿、老弱不能即
行注射者，由注射人员酌情考虑，孕妇由女工作人员酌情办理。②

---

① 容启荣：《防治湘西鼠疫经过报告书》表七。
② 《湖南省湘西防疫处第一次防疫会议记录》（1942 年 8 月 17 日），常德市武陵区档案馆
藏，档案号：186—00066。

时至 1943 年情况仍未改善。为防止鼠疫在春季再度爆发，中央卫生署给常德送去了鼠疫苗。常德政府意识到："此次送来的鼠疫苗等项药品，价值昂贵，约在百万元之谱。际此欧亚战争激烈之时，来源缺乏，运输困难，且此项药品有时间性，故须及时应用，以期无负中央关怀湘西鼠疫之盛意。"

3 月 7 日，由湘西防疫处召开的有常德警备司令、县长、国民党县支部、中医界、三青团、新潮报社、警察局、水警，各镇公所、城区保长等参加的座谈会上，中心议题仍是如何贯彻预防注射的防疫政策。与会者们都深刻认识到民众对预防注射的强烈抵制。

本处于去年冬季举行此项注射工作时，民众多有畏惧规避者。殊属不明利害。要知鼠疫一旦爆发，传染最速，到了病急之时再来医治服药，那就迟了。本处施行预防注射，就是"防重于治"的意义。

过去本处施行注射工作时，系采用 1. 按户注射，2. 设站注射，3. 交通管制强迫注射三种方式。因为一、二两种方式均未收到相当效果，最后才用第三种方法施行强迫注射。但是结果仍然不佳，不仅规避者多，而且怨言不少。

本处为谋注射工作推行顺利起见，特请各位来此商讨除此三种方式之外，有无其他更较妥善的方式。①

座谈会是为了打破预防注射的困难局面而召开，但是，并没有人能够提出有效的解决方案。

常德警备司令部刘司令洸汉意见：1. "防疫如作战"，防疫工作应以军事上非常办法处置之，故预防注射亦须严厉执行。2. 宣传工作不够，亟应加强宣传力量及劝导方式。3. 捕鼠工作仍应采用开奖办法，不必待省方核准，希望继续速办。4. 注射工作人员态度要慈蔼，随时利用机会予民众以讲解。5. 未经注射民众不发给购盐证。

常德县长戴九峰的意见：1. 应先召集保甲长切实宣传劝导，然后再由保甲长取出户口册挨户注射。如保甲长自认无控制民众的能

① 《湖南省湘西防疫处座谈会记录》（1943 年 3 月 7 日），常德市武陵区档案馆藏，档案号：186—00074。

力，即报告防疫处实行强迫注射。2. 交通管制受注射者以多路过之人，对本市民众实无多大效果，不如暂缓停实行。3. 略。4. 各保甲如自动参加注射，成绩良好时应请予以奖励。

对于警备司令刘洸汉的"未经注射民众不发给购盐证"的意见，启明镇镇长马上提出了不同意见，"购盐证并未注明姓名，故凭购盐证实施注射最易发生流弊"。

针对民众如此抗拒打预防针等防疫政策的实施，容启荣一方面承认"防疫机构之不健全，经费之不充裕"是重要原因，但是，他也清楚地认识到，根本问题在于政府的防疫方针与民众的认识之间有着相当大的差距。但是，从报告书看，容启荣并没有意识到民众的认识与传统的民俗文化有关，而认为这主要是由于日军的间谍活动造成的。

> 办理防疫工作平时已属不易，战时疫病不断流行，限于人力物力，困难自必更多。防疫犹如救火，又实际与病菌或其他病源作战，所采用之方法，为谋集体安全，时时必需强制执行，侵犯个人自由，或有时烧毁疫区牺牲物资，或管制交通。① 影响商业。一切紧急措施均难得一般民众之避免之谅解。②
>
> 即就施行预防注射一项而论，许多具有高等教育者尚且拒不接受，是则知识水准较低之民众更难期其乐于接受矣。
>
> 常德自敌机散布鼠疫后，卫生人员不避艰苦不顾危险努力防治工作，以期消灭敌人施用细菌战术之企图。谁知当地民众反视卫生人员如寇，有殴打防疫人员事情。同时谣言四起，有谓常德鼠疫系所伪造以骗取防治经费，有谓检验尸体实因外籍医师伯力士欲挖割眼睛及睾丸以制造汽油，亦有谓得病身死之人系因曾被强迫接受所谓"预防注射"。
>
> 凡此种种无稽谣传，其影响于防治工作之推进甚大。鄙意以为，暴敌既有自控中借飞机散布病菌之证据，则于地面难免有奸人之组织

---

① 笔者在常德市内访谈调查时了解到，1941 年 11 月，对连续出现死亡病例的鸡鹅巷、关庙街、高山街等街区被军警封锁，一段时间内禁止人员进出往来。

② 如前述，1942 年 4 月鼠疫死亡病例不断出现的高峰期，县政府下令学校停课甚至搬迁，旅馆、戏院、澡堂、饭店停业了一段时间。

以图破坏我方防御计划及设施，此点至堪注意。①

第九，关于防疫宣传。

容启荣在报告书中谈到，防疫工作"应特别注意于民智启迪，卫生教育之宣传，以提高其合作兴趣"。但是，常德的防疫宣传并没有达到目的，工作"收效甚微"，他将原因归结于宣传手段过少，缺少严密计划，有"奸人煽动"等。

> 宣传工作除在报刊随时发表当地疫情外，其他文字图画及口头等等宣传方法均未充分利用，即或利用亦未有严密计划及一定目标，故收效甚微。因此，当地民众对各项防疫工作多不了解，且易受奸人煽动而起来反对，其影响于防疫实施至大。查防疫宣传所需宣传资料应由卫生技术人员供给，至实地宣传工作应予党政军各方面充分合作，利用现有各种组织机构，务须深入民间。②

对此，伯力士看问题的角度与容启荣的有所不同，伯力士将公共卫生宣传与防疫注射、捕鼠灭鼠等作为防疫政策的3根支柱，关于宣传，他强调应该根据鼠疫主要流传于贫困层的特点，根据工作对象采取相应的宣传手段。

> 鼠疫主要流行于贫民层，仅靠报纸、海报、宣传册子、公共集会演说等手段是不够的。因为贫民鲜能识字，劳作繁忙亦无法参加集会。最应推广的是在他们方便的时候逐户上门宣传。③

"高高在上"一词常用于形容游离于庶民之上的官衙中的官员们。防疫政策推广不顺利时，将原因归咎于民众"知识水准较低"、"易受奸人煽动"等，虽然也提出"务须深入民间"，但是对民情、民心却缺乏了解，情况紧急时就采取强硬姿态对待老百姓，政府官员们的姿态正是高高在上的。相比之下，外国人伯力士似乎却更能够正视民众的实际情况，灵活应对。

---

① 容启荣：《防治湘西鼠疫经过报告书》，第9—10页。
② 容启荣：《防治湘西鼠疫经过报告书》，第15—16页。
③ ［日］松村高夫：《湖南常德细菌作战——1941年》，松村高夫等著：《戦争と疫病——七三一部队のもたらしたもの》，第253页。

三　战时自上而下的防疫体制

由前文可知，常德县的防疫工作基本上依靠行政命令，以警察为后盾，由保甲进行监视来强制推行。

为什么必须采取强制性措施呢？是因为处于战时的紧张状态，还是由于国民政府的体制性原因，或是由于因袭传统文化习俗的民众对防疫工作的强烈抵制？笔者认为，这三种原因都在起作用，是相辅相成的。

这里无意进一步展开更为详细的分析，仅需要指出的是，从防疫相关资料看，强制推行防疫，与军队参与防疫工作，以及政府的强制性体制有很大关系。

（一）军队参与防疫工作

军队在防疫工作中所起的作用，有两个显而易见的特征。

第一，站在指导性立场上对防疫工作的方针及人员派遣等提出意见。

前面提到过战时防疫联合办事处处长容启荣亲自赶赴常德，其实卫生署也是因为收到了第六战区司令陈诚发来的督促电报，才派容启荣前往的。1942年4月21日刊发的《鼠疫疫情紧急报告》第29号中，有如下记载：

> （前略）
>
> （二）卫生署接第六战区司令陈诚4月12日电：闻于常德鼠疫流行，已饬第二十集团军总部会同第四防疫大队派员在湘省河洑、澧县、津市、南县、安乡等地，分设检疫所站，办理过境军民检疫工作。查常德为产粮区域，关系本战区军食至巨，目前鼠疫复趋严重，若不即予扑灭，为患堪虞。请署饬专员负责设法扑灭以利戎机。
>
> （三）卫生署已再电饬驻常各防疫人员一体注意加紧防治，并加派该署防疫处长容启荣克日飞桂转湘督导防治工作。又适湘省卫生处处长张维来渝述职，事因地方防治工作重要，并令饬该处长偕同容处长克日遄返疫区主持工作。①

---

① 《鼠疫疫情紧急报告》第29号（1942年4月21日），中国第二历史档案馆藏，档案号：00009—00039。

陈诚之所以非常关心鼠疫的防治，主要的理由就是，"常德为产粮区域，关系本战区军食至巨"。陈诚还直接发电报给常德县政府，督促防治工作。同年 4 月 14 日《常德防疫处三十一年度第三次会议记录》记载，此前刚收到第六战区司令官陈诚发给常德防疫处之电报，下达了关于防疫工作的 8 项具体指示。其内容如下：

　　防疫处张兼处长：
　　据报常德鼠疫复发为患甚烈。经饬据第四防疫大队长彭达谋拟具防治办法八项，核尚可行，兹抄录如下。
　　1. 常德已成立临时防疫处，继续集中防治鼠疫，行政大权指挥都督率所有医务人员从事防疫，由集团军总部协助强制执行一切。2. 技术方面由卫生署伯力士主持指挥各项技术工作。3. 常德全城厉行检疫，所有军民均应强制执行鼠疫注射。4. 江中船舶一律不准靠岸，沿江边设置船港口十个，以离岸二丈为合格，通岸之跳板中间须投防鼠设备，夜间须将跳板拆除。5. 通他县之各大道须有健全之检疫站附设留所。6. 强化隔离医院治疗工作。7. 采取一切方法灭鼠。认为有效时，不顾一切实行焚烧房屋。8. 军队驻扎常德地区时，需离城五公里以上。运送的军粮需检查其中是否有鼠后方可启用。
　　望酌情考虑予以执行。①

收到陈诚的电报后，常德防疫处召开会议，对 8 项指示逐项进行了讨论。上述会议记录中可以看到以下内容：

　　讨论事项五：第六战区司令长官陈诚指示本处防疫办法八项应如何切实遵行案。决议：1. 第一项至第四项，历次会议均有决议，各有关单位应照案切实实施。
　　2. 第五项，本会本年第二次会议已有决议案，因人力财力均感缺乏，尚未实施。今再决定：a. 请伯力士专员、梅主任朝章、方院

───────────

① 《常德县防疫处三十一年度第三次会议记录》（1942 年 4 月 14 日），常德市武陵区档案馆藏，档案号：168—00064。

长德诚、刘队长凤岗、马队长植培等五人详拟计划，提会讨论。b. 由常德师管区、保安第四大队各派士兵一百名，请伯力士专员训练，先行担任一星期之检疫。c. 电请霍总司令派兵两连，担任检疫工作。

　　3. 第六项由方院长德诚、王副院长瀚伯迅拟加强计划，提会讨论。

　　4. a. 第七项除加紧厉行灭鼠外，人民应自动献金防疫，免其蔓延，以求全常德人民财产。b. 如至万不得已时，遵照电令办理（即烧毁房屋而不惜）。

　　5. 第八项通知驻常的各部队遵照，但担任防务之部队不在此列。

　　第二，从上述常德防疫处防疫会议第二项决议可以看出，军队派遣士兵参加了各项防疫工作，如在城门口、路口设置的检疫站检验过往行人，强制打预防针时封锁出入路口等。其他的防疫会议记录里亦有相关记录。

　　在陈诚来电之前，纠察工作主要是由被委任为常德防疫处纠察股的常德警察局、军警稽查处以及水警负责的。

　　　　常德防疫处三十一年度第二次会议记录　1942年3月13日（仅摘要有关部分，以下同）

　　　　讨论事项二：检疫工作应如何实施案。

　　　　决议：4. 检疫工作由检疫队担任，函请海关及纠察股协助。

　　　　讨论事项三：应如何训练保甲长及协助之军警以利防疫工作案。

　　　　决议：3. 军警训练由保安队及警察局各选士兵及警察各五十名，在各队局训练防疫要点四小时，水警亦应派警参加。

　　　　5. 受训完毕之军警，随时派出协助防疫工作。

　　而在陈诚指示了"由集团军总部协助强制执行一切"的电报后，军队"武装士兵"参加防疫工作的记录也增加了。

　　常德防疫处设计委员会第二次会议记录　1942年4月11日

　　　　讨论事项二：检疫工作应如何严格执行案（伯力士专员提）。

　　　　决议：原则通过。办法1. 调派武装士兵两百名请伯力士专员训练之。

常德防疫处设计委员会第三次会议记录　1942 年 4 月 18 日

讨论事项七：防疫工作人员识别证如何制备案。

决议：官佐用袖章约一百枚、士兵用臂章约三百枚，均由防疫处制发。

湘西防疫处第一次防疫会议记录　1942 年 8 月 17 日

讨论事项二：秋季鼠疫之患应早为预防，关于预防注射应采何种方式始能达到普遍注射之目的案。

决议（3）：普遍注射时，派武装兵若干管制交通，封锁各要道口，然后由保甲长劝导民众循序注射。

（二）防疫工作中政府的强制性措施

政府在推行防疫措施时，虽然也尽量用宣传、保甲长诱导等方式去动员和说服民众，但是，效果都不明显，政府和民意之间的鸿沟很深，最后只好采用了强制性惩罚的手段。

惩罚的种类是多种多样的。比如封禁或烧毁房屋、拒发盐票、罚款等。

我们来看看防疫会议的会议记录中的有关记载。

常德防疫处三十一年度第二次会议记录　1942 年 3 月 13 日

讨论事项三　应如何训练保甲长及协助之军警以利防疫工作案。

决议：1. 本城保甲长须一律予以防疫训练四小时。

2. 三镇分别举行，由防疫处令饬各镇公所定期召集训练，抗不受训者严惩。

讨论事项五　普通防疫注射应如何推进案。

决议：4. 注射日期由保甲长预先通知，借故躲避或故意违反者，由县府勒令疏散或封闭其住宅。

5. 注射后由县府指派干员按户籍册查验注射证，无证者押解附近之医务机关补行注射并查明原因分别惩处。

讨论事项六：疫情调查及尸体处置应如何办理案。

决议：1. 病家、保甲长、中西医均应随时报告疫情违者严惩。

常德防疫处第三次会议记录　1942 年 4 月 14 日

讨论事项三：违反防疫行政处罚暂行办法应如何制定案。

决议：按照违军警法、保甲法规、卫生法规处罚。

讨论事项五：第六战区司令长官陈诚指示本处防疫办法八项应如何切实遵行案

4. b. 如至万不得已时，遵照电令办理（即烧毁房屋而不惜）。

常德湘西防疫处第一次会议记录　1942 年 8 月 17 日

讨论事项一：为确定秋季传染病原，加强捕鼠行动。

决议一：严格执行县政府关于各保每日须捕鼠至少 10 只的规定。违者处罚。

决议二：在城区内开展捕鼠竞赛，各甲每日须捕鼠至少 1 只，按户轮流负责。对违反政令的保甲与居民将予以处罚。

本来，政府的防疫政策和大众习俗之间就有相当大的距离，加上政府机关与民众社会之间缺少沟通渠道，保甲作为连接政府与民众的中介，在防疫工作方面，没有起到什么作用。

明明是民众难以接受的防疫政策，政府缺少妥善的办法，只是一味地强制推行，从而引起了民众的疑惑、反感和躲避。而对于民众的不服从，政府着重于用惩罚手段来应对，这就更招来了民众的抵制。

不过，防疫队医务人员的舍身救护，挽救了许多生命，在民众的记忆里亦留下了深刻的印象。

四　疫区的基层行政

（一）周士乡乡公所干事萧宋成的回忆

如第二章所述，萧宋成于 1940 年至 1945 年期间，在据石公桥镇 7 公里的周士乡乡公所任经济兼兵役干事。

第三章第三节中介绍了 1942 年 10 月周士乡鼠疫的流行情况，据常德细菌战受害调查委员会调查，周士乡至少有 1683 人死于鼠疫。从萧宋成的回忆可知，当鼠疫造成大量死亡时，乡公所并无能力全面应对处理，大部分的无人认领的死尸只能任其弃置荒洲。

萧宋成（1912—2002）**讲述**

我叫萧宋成，生于民国元年九月，今年87岁，高小文化。民国二十六年为保卫祖国、抗击侵华日军，弃农从戎。曾任部队上士文书、准尉司书、少尉、中尉书记等职。民国二十九年回家。经朋友引荐在周士乡乡公所任经济干事兼兵役干事直至民国三十四年。后调省立常德医院工作。

我家世住周士乡这块美丽富饶的鱼米之地，离常德城区仅35公里。当时我周士乡辖区东抵西湖乡（蒿子港），囊括下河口柴码头、灯油湖、西洞庭总场二分场五分场等地，东南与教育局抵界，南抵青草坡与新德乡（石公桥）交界，西南抵同德乡与瓦屋垱、双桥坪接壤。正西以白云山为屏障与临澧县的药山寺鳌山交界。西北抵澧县的棠华，北抵津市市渡口乡。我周士乡依山傍水，面积纵横两百多平方公里，水陆交通便利，当时周士乡常住人口达一万五千人、流动人口达三千人左右。

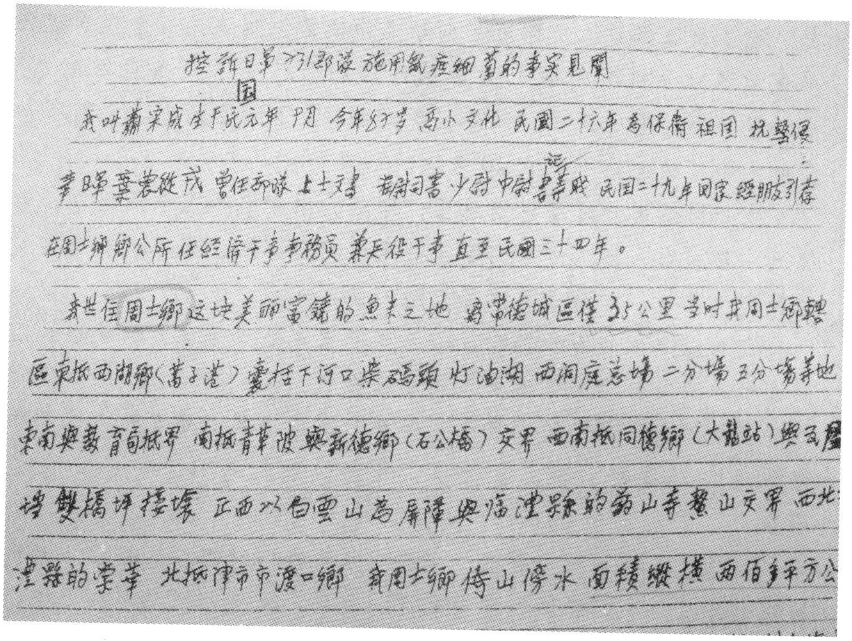

控訴日軍731部隊施用鼠疫細菌的事實見聞

我叫蕭宋成 生于民元年 9月 今年87岁 高小文化 民國二十六年為保衛祖國 抗擊侵華日軍 棄農從戎 曾任部隊上士文書 准尉司書 少尉 中尉書記等職 民国二十九年回家 經朋友引荐在周士鄉鄉公所任經濟干事 事務員 兼兵役干事 直至民國三十四年。

我世住周士鄉這塊美麗富饒的魚米之地 離常德城區僅35公里 當時我周士鄉轄區東抵西湖鄉（蒿子港）囊括下河口柴碼頭 灯油湖 西洞庭總場 二分場 五分場等地 東南與教育局抵界 南抵青草坡與新德鄉（石公橋）交界 西南抵同德鄉（大龍站）與瓦屋垱 雙橋坪接壤 正西以白雲山為屏障與臨澧縣的藥山寺鰲山交界 西北澧縣的棠華 北抵津市市渡口鄉 我周士鄉依山傍水 面積縱橫兩佰多平方公

图5—1　萧宋成的陈述书

1942年，以石公桥镇为中心，周边地区鼠疫广为流行，涉及面广，传播速度快，残留时间长，我妻儿皆染病身亡。染毒者虽已死去，但他们的亲属从身心和经济方面遭受了血泪的摧残，我作为受害人的亲人，目睹亲人和同胞们的冤死惨景，至今回忆往事，不寒而栗。

我的前妻彭年姑，民国三十一年28岁。是家中的一把手。于10月15日清晨，到石公桥卖棉线，顺便在鱼行买了一斤鲫鱼回家。到家后，就感觉头疼，继而高烧、呕吐、神志不清、脸色苍白。当时我在乡公所，家中派人告诉我，要我请医生。乡长唐炳煌和我是远房亲戚，又懂医术，我邀他到我家中，他看到症状后，愤慨地说："这是在石公桥染上日本佬施放的鼠疫毒，亲属应注意不要接近，现在我们没有办法治疗这种病"。在这种情况下，他还是为我妻子打了治疗一般病的药，并用诊治疟疾的丸子给她吃。但无丝毫缓解。当时我刚刚半岁的小女儿萧立正正在哺乳期间，当天还吸了奶。第二天，可怜她母女相继死亡，死后全身呈现黑疤，好不凄惨。我的老母亲哭得死去活来。我组因鼠疫毒，先后5人死亡。

我乡第三保第六甲即老屋向家最为凄惨。据说是一个叫向道伍的单身汉到石公桥卖山菌子（蘑菇）后到鱼行买了两条鱼回家吃了，当天发高烧、呕吐症状，颈部出现红斑块，3天后死亡。人们不知该病能传染，致使该甲死亡40多人。

乡长唐炳煌知道疫毒消息后，即刻派出4名乡丁卡住路口，轮流值班，禁止行人出入老屋向家，并采取相应办法，如用生石灰、艾蒿叶等进行防疫，才避免第六甲死绝的惨剧发生。

我周士乡水域面积宽广，每年能产银鱼数万斤和大量芦苇。因鼠疫流行，渔民与樵夫等流动人口死亡者众。

我任民事干事，民国三十一年至三十二年间，处理无人认领和无力办理的尸首数百个，雇请零工掩埋，每埋一具尸体，工钱是三斗谷。

当时向各商家大户募捐。向道同家派捐一百担谷，高家马老板绸缎铺光洋二百块，唐炳煌自捐光洋一百块，我自己捐光洋八十块，还有一些有名望的人十担八担谷、二三十块光洋不等，总共捐资光洋五百七十块、谷三百八十担，均用于掩埋尸体及乡丁、保卫费及一些防疫性药物。

乡公所虽尽力处理，但地域较广，加上抗战期间，人心惶惶，大部分死人难以顾及。当时流传着"夜闻死尸臭，目睹无人舟"的控诉，的确有些渔民住在水中岛上，全家死亡者，难以尽述。据不完全统计，我周士乡染疫死亡人数达二千余人，解放后，在治理水域、修堤垸时，常见累累尸骨。我的表兄刘仙桃一家六口，从安乡来周士乡捕鱼为生。我借给他光洋三十块购船，来仅八个月，遇上灾难性鼠疫，两个月内全家先后死亡。他的表弟田广福一家随他来周士乡捕鱼，也一同赔上了性命。还有我茅草街的老表田学良一家三口，和他们一起住在岛儿山，也在荒洲上染疫死亡。均由我派人就地掩埋，所住草房一起烧掉。

民国三十一年冬季，由于鼠疫流行，百分之七八十的芦苇、杨枝无人砍伐，因砍芦苇的人染上鼠疫就只有死，所以人员锐减。芦苇草山上，啄食死人的乌鸦遮天盖地。进入芦山，感到阴森可怕。（根据萧宋成 1998 年 5 月 30 日陈述书及对本人访谈整理）

萧宋成的回忆，对于了解鼠疫发生时乡镇级政府的作为是非常珍贵的。萧宋成于 2002 年离世，是在笔者第四次去常德调查前夕。出发前，笔者还整理了一些问题准备再去访问他，到了当地才得知他刚离世。祈愿这位心地善良的老人一路走好，同时也非常遗憾再没有机会向他请教历史实情了。

关于周士乡的鼠疫死亡人数，常德细菌战受害调查委员会的统计是 1683 人，而在萧宋成陈述书所附"周士乡 18 个保染鼠疫死亡人数（据不完全统计）"里，除"第九、十、十一保地处偏僻，情况不明"外，依次列出了各保的死亡人数，总计为 2010 人，其中，荒洲水域的 4 个临时保总计为 750 余人。虽然萧列出的死亡人数与调查委员会的有些出入，不过，可以肯定地说，周士乡是鼠疫重灾区。

值得注意的是，在萧宋成的回忆里，既没有提到乡公所向上级汇报，也没提及上级下达过什么指示，应对鼠疫基本上是乡里自主性的行动，掩埋死者尸体靠就地捐款，完全依靠本乡的力量。力不所及的，就只有弃之不顾了。这就引出一个问题，当时乡公所为什么没有向县政府报告，请求防疫指导和援助呢？事情已经过去 60 多年，知情的人们也已离世，想要求得真相是极其困难的。只能根据所掌握的材料作一些推测。

推测一：1942 年 8 月，常德防疫处变更为湘西防疫处时，在石公桥新设了防疫分所，周边农村的防疫工作脱离了县级的直接管理，而由防疫分所管辖。因此，当农村里发生疫情时，没有必要向县里报告。可是，防疫分所人力有限，且忙于疫情严重的石公桥镇的防疫，无暇顾及周边农村地区的防疫和治疗。

推测二：战争时期行政管理薄弱，下情上传和上情下达的沟通渠道几乎无法畅通。

战时防疫联合办事处所刊发的《疫情旬报》第 10 号中简单提及了周士乡的鼠疫受害情况，这大概是当时关于周士乡鼠疫唯一的文字记录。

> 本年一月至八月份该县迄未发现病例，至十月六日湘省卫生处电告，常德境内之周家店发现鼠疫患者三例。至该地传染情况如何，以湘北战事复起，未获续报。①

（二）石公桥镇派出所警察的证言

1942 年陈光圻被派到石公桥警察所任事务员。本节援引他的回忆，从警察的回忆来看看疫区的情况。

石公桥鼠疫灾情见闻　陈光圻（1922 年生）讲述

1942 年我只有 20 岁。处于细菌战恐怖的精神压力之下，身心受到迫害，是我终生难忘的惨事。

1942 年，我受当时县警察总局局长张炳坤（江苏人）的委派，随同任命的陶清远所长（山东人），一同前往石公桥警察所赴，陶任所长，我任办事员。

当时，石公桥正在流行鼠疫，一些无辜群众开始传染，死亡率日渐上升。当时群众确有闻鼠色变之感，在石公桥地区，家家关闭门

---

① 邢祁、陈大雅主编：《辛巳劫难——1941 年常德细菌战纪实》，第 130 页。对于此期《疫情旬报》的刊发时间尚有不明之处，转载时注明"第 10 号 1943 年 11 月上旬至下旬"，而从复印件第 9 号 1942 年 5 月下旬、第 26 号 1942 年 12 月上旬来看，第 10 号的发布时间有误，应在 1942 年 6 月左右。如若刊发时间确属 1943 年 11 月上旬至下旬，则应不是第 10 号而是其他。

户，行人稀少。国民党政府对细菌无防疫措施，更无防疫装备。那时谁又愿意跑到疫区送死呢？当时我们接受任命时，真是胆战心惊，冒死起程。

动身前夕，张炳坤召见，并传达了常德专署欧冠专员的四项命令：1. 到达疫区后划定疫区范围；2. 对疫区施行警力封闭；3. 必要时采取一切措施，防止疫情扩散；4. 疫情稳定后要迅速恢复社会秩序。

在这里有必要将当时石公桥警察所的管辖范围以及警力配备讲一下。石公桥警察所辖三个乡，即广德乡（镇德桥镇）、新德乡（石公桥镇）、周士乡（周家店镇），周士乡。警察所设在石公桥南，所内有分两个班的警力22人，另在周士乡设一派出所，11人，其中警长1人，管户籍1人。

当我们抵达石公桥时，因鼠疫发生怕死的警察已经跑得所剩无几了。我们四处招了一些外地人，当时的警察外省人占多数，如江苏、河南、山东、湖北各地都有。既要保证已有的警察能够安下心来，又要能对付上级所交的任务。怎么办？通过研究，采取在疫区流动巡逻的办法。

疫区的划分范围是，东从石公桥、南从龙子岗、西从刘家桥、北从瓦屋垱，在这范围内为疫区，每日派巡逻队巡逻。在疫区内，听到有因鼠疫死亡的，讲句心里话，谁又敢去了解一下问一下呢？就连参加巡逻的，也不过是点到为止罢了。我本人在当时负责督促检查带队，进疫区怎么办，为了预防细菌传染，在没有办法的情况下，所采用的唯一办法就是脚穿半筒胶鞋，脸上用湿毛巾罩在口鼻上的土办法，作为简易的防疫装备。

当时疫区的划定，既不敢去实地调查，又无防疫部门的人员参加，更找不到当地群众去落实，仅由警察所数人的猜估罢了。因此，没有被划为疫区的仍有全家死亡的。记得镇德桥南（靠近桥）有一家开鱼行的（好像姓苏），一家七八口就剩一人逃出了。

当时目睹疫情四处扩散，死亡率逐步上升，有的一家一户地死掉。从疫区跑出来的人，无处可投，无人敢收，就跑到石公桥之南的南极宫。这庙里无和尚，只住着三四个叫花子。一天一个叫花子到所里来报告，说来了兄弟二人，父母在同一天死去，哥哥在来后第二天清晨也死去了，当时就叫叫花子把哥哥埋了。谁又敢去看，谁又敢去问呢？

在如此恐怖的情况下，报请上级批准将石公桥的桥炸了，这样来断绝桥南的细菌再不向桥北周家店方向扩散。当时每天仅有极少数的来往行人，可以从一木船上走过。记得就在断桥的南桥头，设一岗哨，日夜派一武装警察站在那里，任务是禁止将粮、棉等物带到桥北方向去。这个岗哨一直持续了一年多才撤销，也就是说，一年后疫情才逐步稳定下来了。逃出去的人渐渐地回到各自家里，商业日渐恢复，店铺相继开业营生，社会秩序逐步稳定。

鼠疫流行后，上级责令上报因鼠疫死亡数字，据警察所户籍员熊（名字忘记）调查统计，约死了四百余人（不完全统计）。

综上所述是我所亲身经历和目睹的往事，心仍有余悸。作为一个有良心的中国人，有责任、有义务向世界据实陈述，为常德受害者讨回公道。（陈光坼 2004 年 3 月 22 日陈述书摘要）

和萧宋成的回忆一样，警察陈光坼的回忆也是很宝贵的。

从陈光坼的叙述中可以看出，鼠疫流行地区的防疫工作是很粗劣的。上级政府对于身处防疫工作第一线的人员，只管下达任务，却连保证生命安全的最基本的防疫装备都没有配备。所以人们不能安心工作，有很多人逃离了岗位。即使是留在工作岗位上的人，也并没有真正地履行职责，进入疫区现场进行必要的核查，而是能躲则躲。就连疫区范围的确定，都是在没有防疫工作人员参与、没有到过现场的情况下，仅凭臆测而划定的。而且，遇到受害者求救时，没有能够伸出援助之手。

五　石公桥镇的鼠疫防治

（一）国民政府档案中的石公桥镇的鼠疫防治

在国民政府战时防疫联合办事处编发的《疫情旬报》（以下简称《旬报》）、《鼠疫疫情紧急报告》（以下简称《报告》）中，可以看到防疫队在疫区石公桥镇的工作情况。以下对石公桥镇鼠疫防治的分析，主要根据历史学者陈致远所提供的档案资料，并参考了陈致远的研究。

根据这两份刊物所载，可以列出一份防治工作的进程表。

石公桥镇防治工作进程

1942 年 12 月《旬报》第 26 号（原文日期及数字均为汉字，为便于阅读均改为阿拉伯数字——著者）

本年 1 月间，常德城内关庙街胡姓子，于城内染疫回新德乡石公桥（距县城 45 华里）之家中，发病死亡。继之其家中女工亦染病致死。曾经卫生署医疗总队第十四巡回医疗队员前往处理调查后，即未再发，更未见有疫鼠。直至 10 月 27 日，该地方突告发现第一鼠疫病例，以后每日均有死亡，至 11 月 24 日止，共计发现 35 例，死亡 31 例。（略）

防治经过：11 月 14 日，湘西防疫处即调派各项防治人员，携带大批药材前往。在石公桥、镇德桥两处，分设防疫临时办事处，并在石公桥设隔离分院，并由当地驻军协助推进工作。现在该地之防疫单位有卫生署医疗防疫总队第二大队所属之十、十四巡回医防队等九单位，在防疫专家伯力士博士指导之下从事工作者计有 30 余人。此外，卫生署第十五巡回医防队、军政部第四防疫大队第一中队亦相继赶往疫区协防。

《旬报》第 27 号

军政部第四防疫大队第一中队已奉命携带防疫器材开往常德协防，已于 11 月 21 日到达石公桥疫区开始工作。①

1942 年 12 月 4 日《报告》第 37 号

一　湖南省

疫情：

（一）卫生署医疗防疫总队第二大队代理大队长施毅轩 11 月 16 日电告：

常德县属之新德乡石公桥距城 45 华里于 11 月 6 日发现腺鼠疫，至 11 月 15 日已死亡 20 人。（略）

（二）湘西防疫处兼处长张元祐副处长戴九峰 11 月 26 日电告：据石公桥 10 华里之镇德桥于 20 日发现疫鼠，23 日发现病例。情形严重。

---

① 《陈致远鉴定书》，第 24 页。

（三）施大队长毅轩及伯力士专员 11 月 28 日电告：近 3 日来石公桥病 4 死 2。镇德桥病 1 死 8。

（四）（略）

防治经过：

（一）（略）

（二）卫生署医疗防疫总队第二大队代理大队长施毅轩 11 月 16 日电告：新德乡鼠疫已派一队前往防治，本人即会同伯力士博士率领第二批人员前往督导一切。

（三）施毅轩伯力士 11 月 28 日电：石公桥已设隔离医院，积极处理。该地疫区已筑沟隔离，准备移民。惟镇德桥之棉花絮输往湘西一带，传播堪虞。正拟管制办法。

（四）湘西防疫处兼处长张元祐副处长戴九峰 26 日电：石公桥、镇德桥疫区严重，除加派医药人员及设隔离医院外，并派防疫纠察兵一排前往管制交通。

综上所述，湘西防疫处在石公桥镇进行的防疫工作如下：

1942 年 11 月 14 日起，分批派出医疗防疫队赶赴石公桥，设隔离分院，对患者进行检验、治疗。

11 月下旬，完成筑沟隔离。

其后，让居民移居他处，派防疫纠察兵一排前往管制交通。

（二）石公桥镇幸存者的回忆

湘西防疫处收到石公桥镇爆发鼠疫的报告后，由施毅轩队长率领卫生署医疗防疫总队第二大队和卫生署防疫专家伯力士博士赶赴当地。防疫队到达当天，常德地区警备司令部派遣的军队也抵达石公桥镇。防疫队采取了以下措施：

在施队长的指挥下，士兵封锁了桥北，在连接桥北和其他地区的桥头、柳堤、南极宫、付家拐等地挖掘了一丈多宽六七尺深的沟并在沟内灌水，使人畜不能随便通过。将连接南北街的木桥改为活动吊桥，这样桥北就只有吊桥与外界相通，成了湖上的一座孤岛。

伯力士和防疫队员们逐户走访，调查鼠疫的传染情况。为了确认是否是鼠疫，解剖了发病死亡的鱼贩张春国之子张伯君和罗楚江之妻的尸体，确定了死因确实为鼠疫。随后防疫队发出通知，要求居民家里死了人必须通报给防疫队。

但是，桥北的居民听到解剖尸体的消息后，无法接受。为了免于解剖，即使家中死了人也不去报告防疫队，而是将尸体悄悄地运到镇外去。

防疫队还规定，石公桥镇的居民免费打预防针，为注射过的人发放通行证，只有持有通行证的人才能来往于桥北和外界。

此外，防疫队还投入力量灭鼠。他们号召民众发现死鼠要挖洞深埋，抓住活鼠要交给防疫队。还建议居民将被褥衣物煮沸消毒以消灭鼠疫菌和跳蚤。

如果说，派出所警察的回忆是从疫区之外以及基层行政的角度对防疫实态提供了证言，历史档案是从政府防疫体制角度呈现了防疫实情的话，那么，石公桥镇居民们的回忆，则是以各自在疫区之内的亲身经历提供了疫区防疫活动及其效果的证言。

当地居民，特别是感染鼠疫后被防疫队救治的幸存者们，异口同声地称赞防疫队的医生，由衷地感谢他们的献身精神。

向道同（时居周士乡九岭村向家屋场。九岭村的鼠疫受害情况见第三章第三、四节）

1942年10月，向家屋场发生鼠疫，我家也没能幸免。我弟弟向道华、妹妹向兰英、女儿向淑兰几乎同时染上鼠疫，突发高烧、头痛抽搐，只两天就相继死亡，尸体呈乌黑色。我母痛不欲生，我妻抱着女儿尸体，痛哭失声，不忍释手。

我为亲人办理丧事后，也感到高烧头痛。我姐姐建议，把我送到石公桥临时防疫队。经伯力士医生给我检查，是鼠疫感染。当即打针喂药，住了几天，病就有了好转。我从心里感谢伯力士医生。（根据向道同1998年12月19日陈述书及对本人访调谈整理）

图5—2　向道同（1998年）

向道仁（向道仁一家的受害情况见第三章第三节）

图5—3　向道仁（2001年）

　　30年代末，哥哥向道富被送去外祖父家做养子后，父母请求嫁给新时堰村地主的姑奶说情，租下姑爷家的地，种田为生。

　　在哥哥和外祖父因鼠疫死亡时，我正寄居在石公桥响水垱村（现白云村）姨夫易冬生的家里，帮着放牛。我姨夫的大倕易惠清在石公桥的剃头铺学徒，姨夫说我长大了可以跟他去剃头铺做事。

　　1942年秋天，石公桥开始流行鼠疫，姨夫的弟媳周幺姐有个嫁到石公桥的妹妹也发病了，病后回到老家村里来，周幺姐前去看望她，结果回来后也病倒了。

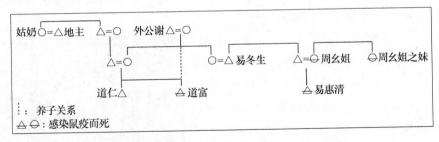

图5—4　20世纪40年代向道仁的家庭、亲戚关系图

　　周幺姐出现了高烧和抽筋的症状，两天后死了。一直照顾母亲的易惠清也出现相同症状，在周幺姐死后第二天也死了。在周幺姐和易惠清生病期间，我帮着护理他们，死后又帮忙办丧事。之后，我也开始头痛、高烧、阵寒阵热。

　　姨夫说："易家人死了是没有办法，但是不能让向家人死。"就把我送到了石公桥镇的防疫队。

　　当时，石公桥镇上已经设立了3处隔离医院，在镇小学校、福音堂（教堂）、杜家庄屋（旅店）。我被送到了小学校的隔离医院，那里有30多人住院，接受鼠疫治疗。记得给我治疗的是一个叫伯力士的医师。通过吃药打针，经过一个星期的治疗，竟奇迹般地脱离了危险，逐渐恢复了健康。

最近看了细菌战的相关资料，才知道给我治病的外国医生伯力士是国际有名的鼠疫专家。我永远感谢他。（根据向道仁2000年6月19日陈述书及对本人访谈整理）

曾晓白（1940年生，时居周士乡柳溪湾村，该村鼠疫受害情况见第三章第三节）讲述

向家屋场发生鼠疫后，周围的村也相继出现感染者。我母亲的姑母胡友姑、舅奶熊再姑、表弟蔡坤生祖孙3人相继染上了鼠疫，不到5天时间相继死亡。那时，我刚刚两岁，还没懂事，母亲带着去周士乡集镇外婆家住。他们得知亲戚家发生了"人瘟"，我外祖父母和母亲带着我前去吊唁。回家后，我母亲和我身体感到不舒服，头痛、时冷时热，把全家人都急坏了。我祖父曾贵白急中生智，说石公桥有医院，叫人把我和母亲送往石公桥医院。

经伯力士医生诊断是鼠疫感染，连忙给我们打针吃药。还在医院住了几天，由于医生的精心治疗，才转危为安，免于一难。（根据曾晓白1999年1月16日陈述书及对本人访谈整理）

龚文耀（1937年生，时居周士乡新时堰村）讲述

1942年10月的一天，我的小姐龚友枝到住在周士乡武岗村的大姐夫罗丕湘家做客。那时武岗村正流行鼠疫。

罗丕湘家里已有两人死于鼠疫，他哥哥罗长发家里也死了两人。我姐夫怕我友姐染上病毒，要她马上回家，谁知病毒已经潜伏在她身上，回家的路上就头疼、发烧，回到家里还抽筋，第二天就死了，死后遍身乌黑。

我友姐刚刚埋葬，我哥哥龚光宗又开始头疼、发烧、抽筋。第三天，我可怜的哥哥也死去了。尚未出葬，就在一家人号啕大哭悲痛欲绝时，我也头痛、发烧，心里不好受。

我母亲哭倒在地，边哭边说："老天爷呀！你为何不长眼睛？三

天内死去了我两个孩子，今天炎儿（指我）又发病了，这如何了得啊！像这样死下去，眼看一家人就会死光，孩子他爹呀，你先给炎儿搞碗石灰水喝，然后快把他送到石公桥医院。我在家请人埋葬胖儿（指光宗），你快点呀，快呀！"我的父亲已哭哑了嗓子，眼含热泪看了一眼惨死在地上的胖儿，忍着悲痛，用箩筐挑着我，另一头放着砖头，跑步前行。

途经外祖父母家（住石公桥镇杨家桥），我的外祖父母听说我家的惨景之后，放声大哭。我的舅父边哭边说："你们一家三天内死了两人，今天炎儿又发病了，这是发人瘟。听说是石公桥发生鼠疫，所以死人这么快，还听说石公桥由国家派来了医疗防疫队了，赶快，赶快！"就这样，我的舅父和我的父亲轮流挑着我，跑步而行，很快到了石公桥的防疫队。

一名叫伯力士的外国医生，给我检查、打针，还吃药丸子，我的病就好了。我能幸存，这要感谢伯力士医生，是他把我从死亡线上救活的。伯力士医生的救命之恩，我永世难忘。

当时鼠疫在我们新时堰村感染了 26 户人家，一共死了 64 个人。（龚文耀 1998 年 5 月 8 日陈述书摘要）

陈国建（时居周士乡瓦屋垱下陈家，下陈家受害情况见第三章第四节）讲述

1942 年 10 月石公桥流行鼠疫时，我还是镇上国民中心小学的学生。鼠疫来势汹汹，满街到处都是死鼠，每天都在死人。这种情况下，学校也停课了。

回到村里，发现村里也有鼠疫，我的叔叔克权、伯伯克铣的女儿卯香、我的姐姐梅香、文香、桃香，一个接一个地死了。

当时，我这个家中唯一的男孩子也开始头痛。父亲当即决定，背我去石公桥镇，送去医治。谁知半路上设卡封锁疫区。我父亲急中生智，雇请了一只小船，连夜送到石公桥小学。当时学校已成临时医院隔离所。

防疫队外国医生伯力士立即从我颈部抽血化验。他用英语沉重地说："幸亏来得及时，不然就没有救了。"我住了五天医院方才脱险。我的生命是伯力士医生给的，我要感谢伯力士医生再生之恩。（根据

陈国建 1998 年 8 月 25 日陈述书及对本人访谈）

方恒山（时居新德乡熊家桥村覃家榜）讲述

1942 年 10 月，我伯父方景发在西湖口渔船上帮工，经常为老板家上石公桥丁长发鱼行卖鱼，不幸染上鼠疫，回老板家后，突然发高烧，两天就死了，年仅 41 岁。尸体未抬回老家，就地埋葬在堤坎上。

同年，我姐姐方爱秀，在校读书，回家路过亲友家门口（覃家榜正在闹鼠疫），回到家后，头痛、高烧、抽筋，不久死去，时年 11 岁。5 岁的小妹同时染上鼠疫，相继死亡。我母亲抱着我幺妹，哭得死去活来，全家老小也痛泣不止。

当时我 9 岁，突然头晕目眩。我父亲请邻居好友掩埋姐和妹的尸体，他自己急忙把我送到派来的医疗队。住院几天，感谢伯力士医生对我精心治疗，才幸免于难。回家时我父亲买了一些药丸给家里人吃，才免鼠疫再度发生。

由于鼠疫，覃家榜一共死了 39 人，其中绝户 8 户。（方恒山 1999 年 8 月 8 日陈述书摘要）

熊善初（1929 年生，时居新德乡熊家桥村仲仙坪，第三章第三节所述熊家桥村仲仙坪最初的鼠疫死者熊用楠是熊善初长兄）讲述

1942 年的时候，我家 8 口人，三代同堂，以种田为生。父亲熊大川、母亲鲁多姑都已年近六旬。大哥熊用楠 31 岁，嫂子陈双英 30 岁，二哥熊八生 28 岁，他们 3 人是家里的主要劳动力，是支撑家庭生活的顶梁柱。大哥大嫂有一对可爱的儿子，大的叫熊绍武 8 岁，小的叫熊绍平 5 岁。我是父母的幺儿，时年 13 岁，在石公桥完小读六年级。家庭虽然不很富裕，但一家人和睦相处，乐享天伦，在当地可算是一个幸福美满的家庭。

当年 10 月，大哥得鼠疫死了，死后身体乌黑。一家人哭成一团，尤其是我父母都哭得晕倒在地，幸得很多亲友来安慰，才慢慢缓过来。

大哥的丧事刚刚办理完毕，谁知第二场悲剧又发生了。小侄儿熊绍平又发病了，病情与大哥的一模一样，两天后死亡。紧接着大侄儿熊绍武又病倒了，发病 3 天死亡。两个孩子相继暴死，给我父母又是

图 5—5　熊善初（2002 年）

一次沉重打击，尤其是我大嫂哭得晕死几次。就连前来探望的亲友和左邻右舍都无不为之伤心落泪。

就在全家人的哭声未止，惊魂未定之际，我二哥熊八生又以同样的症状后倒下了，3 天后死亡。

一个好端端的 8 口之家，仅仅 10 天之内暴死了 4 人，其凄惨情景就可想而知了。

当时我正在石公桥完小寄宿读书，得知我大哥病死的消息后我便请假回家了。虽然我还年少，也一直沉浸在极度悲痛之中。我二哥死了之后，我父母眼看着我们家只剩我这根独苗了，生怕绝了后代，断了祖宗的烟火，便督促我赶快回学校了。

石公桥完小离石公桥镇街道不到一公里。我从家返回学校时，石公桥街上的鼠疫已经开始恶性爆发了。常德城里的医疗防治队也到石公桥设了简易医院，专门收治鼠疫患者。学校里有很多是石公桥街上的走读生，得了病就没来上学了，有的很快死了，有的送进了简易医院。我和班上的寄宿生也开始发病了，头痛、发烧。就由我们的班主任丁介南老师带到简易医院。

经一名外国医生给检查（后来才知道这名外国医生叫伯力士），确诊为鼠疫。我们都非常紧张害怕，那位医生说，"你们来得及时，病情还不严重"，并当即给我们打针，发了药丸，每天服 3 次，接连 7 天打针吃药，病情终于得到了控制并痊愈了。

我当时发病的感觉是，头痛发烧，身上觉得很不舒服，食欲严重减退，吃东西乏味，但还没有发展到我两个哥哥那样四肢抽搐的程度。所以，经过及时治疗，很快就康复了。现在回想起来，我算是不幸者中的万幸者。令我终身痛恨的不是鼠疫这种病菌，而是撒播这种病菌的日本军国主义者。（根据熊善初 2004 年 7 月 1 日陈述书及访谈整理）

吴光才（时居新德乡年丰村八刘家庄园，吴光才家的受害情况见第三章第三节）

1942 年 10 月，我姐姐在石公桥卖鱼购物回家后，头痛、高烧、全身发抖、抽筋，由我姐夫招呼和表姐招呼她，未到天明就死了。一直受到姐姐照顾的孤儿贵雪儿传信给我家。中午我在学校听一同学说我父母悲哭，我立即赶回家中，跟随我父母一同到我姐家中，只见我姐的尸体乌黑，十分难看。这时我姐夫、表姐又染病在身，卧床不起，他兄妹两人第二天又命归黄泉，全家烟火断绝。传信的孤儿同样染病，在我姐家身亡。

图 5—6　1942 年 5 月 19 日，参加常德防治鼠疫技术人员全体人员合影，第二排中间系领带的外国人为伯力士医生

资料来源：川籍收藏家樊建川提供。

我年幼的身体也被细菌所传染，也开始出现头痛、高烧、全身斑点等症状。我父母焦急万分，用船连夜把我送往石公桥镇医院治疗。经伯力士医生检查，确诊为鼠疫，住院 7 天，吃药、打针，我大难不死，活到今天。住院打针等费用，一时不能交清，我父亲只好回家，卖了一头耕牛，交齐医药费。（吴光才 1999 年 1 月 26 日陈述书摘要）

受到伯力士医生治疗的人们，牢牢地记着他的名字，感谢他的救命之恩。应该说，不仅仅是伯力士，当年参加防疫队的医务人员，都是付出了努力，做出了贡献的。虽然，大多数人的名字没有被记载在历史档案上，也没有为当地人所记住。

第 六 章

细菌战之后

伍家坪村（1998 年）

大规模的细菌战受害的影响不是短时间的。之后，仍会持续影响着幸存者、受害者亲属的人生、心理以及疫区的社会生活。

本章根据幸存者、遗属及疫区人们的陈述，分析遭受细菌战受害之后的状况。

一　一蹶不振的村镇

鼠疫肆虐给当地社会造成巨大打击，很多村镇从此告别了曾经的繁荣景象。这与鼠疫造成的人口和劳动力的丧失相关，也与周围地区的偏见和歧视有关。

很多农村地区，长期以来不知道鼠疫是由日军实施的细菌战引起的，而以为是"人瘟"、"犯煞"。人们往往对死了人的同村邻居以及周围的村落抱有种种猜疑，孤立疏远他们，给受害的家庭及村落的社会生活带来了一些障碍。

（一）石公桥镇

石公桥镇是常德"十大名镇"之首，商业十分发达。1942 年 10 月鼠疫爆发，镇上死亡人数众多。之后，以石公桥镇为鼠疫传播的源头，周围的村镇也被卷入了这场灾难之中。

鼠疫对石公桥镇的打击是巨大的。黄岳峰和黄华璋两位老人回忆了镇上各商家的受害情况。据他们讲，在 200 家左右的店铺当中，77 家出现死者，共死了 111 人[①]（见图 6—1）。支撑着全镇经济的大商家们也受到了致命打击。前面介绍的镇上规模最大的商家丁长发鱼行花纱行，除了长子丁旭章以外全家都死了。几年后，丁旭章又回到石公桥镇，与别人合开了一家小商店。全家人离世的打击使得旭章从此郁郁寡欢，于 20 世纪 60 年代初自杀身亡。关于丁旭章，第七章还会详细讲述。

---

① 《陈致远鉴定书》，第 32 页。

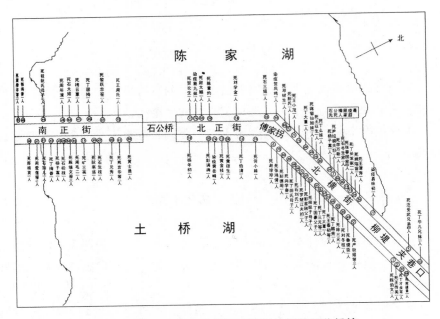

图6—1 黄岳峰和王华璋根据回忆绘制的石公桥镇鼠疫受害者家庭分布图

图6—2 黄岳峰（左）、王华璋（右）在回忆石公桥镇鼠疫受害情况（2002年）

在已将石公桥封锁、疫情蔓延仍无缓解迹象时，防疫部门打算将桥北区烧掉，以彻底消灭疫源。消息一传出，镇上居民群情激昂，联名抗议。也有的大商家，如朱桂林药行、邓福江南货行等，千方百计将家中贵重物资悄悄用船运往乡下。赵万胜花纱行在搬迁途中，遭到警察追赶，船翻了，虽然家人没有丢掉性命，但是家产全部沉没。

鼠疫过后，几乎所有的商家都不得不将大部分商品处理掉。特别是经营食品、水产、山货的店铺，考虑到商品受鼠疫菌污染的可能性较大，不得不将货物全部沉入湖底。

乡间有传言，石公桥镇"有毒"、"去了会倒霉"，之后很长时间人们都不敢去石公桥，有的人家因为亲人在镇上染疫而死，对这座镇子心存怨恨。

鼠疫过后，石公桥镇的经济生活一时间全面停滞，虽然恢复平静后，商家们为了生计重新开业，但是，来镇上做生意的商人和卖货购物的农民人数大不如前，再也没有曾经的繁荣景象了。

石公桥镇鼠疫流行时期，正是春季作物播种的冬播时节。农民们害怕染上疫病，不敢去田里干活，因此导致 7000—8000 亩的田地无人播种，给第二年的生活造成了困难。[①]

（二）芦荻山乡伍家坪村

第三章第四节中介绍了伍家坪村鼠疫发生，死亡 201 人的情况。

伍家坪村是当地望族朱氏一族居住的村庄，因鼠疫的巨大打击，这个村从此就破败了。鼠疫流行时，村里三分之一的人口死亡，活下来的人大多也都逃了出去。鼠疫过后，村里仅剩下二十几人。

鼠疫受害的后果如此惨烈，以致周围一带都认为"伍家坪风水不好"，还有传言说这个村子"犯煞"，把原因归咎于朱氏本身。结果，年轻姑娘不愿嫁到伍家坪村，小伙子难娶媳妇，亦少有外地户迁入，在鼠疫过去 20 年后的 1962 年，村里的人口只有 42 人。而 36 年后的 1998 年，村里的朱姓人家也只有 20 户 95 人。

由于鼠疫，朱氏家族人口骤减，耕地荒芜。无人管理耕地，其他人可以随意耕种而不用交租。结果朱氏的耕地被邻村的彭氏和凌氏等家族占去。

---

① 邢祁、刘大雅主编：《辛巳劫难——1941 年常德细菌战纪实》，第 47—54 页。

二 除一人幸存外全员染疫死亡的宗族

中国人重"传宗接代"，每一个有子嗣的男人死后都会成为子孙祭拜的祖先，有子孙继承着祖先的血脉，家族就这样代代相接，永世长存。中文里也有"绝户"、"灭门"等词，意指一家人或一个宗族的人全都死绝，对于很看重传宗接代的中国人来说，绝户、灭门是大悲剧。

前文多次提及由于感染鼠疫而全家死绝的事例，人们谈起时，都会感叹其悲惨。这里介绍一个宗族全员死亡的事例。双桥坪乡大桥村的蔡氏宗族，人口371人，由于村内爆发鼠疫，仅幸存1人，其他人全部罹难。

（一）双桥坪乡大桥村蔡氏宗族

大桥村中，有一座叫梁山的小山沿西北至东南方向蜿蜒而卧，蔡家山、蔡家湾、蔡家塝等蔡家人聚居的小自然村，散布在约2公里长的一处处山湾里。这些鸡犬之声相闻的自然村都是后面山、前面溶，即背靠梁山，面向水田。大桥村和四周其他村落之间，相隔都在2公里以上。1940年代初，蔡氏宗族共有99户371人，是当地的望族。

1942年农历七月，蔡氏宗族中开始爆发鼠疫，半个月左右全族人都死了。幸免于难的只有一个名叫蔡运成的男性，因家庭贫困没有土地，去小鸿堰的元龙寺里当了伙夫，当时不在村里。

蔡氏村里发生鼠疫后，周围村落的人感到了异常，有传言说蔡家接连死人，但是，人们害怕瘟疫，没有一个人敢到村里去看看实情。

大桥村的鼠疫受害，只限于蔡氏一族，没有传播到其他村落去。这可能是因为，蔡氏虽然分布在几个自然村，但整体来看，大桥村与其他的村落是隔离开来的，形成了一个相对封闭的空间。而且，蔡氏宗族的死亡是集中在很短的时间内，鼠疫发生时没有外人访问；等等。

周围村子的人们，只知道蔡氏一族死绝了，但是没有人了解具体情况究竟是怎样的。

以下引用常德细菌战受害调查委员会成员在当地调查时的记录①，通

---

① 常德细菌战受害调查委员会保存的蔡文龙、牟文秀"侵华日军七三一部队鼠疫细菌战常德受害者调查登记表"（1999年9月20日）中，此调查记录作为附录在其内。

过周围村落的传言来看看蔡氏一族的受害情况。

记录 1　访问蔡运成妻子牟文秀

时间：1999 年 10 月 13 日

地点：鼎城区双桥坪乡大桥村 12 组　蔡文龙家

调查人：老人家，我们今天来专门调查你们这里原来有个姓蔡的大家族，而现在又没有这个大族人家存在了，想了解一下这方面的具体情况。首先请你介绍一下你本人的基本情况。

牟文秀：我叫牟文秀，今年 85 岁了，不识字。我现在住在鼎城区双桥坪乡大桥村 12 组，蔡文龙是我的小儿子。

调查人：您是不是本地人？

牟文秀：我的娘家是本地人，这里的地名叫牟家大桥，我就是牟家的女儿。开始我是嫁到慈利的，丈夫叫王家未。因为怕抓壮丁，就于民国三十年搬到这里来了。来了以后，我的前夫还是在民国三十一年抓去当壮丁了。他被抓到常德师管区后，因为师管区在发生鼠疫，王家未就死在师管区了。大约在当年 10 月就死了，尸体都没有运回来，就埋在大西门外的乱葬岗了。

图6—3　与牟文秀（前排中）、蔡文龙（前排右一）母子合影（2001 年）

调查人：你是哪年到蔡家的？

牟文秀：我前夫死后，在民国三十二年春上就改嫁到蔡家来了，后夫叫蔡运成。生了两个孩子，大儿子蔡文祥（1946年生）和小儿子蔡文龙（1954年生）。我们是这里唯一姓蔡的。

调查人：你对当时蔡氏家族的情况了解吗？

牟文秀：我很了解。因为我是本地出生的，虽然嫁到慈利生活了几年，但是民国三十年又回来了。以前，蔡家在这里是一个望族，这里的地名都叫蔡家湾、蔡家山、蔡家溶、蔡家塝，溶里的田都是蔡家人的。这里还有一个"蔡家土地"，土地菩萨都是管蔡氏人家的。当时人们都说蔡家有99户371口人。就在民国三十一年大约在农历七月间，蔡家发生了瘟疫，所有姓蔡的都死光了，都说是倒了绝户。我的后夫蔡运成，当时没有在家，是到外面帮别人当伙夫，现在的小鸿堰，当时有个元龙寺，给和尚道士做饭，才幸免于死，活下来了。才剩下了蔡家这一条根。我丈夫1973年63岁时去世。

调查人：姓蔡的人死了那么多，他们都得的什么病？

牟文秀：所有死的人都是一样的病，发高烧、不省人事、又呕又吐，屙的都是黑水，死得很快。每天都死人，开始一天死几人，后来越死越多，只有大约十几天就死光了。开始是他们蔡家人抬丧，埋葬，后来就没有人去抬丧埋葬了，后死的人就在家里发烂、发臭。

调查人：你当时住在什么地方呢？离蔡家有多远？

牟文秀：我当时还没有到蔡家，是住在牟家大桥，离蔡家三四里路远。蔡家那里死人，都说是发人瘟，都不敢往那边去，走路都不敢往那边走，所以没有人被传染。

调查人：你所知道的情况，是你亲自的所见，还是听到别人讲的？

牟文秀：我看是没看见，因为当时都不敢去看。但当时凡是住在这一带的人，每天都议论这件事，是我亲耳听到的。还有些情况是我后夫蔡运成讲给我听的。情况确实是这样的，我不会讲假话，也从来不会讲假话。

（调查人：丁德望、孙克富）

记录 2　访问大桥村民周建甫

日期：1999 年 10 月 13 日

地点：鼎城区双桥坪乡大桥村 12 组　蔡文龙家

调查人：我们是来专题调查你们这里的蔡氏宗族的情况的，请你将知道的情况如实向我们介绍。首先请介绍你本人的基本情况。

周建甫：我叫周建甫，男，64 岁，初小文化，现住大桥村 7 组务农。

调查人：请你将你们这里五十多年前，蔡氏大家族的情况认真回忆一下，并且实事求是地向我们介绍。

周建甫：我们家住在这里有好几代人了，是本地土生土长的，是祖祖辈辈生活在这里的土老百姓。对蔡家大家族的情况比较了解。在我六七岁时，亲眼看到蔡家在我们这里确实算得是一个大宗族。本地人都知道，在这一带有两个大姓，一个是周氏大家族，再就是蔡家大姓。人们都这样讲："周家人有钱，蔡家人有劲"。意思是说，周姓的人富裕户多，蔡家人身强力壮的人多，并且很有武功，在这一带远近闻名。

调查人：姓蔡的当时那么兴旺，究竟有多少户，多少人？为什么现在只剩下蔡文龙两兄弟了呢？

周建甫：姓蔡的当时大约有 90 多户，将近 400 人。1942 年大约农历七八月间，发生了一场大瘟疫，大约在半个月时间里就死光了，全部倒了绝户，就只剩下蔡文龙他父亲，因为外出帮人家做长工，也有人说他是在外面唱土地戏，反正没在家，所以幸免于难。之后生了蔡文龙兄弟两个，这就是蔡家大家族的不幸遭遇。

调查员：蔡家人的瘟疫是什么原因引起？都有什么症状？

周建甫：因为他们都死绝了，当时也没有人敢去询问，都搞不清楚。只知道开始一天死几个人，后来一天天越来越多。开始是他蔡家人自己抬丧、埋葬，后来死的人没人抬了，死在家里，臭了都没人管。听说所有死的人都是一样的病，一开始就发高烧、不省人事、上呕下吐，有的得病当天就死，有的一两天就死了。没人敢到他蔡家去，具体情况都不十分清楚。

调查人：你们这一带还有没有其他姓的人在那次瘟疫中死亡呢？

周建甫：据我所知，没有听说其他姓的人在那次瘟疫中死人。原因是他们蔡姓的居住很集中，都住在蔡家湾和蔡家山两个大屋场的，其他姓的人家都与他们隔了一条溶，有三四华里路，他们那里发生了瘟疫后，也没有人敢去，没有接触，所以没有受到传染。现在回想起来，都感到非常害怕，也感到不幸中的万幸。

　　调查人：你还能记得蔡家某一户的具体情况吗？

　　周建甫：我当时只有 6 岁，对蔡家的人没有印象了。

　　（调查人：丁德望、孙克富）

牟文秀和周建甫的回忆内容基本相同。

曾经是这一带的大家族，因为发生瘟疫就突然消失了。蔡家人大概到死都不知道瘟疫从何而来。

2001 年 3 月第二次实地调查时，笔者访问了大桥村。蔡文龙带我去了曾是蔡家墓地的蔡家山。这座小山的树林间坡地上开拓了一些农田，山间分别立着几座蔡氏先人的墓碑。碑石已经严重风化，无法辨认碑文内容，只能隐约认出是嘉庆和光绪年间的墓碑。

关于墓碑，蔡文龙是这样说的。

　　新中国成立以后，特别是大跃进和人民公社的时候，为了修建灌溉渠，蔡氏墓地的墓碑都被拿去当建筑材料了。也有的被人偷偷从蔡家山上搬走去修猪圈、修路的。所以，墓碑曾经一个不剩地都被拿走了。但是，后来有人怕背时，害怕用了沾了霉运的蔡家碑石自己也会遭殃，就又还回来了，立在了原来的地方，那就是现在看到的几块墓碑。

　　瘟疫过后，在 1946—1947 年，附近村子的周家人慢慢搬到梁山脚下，住进了原蔡家的各自然村，现在，这个蔡家山也被他们占了。

　　比我大 8 岁的大哥蔡文祥 1985 年得病死后，我怎么都想把他埋在曾经是我们蔡家墓地的蔡家山上，但是这个小山已经被周家人占领了，他们坚决反对。他们说，这座山在土改的时候已经变成周家的山了，人民公社时期山林和土地是交给集体了，可是改革以后实行承包制时，山是包给了他们姓周的了。

　　村里的党支部书记姓王，他指着墓碑说："这里本来就是蔡家山，不是周家山。而且，现在谁可以用这块地是由村里决定。"王书记同意了我的要求。

　　这样，我终于可以把哥哥的墓修在蔡家山，哥哥终于回到了祖祖辈辈的祖先聚集的山上。（根据对本人访谈整理）

　　蔡氏一族消失后，无论是公家还是私人，哪里都没有留下关于他们的记录。关于蔡氏，有的仅是当地居民依靠记忆的口头流传，而传的也只是蔡氏一族所遭受灾祸的大概，一些外在的表象，内在的详情是再也无法知晓了。

　　留下了蔡氏一族生活痕迹的，是以蔡姓氏命名的村落小山的名称、当地祭祀神灵的名字，以及静静地矗立在小山坡上的墓碑，这些"物证"无声地证明着在这片土地上，确实生活过一群姓蔡的人。

三　人生的"三大不幸"

　　鼠疫吞没了蔡氏这样数百人的大家族，短时间内就让这一族人死光了。

　　而鼠疫造成的伤害，并不仅仅是夺去人的生命，还给幸存下来的人们带来了难以形容的悲伤和痛苦。即使在瘟疫过后多年，失去了亲人的家人、亲属的悲痛仍存于心底。而且，鼠疫破坏了他们的生活，曾经富裕的家庭没落了，贫困的人家更加贫困了。

　　在幸存者及遗属的陈述书中，经常可见他们引用人生之中三大不幸"少年丧父、中年丧偶、老年丧子"这句话。年幼时失去父母，中年时失去伴侣，老年时失去子女，对中国人来说，是人生的最大痛苦。鼠疫使许多常德人经历了这样的人生悲剧，有的人受不了这种痛苦，选择了结束自己的生命。

　　鼠疫受害往往成为遗属们人生的转折点，使他们之后的生活曲折而艰辛。

（一）"少年丧父"——受害者的孩子们

　　在重视父系血缘的中国，"少年丧父"这个词并非仅仅字面意义上的"死去、失去父亲"，可以理解为包括母亲在内的双亲，即"死去、失去父母"。

　　因为鼠疫，不少孩子失去了父亲或者母亲，有的则失去了双亲。

父母离世，对于人生刚刚起步的孩子来说，不仅意味着永远地失去了父爱或母爱，抚养者不在了，他们面对的是无法生存的巨大危机。

在当时，父亲过世意味着家中失去了劳动力。其结果往往是因没有收入来源，使得家庭四分五裂，生活难以维持。

失去父亲后，6 岁的春初当起了牧童　阳仁高（1935 年生）讲述

熊家桥村发生鼠疫（见第三章第三节）时，30 岁的熊运生也不幸染上了。熊运生家中有妻子和 2 个孩子，他死后，妻子带着 4 岁的小儿子改嫁他乡，剩下 6 岁的大儿子熊春初寄居在叔叔家，帮叔叔放牛和做些杂用来换口饭吃。牧童的生活很苦，婶母对他的态度不好，饭都不给吃饱。（根据阳仁高 1999 年 1 月 23 日陈述书及访谈）

失去父亲后，王怀德的姐姐做了童养媳

我老家枫树岗村发生鼠疫并且死人之后（见第三章第三节），父亲给人抬丧后，于 4 月 23 日含冤死去，年仅 34 岁。

人的一生有三痛："少年丧父、中年丧偶、老年丧子。"一夜之间家中剧变，全家都哭得死去活来。父亲是我家的顶梁柱，我有 9 姐弟，父亲死后，全家的重担就落在我母亲身上了。由于我母亲过于悲痛，双眼失明。一个妇人家，不能维持家中的生活，我和姐姐们天天挖野菜充饥糊口。大姐王秀云被送到德山乡何家坪村张家做童养媳。死的死，散的散，最后只剩 5 姐弟了。（王怀德 1998 年 5 月 18 日陈述书）

父亲死后　易孝信（时居东郊乡易家湾村，该村鼠疫情况见第四章第四节）讲述

我们这个小小的易家湾村及邻村在 4 天内死了 12 人，其中 8 户失去年壮力强的男人，丢下的是孤儿寡母。本来就很贫困的家庭，由于失去顶梁柱，其悲惨的情境可想而知。

易孝慈的妻子本来就患有眼病，由于丈夫暴死，哭得死去活来，不久便双目失明，生活无着。只得带着 3 岁的女儿到处乞讨，直到全国解放后，才重新定居下来。

我的堂叔易德经有 4 子 1 女，他死后，由于子女过多，我堂婶无

法养活他们，就将二儿卖给了别人。后来，这个孩子不堪虐待，自杀身亡。她的四儿子因病无钱治疗而死去。

因为鼠疫，孩子们不仅是失去了父亲，也有很多孩子失去了母亲。

1998 年 8 月第一次去常德调查时，笔者在韩公渡见到了高超群。他向笔者讲述了他母亲患鼠疫死亡的情景，我注意到他的话是押韵、有节奏的。

我问他："这不是一首诗吗？"

他回答："是的，我花了几十年的时间，把自己的经历在心里酝酿了一首诗。我不识字，就让我儿子帮我记下来了。"

我请他再慢慢重复一遍，记录了下来。

我的妈死得最苦　高超群（1931 年生）

哭一声我的妈死得最苦，
死了三天无人问，
亲戚路眷不敢进门。
路断人稀无人走，
家家户户关紧门。

图6—4　高超群在讲述母亲染鼠疫而死的情况（1998 年）

我爹爹去外三呼请不进，
家家户户回硬信。
我爹爹叫得没有法，
拖把挖锄堂屋挖。
一挖一哭好伤心，
当时昏倒地下沉，
我儿大哭爹爹是否又感症。
我全家五口一路行，
一无兄来二无弟，
三无姐姐四无妹妹，
我的爹爹死了我又靠谁人。
二伯伯听了没有法，
邀了两个青年把坑挖。
先挖眼后埋人，
丢了匣子就转身。

匣子未盖就转身，
我儿没法要是不掩住，
狗会来衔灵。
把妈妈的匣子掩住我儿就转身，
哭哭啼啼回家门。

回家之后爹未醒，
连喊三声爹爹不答应，
我儿哭得天昏地也沉。
昏昏沉沉泪珠滚，
沉到地下见阎君。
天是我的屋，
地是我的铺。
枕我的手膀子，
盖我的肋巴骨。

我爹爹惊醒，

我的乖乖儿呀，

无娘儿天保佑，

我生了儿子就留下一独根。

无娘儿天保佑，

神仙抚养一养成人。

2001 年 4 月，我第二次去常德调查时，又一次拜访了高超群。就这首诗，他又向我讲了一些他的身世。

我妈妈是在 1942 年秋天、石公桥镇和周边地区流行鼠疫的时候死的。当时我只有 11 岁，直到现在我都还记得当时妈妈死在我面前的样子。妈妈死了不久，爷爷奶奶也死了，原本的 5 口之家只剩下了父亲和我两个人。

两个人的生活很困难。爸爸种田，我在家做饭照料牲口。

我 15 岁的时候父亲再婚了。在新妈妈进家门之前，爸爸又一次跟我提到死去的妈妈，发誓要好好地待我，把我养育成人。但是后母进门后对我不好，因此，爸爸坚决地跟她断绝了夫妻关系。

图 6—5　高超群（2001 年）

后来父亲又结了两次婚，都是因为她们对我不好，最后都离婚了。

我经历了几次父亲的再婚和离婚，主要的原因都是后母待我不好。在这种生活中，我一直忘不了自己死去的妈妈。

我 60 岁的时候，我儿子结婚了。借这个机会我才把藏在自己心里多年的对妈妈的思念和自己的心境讲给儿子听。长久以来的人生痛苦像酿酒一样，经过多年的封闭酝酿，最终变成了这首诗，这些句子很自然地浮现在我的脑海里。我把这首诗念给儿子听，他替不会写字的我把诗写了下来。

第三章第三节中介绍过父母双亡的王吉大的情况，在第三次现场调查时，笔者向他询问了他父母去世后的生活情况。

父母双亡的幼小兄妹　王吉大（时居德山乡茶叶岗村）讲述

1942年8月，鼠疫害死了我父母、弟弟和妹妹，只剩下了当时10岁的我和5岁的妹妹两个人。因为家里有田，所以没有去亲戚家里。田交给叔叔和爷爷的弟弟耕种，我们从中分得一点粮食，是我和妹妹的口粮。而作为回报，我白天得给叔叔家放牛。

我原本上了两年半的小学，父母死后只好退学了，从此再没有踏入过学校大门。父亲死时，妹妹还小，以后妹妹没有读过一天书。看着叔叔的孩子们去读书，妹妹羡慕得不得了，现在只要想起来，还在埋怨我没有送她上学。

妈妈不在了，生活上有许多不便。最为难的是，妈妈刚死那阵，妹妹一到晚上就总是哭着要找妈妈，哄都哄不住。另外，没有了妈妈给我们做衣做鞋，穿的方面着实为难。又没有钱买，只能用大人留下来的衣服凑合着，我们姐弟是村里穿得最破烂的。还有，生病的时候，真不知道该如何是好。我12岁的时候得了气管炎，一直没有治，现在变成了老毛病。妹妹也得了胃炎和气管炎，解放后动了手术。

我是1999年听亲戚说，才知道原来父母、弟弟妹妹是死于日本鬼子撒下来的鼠疫菌的。

王吉大在父母死后，虽然过得很艰难，但好歹还是活了下来。还有很多孩子，因为父母不在了，没能熬过去。

溺死冻死的小兄弟　谢秉仔（时居石门桥镇观音庵村，该村受害情况见第四章第四节）讲述

叔祖父谢安喜之子、我的堂叔谢保旬和堂婶陈梅香夫妻俩过世后，留下两个幼小的孤儿谢苦生和谢来福，无人照顾抚养，他们整天哭喊着死去的爹娘，挨门乞讨度日。不久，谢来福哭瞎了眼睛，在乞

讨时失足水中淹死了。谢苦生也因饥寒交迫，冻死于一个寒冷的风雪之夜。（摘自谢秉仔 1998 年 1 月 23 日陈述书）

中国人传宗接代的观念比较强，父系血缘的传承被看得很重，如果继承血缘的男孩子全部死了，即使还有女儿活着，这户人家也会被认为是断了香火。一家仅有一个孩子的话，被称为"独苗"。

由于鼠疫的流行，有许多家庭因为儿子全部死去而"绝后"，也有的家庭虽未"绝后"，但也仅剩一根"独苗"。

"独苗"父亲和岳父　高业君（1946 年生，时居石门桥观音庵村）讲述

我家住在石门桥镇观音庵村。我和妻子李光荣是 1960 年代结婚的。婚后，经常听我父亲和岳父讲述两家的苦难家史。

1943 年冬天，我家和我岳父家都染上鼠疫遭受劫难，我父亲和我岳父都因此成了家里的独苗。

1943 年，我岳父一家住在常德城东符家码头一带。岳祖父李友田和伯岳父李少全、叔岳父李少严在码头从事装卸搬运工作，伯岳母刘四贤、叔岳母陈玉兰则从事绣花零销，小本经营。一家人虽不算富有，但却能和睦相处，充满着温馨和天伦之乐。同年 10 月中旬，岳祖母刘本元上街买菜时，在广德医院斜对面巷子里买了一块廉价猪肉回家食用，谁知竟将祸源引入家中。先是岳祖父李友田和岳祖母刘本元发病，突然作呕，头痛高烧，抽搐，口吐血沫，第二天相继死亡。紧接着，伯岳父李少全、伯岳母刘四贤、叔岳父李少严、叔岳母陈玉兰也先后发病，在短短 4 天之内两对夫妇相继惨死。当时我岳父尚未婚配，孤身一人，哭天天不应，叫地地不灵，既悲伤，又恐怖，其惨景催人泪下。

我的祖父高建琅、叔祖父高建满因与李友田是几代的亲缘关系，每逢农闲季节，都会到常德李友田处一起从事码头搬运劳作，相互关系非常密切。在李家人得病期间，曾多次前去看望，他们死后，又热心地帮助料理丧事。不料也被疫魔缠身，回到家后便以同样的症状，于 10 月下旬死亡。

我们高、李两家经过此次劫难，惨死了 8 位亲人，其中李少全、

李少严、高建满 3 人都绝了后代，两个原本人丁兴旺的家庭破碎不堪，一贫如洗。成了家中独苗的我父亲和岳父，后来各自结了婚。为了重振家业，他们约定一定要多生孩子，但是两家人都只生了 1 个。因为家里穷，我和妻子都是从小就跟大人做事，没有读过书，现在仍不识字。我们两人结婚也是两家父亲的安排。（根据高业君 1998 年 12 月陈述书及对本人访谈整理）

（二）"中年丧偶"

细菌战受害已经过去了大半个世纪，"中年丧偶"的当事者们几乎都已离世。但是他们的悲惨遭遇，仍会被村民和邻居们提起。下面介绍几例。

当时的中国社会，一般是"男主外、女主内"的生活方式，即男人在外工作挣钱养家，妻子在家操持家务。当鼠疫夺去夫或妻一方的性命时，家庭中剩下的另一方的生活就变得非常困难。

父亲死了德玉和南货铺倒闭了　王长生（1932 年生，时居石公桥镇）讲述

1940 年代，我父亲王丕德在石公桥镇北街经营一家叫德玉和南货店的店铺。父亲做生意是一把好手，买卖很兴隆。当时，一家 8 口人加上账房先生 1 人、帮工 2 人一起生活。

1942 年 10 月桥北街发生鼠疫的时候，我家也未能幸免。父亲和姑姑王玉苗、堂叔死了，帮工何长清也死了。因为父亲的突然离世，德玉和的经营陷入了混乱。

南货店是祖上的家业，父亲继承后，精心经营讲究信用。按本地的习惯，与其他商家间或跟客人做生意常常是不记账的，凭着相互间的信赖关系。而且，我父亲跟朋友之间也有金钱的借贷往来，这些也都是没有记录的。

母亲因为父亲的死受到了很大的打击，精神状态很不稳定，尽管一贫如洗，还要常常受到来讨账的人的骚扰。父亲生前借钱给不少人，做生意也赊了些账，但是，父亲死后，来的都是讨账的人，没有一个人来还账。

在这种时候，当时的乡长也跑来说父亲生前向他借了 400 光洋，要求我们还给他。母亲虽然对此完全不知情，但还是变卖抵押店里的

货物，把钱还给了乡长。德玉和也因此倒闭了。

当时的保长是个姓熊的男人，他也说父亲向他借了钱，因为我们已经没有钱了，他就要我们把住的房子卖了还钱。母亲恳求熊保长宽限几天，但他丝毫也不留情面。无奈之下，我们只好把家里的7间房卖了5间，换得现金还给了他。

之后，一家人是钱也没了，家也没了，连肚子都吃不饱。我们小孩子正是长身体的时候，但是每顿饭都喝几乎看不到米只有菜的粥。母亲每到吃饭时就会流泪，精神恍惚。一到晚上她就会跟我们说，"你爸爸在敲门，快去给他开门"。第二年，母亲也病倒了，不久就去世了。

母亲死后，我和姐姐每天早上很早起来去菜场卖菜，冬天就跟奶奶一起纺线。拼了命地做事，千辛万苦终于活了下来。（根据对本人的访谈整理）

父亲死后　徐万智（1940年生，时居汉寿县聂家桥乡雷家坡村徐家湾）讲述

我们村离常德县城只有10公里左右。我的父亲为了养家糊口，经常挑米去县城里卖。

1943年9月的一天，父亲回家后，时冷时热，高烧不止，烧得神志不清，还抽筋。家中的人急慌了，不知是得了什么病，到处求医找药，虽然请来了乡下的土医生，吃些药，但不见半点好转，后来又屙血，病情一天天加重，脖子肿了，胯部也起坨，5天后就去世了。当时只有31岁。

父亲死后，我叔伯哥哥红鼻子接着又发病，我奶奶为他东奔西走，求人买药，还是无济于事，只有5天就过早地离开了人世。

图6—6　徐万智（2001年）

叔伯哥哥刚出葬，奶奶刘春桃就病了，一病就不能起床了，只有6

天就含冤而去了。奶奶是我们 11 口之家的当家人，她的去世，给我家带来极大打击。我叔叔东借西借才凑了些钱，买副棺材将奶奶埋葬。

奶奶出葬后，我们全家都病了，病得起不了床。我还很小，冷一阵热一阵，病得糊里糊涂的，喊喝水也得不到手，喊久了，隔壁邻居听到后，过来打个招呼，但邻居家里人也病得厉害，无法照应我们。我的叔叔徐明锡体质健壮，染上鼠疫后，卧床不起，水米不沾，只有 5 天就死了，年仅 29 岁。我 11 岁的哥哥徐正湘也死了。

我和我姐徐万华、我婶婶、婶婶的两个小女儿，也是病得奄奄一息，死里逃生。

面对着凄惨的情景，我的祖父白天黑夜地哭，哭得死去活来，最后把双眼都哭瞎了。

我的母亲受到这样接二连三的打击，悲痛欲绝，哭哑了嗓子，流干了眼泪，头发都掉光了，瘦得皮包骨，病了半年多，吃了一些中草药，才慢慢好转。（徐万智 1999 年 1 月 29 日陈述书摘要）

接受不了妻与子双亡的私塾先生　阳仁高讲述

鼠疫降临，害得即使家中仅剩孤独一人，最后也难逃命。私塾熊泗亭的妻子刘月英，有一个姐姐是常德城内土桥街一家皮革铺的老板娘。姐姐染疫死后，刘月英去吊唁，被传染回家两天后也死了。死了一天以后才被人发现。当时，熊泗亭在外地教私塾，14 岁的儿子也跟着父亲读书。

接到妻子讣告后，熊泗亭带着儿子急忙赶回了村里。因为没有见到妻子最后一面，熊泗亭觉得至少葬礼得替她办得隆重一点。就想请当地道士熊大富来为死者开路。道士怕传染鼠疫，便推脱说："这次我帮不了忙，下次再帮忙"。熊泗亭认为这话不吉利，两人吵了一架，心中闷闷不乐，只好含泪埋葬妻子。

妻子下葬两天后，儿子熊于青也发病死了。熊泗亭只剩下孤身一人，日夜痛哭不止，半月后精神失常，到处流浪，半年后死在他乡，几天都无人收尸。（摘自阳仁高 1999 年 9 月 23 日陈述书）

（三）"老年丧子"

在当时的中国，老人都是靠子女赡养。子女一死，老人也很难活下去。

背着孙子乞讨的熊婆婆　阳仁高讲述

熊家桥村 22 岁的熊朋程患鼠疫死后，他的妻子文三秀改嫁了。熊朋程 50 多岁的小脚母亲和 2 岁的孙子生活无着落，哭天天不应，哭地地不声。他母亲只好含着眼泪背着孙子讨米为生。鼠疫害得孤儿寡母生活无依无靠。（摘自阳仁高 1999 年 9 月 23 日陈述书）

因瘟疫失去 4 个孩子的曾祖母　戴惠辐（1949 年生，时居汉寿县聂家桥乡先锋村）讲述

1940 年代初，我大祖父戴道南和他儿子戴加宽一起住在常德城内大西门一带。大祖父戴道南做丝烟加工生意，戴加宽做杂货生意。1942 年 5 月底，戴加宽突然病倒了。畏寒、高烧、剧烈咳嗽，阵阵抽筋，4 天后死了。照看他的大祖父戴道南也随后发病，他害怕死在县城内被火化，急忙带病回到乡下老家。大祖父的妹夫严冬生来看望和照看大祖父，也被传染倒在了我家。来接严冬生回家的弟弟陈南廷和严家的帮工也被传染，死在了我家。他们 3 人就在我村就地埋葬了。

同年 8 月同样死于鼠疫的，还有住在常德府坪外的二祖父戴道友、二祖母和他们的两个孩子。

死了这么多人，但我们戴家的厄运还没有结束。1944 年 4 月，在常德县城做小生意卖布的三祖父戴道理也感染鼠疫回到了先锋村，回家第三天就死了。他女儿也在他死的第二天也死了。

1944 年 7 月底，四祖父戴秋廷到三斗坪运盐途中经过周家店、石公桥，返回常德时也染上鼠疫，同伴们连夜把他送回家，第二天死于家中，年仅 32 岁。

随后是戴家的小儿子，五兄弟中唯一还活着的我祖父戴道远也染上了鼠疫。曾祖母经历了子孙的不断离世，现在看到唯一幸存的小儿子也倒下了，悲痛欲绝，跪在地上四方拜天，大声哭着："天啦！再死不得啦，以后我们怎么活呀！"

为了治好祖父，全家合力抢救，八方寻医找药。经 9 个月时间的中草药医治才死里逃生。但是，由于高烧和咳嗽时间太长，严重损坏

了肺部，呼吸困难，成了终身残疾，痛苦折磨了几十年。

为了筹集治病和发丧的钱，我家的三栋房屋、二十几亩耕地都变卖了，钱也花光了。活下来的人以后的生活都极为贫困。（戴惠辐1998 年 12 月 29 日陈述书摘要）

四　对亲戚邻里关系的影响

由鼠疫造成的人的突然的、大量的死亡，使得亲戚、邻居、商家客户等社会关系网受到了很大的冲击，由此带来的影响以各种形式显露出来。

1941 年 11 月，日军飞机从空中投下鼠疫菌，鸡鹅巷一带是投放地点之一，也是鼠疫死者最早集中出现的地区之一。

（一）程家和张家的官司

鸡鹅巷中有一大宅子叫程家大屋，里面住着程姓家族。从第三章第一节程启秀的陈述中可知，程家是个富裕的大家庭，其祖上在清朝当官，家产是祖辈上传下来的。程家大屋里除了程家一家人居住外，还有几家房客。

1941 年 11 月，程家大屋里很多人得鼠疫死了。警察为了防止疫情扩散，将程家大屋周边封锁，禁止进出，当地的老人现在都还记得当年从程家大屋里搬出死者的场面。而大屋中到底死了多少人，死的又是谁，半个多世纪过去了，至今没有一个人能够说清楚。但是，人们在提起程家大屋的鼠疫时，肯定会说到一个人，即程家媳妇张桂英。

因为张桂英的死，使本来关系亲密的亲家程张两家打起了官司。

张家状告程家　张桂英之女程启秀讲述

我祖父程星吾是常德有名的中医，父亲程志安也在祖父的指导下学习中医，开诊治病。我们家和谐美满，生活充裕。但是 1941 年秋天以后，一切都改变了。

当年 11 月，我母亲张桂英染上了鼠疫，那时我刚满 8 个月。具体说，是 11 月下旬的一天傍晚，母亲肚子饿了，于是家人就到街上的饺饵面担上买一碗饺饵。吃了饺饵后，母亲突然感到身体不舒服，第二天中午就死了。

对于母亲的突然离世，全家人都愕然了，就连身为名医的爷爷程星吾也束手无策。接到讣告的外祖父母急忙赶来我家，见到爱女突然离世，悲痛的外祖父母怀疑是程家人下毒害死了我母亲，就将程家人告上了法院。而且要求程家人将刚出生8个月的我给母亲陪葬。父亲跪在地上祈求外祖父母无论如何都要放我一条生路，我才好不容易捡回一条命。

法院接受起诉后，委托广德医院对我母亲的遗体进行了解剖，检验结果是鼠疫致死，排除了毒杀的说法。即便如此，张家还是对程家一直怀恨在心，几十年来两家人再没说过一句话。

新中国成立前夕，外祖父母一家人去了台湾。我姨妈张桂丽1996年回到故乡常德，与我再次见面，母亲死后54年，我才又见到了母亲娘家人。（根据对程启秀的访谈及1999年12月8日陈述书整理）

（二）村内邻里纠纷

鼠疫不仅造成了家人死亡、亲属悲伤的惨剧，如上所述还对人际关系造成了极大的影响。

在遭受鼠疫这样的突如其来的灾难时，人们的反应各有不同。一些人仅顾自己利益，不惜乘人之危，搅乱了既往的生活秩序。

近郊河洑镇合兴村1942年爆发鼠疫（见第三章第三节），1943年又被日军占领（见第七章第二节）。鼠疫发生以及日军占领期间，村民们纷纷逃难离开村子，有的去了周边农村的亲戚家，有的逃进了山区。离村之前，许多人家都把带不走的粮食和生活用品埋在了地下。

灾难过后，村民们又陆陆续续回到村里，早些回到村里的人家，甚至把别人家埋在地下的粮食及生活用品挖出来用。日军占领时，破坏烧毁了一些房子，人们回来后，要修补住宅，或者是在废墟上重盖新房。早回来的人家中，有的把别人家的房料拆下来用，或者在别人家的宅基地建房。这样，晚些时候回来的人家，想修房子或者缺少了建筑材料，或者失去了宅基地，没有住的地方，粮食也不见了。他们的生活比早些回来的人就更困难些。而且，埋藏的粮食和生活用具，即使怀疑是被邻居挖出来用了，也苦于没有证据，无法追究，只能暗自怨恨。由此一来，亲人和邻居间的关系变得冷漠疏远，有些家庭之间见面连话都不说。

被高利贷追债的生活　李本彪（时居河洑镇雷坛岗村）讲述

因为鼠疫，我家死了我叔叔、3个哥哥和1个姐姐（见第三章第三节和第四章第二节）。其余的家人为躲避瘟疫离开了村里，去亲戚家借住了一段时间。回到村里的时候，住的地方被别人家占了，只好住在村边快要倒塌的破庙里。

因为没有粮食，就向村里的向四爷借了一担棉花，条件是加倍还粮，也就是要还相当于两担棉花的粮食，用卖了棉花换的钱马上买了一点粮食救急。可是，一年后了还债时，棉花价格猛涨，我家还不起了。这份债务，年年利滚利，即使家里人省吃俭用，也还是还不掉，而且越欠越多。

1949年共产党进行了土地改革，我们合兴村也搞了土改，我家才终于从负债的重压中解放出来。（据对李本彪的访谈整理）

五　终生的伤痛

鼠疫改变了许多幸存者、受害者遗属的人生轨迹，对他们来说，这种影响是终生的。

以下引用常德城内的张礼忠和何英珍的陈述，看看鼠疫受害是怎样地影响了他们其后的人生的（其家庭鼠疫受害情况见第三章第一节）。

家人离散、流浪的生活　张礼忠讲述

1942年4月，我的两个弟弟得鼠疫死了。两个孙儿死后，奶奶因伤心过度而病倒，家人将奶奶送回老家镇龙庵，奶奶于当年秋天去世，享年61岁。

1943年，常年一人住在韩公渡乡下的爷爷派人捎信说，他到牛古陂亲戚家奔丧时住了两天，怕是传染上了瘟疫。因为害怕家人被传染，我父亲决定只同母亲、长子国彦去看望爷爷。他们到家没多久，爷爷就死了，享年61岁。

从1939年起，由于日本鬼子的空袭，还有国民党军队同日本军队的常德会战，我家的房屋几次被炸、被毁，房产3处约500平方米夷为废墟，失去了全部家产，父亲一生辛劳化为乌有。1944年，战局处于相持阶段，全家疏散逃难到牛鼻滩。父亲受不了这一连串的打

击，因此得病，医治无效，于 1944 年秋天死在牛鼻滩，享年 43 岁。

父亲死后，我 16 岁的哥哥张国彦支了个刻章的小摊，但很难养活一家 4 口人。母亲送我到牛鼻滩剃头铺兼面馆学徒，那时我 14 岁。名义上是学徒，实际上是杂工，晚上睡觉没有床，就睡在桌子上。有时不如老板的意还挨打。

母亲见状，就带我和弟弟国保上了奶奶的叔伯侄、表叔刘善臣的运输船上帮工。

表叔有一只自制的装运百担货的木船，原雇两个船工，一个辞退，一个病死。这样，繁重的力气活就落在我们母子 3 人身上。船在不顺风航行时，我兄弟俩幼稚的身躯死力撑篙，逆流航行时，四脚落地猫腰伏地拉纤，尤其涨水时逆水上行，我俩满脸涨得血红，头上太阳暴晒，汗流如雨。寒冬腊月行船时，水位低有时船搁浅，冰雪季节寒风刺骨，我兄弟俩要脱下裤子下水推船，是何等的难熬。有时手脚稍慢或做错事，表叔横眉怒眼，破口大骂，甚至大打出手。一次不慎将棕索掉入湖水，无法打捞，表叔用撑船的竹篙劈头打来，我鲜血涌出，晕倒在甲板上，我的头上现在还留着伤疤。

表叔的船在货少的季节就当做渡船，有时被国军征用运送军队。总是会被欺负殴打。一次一个乘船的兵把枪掉到了河里，为此我们全家人都遭到了毒打，母亲被打得骨折了。

1948 年，留在牛鼻滩的哥哥生病了。因为身边没有人照顾他，没多久就死了，当时他还只有 19 岁。

1949 年春天，洞庭湖一带刮起了前所未有的大风，表叔的船也坏了。没了船表叔也就失去了生活来源，他租了一条小船把我母子 3 人送到汉寿外婆家。我们在大舅、二舅家休养了一段时间，又回到了常德城。

母亲在父亲徒弟的帮助下，在下南门的衣巷子租了一间小屋住下，在大街山摆了一个小香烟摊子，一包两包甚至一根两根地零售香烟，弟弟提篮卖烧饼油条，我白天卖柑子，晚上卖茶卤蛋和发糕，母子 3 人相依为命，维持最低水准的生活。就这样一直持续到新中国成立。

我们一家人因为鼠疫和日本飞机的轰炸，家破人亡。我本来很爱学习，结果连小学都没能毕业。解放以后，我进了建筑部门当泥瓦匠。虽然体力劳动很繁重，但我还是拼命工作，认真精神被领导认可，于1950年代中期离开生产劳动第一线，进宣传部门当了干部。（据对本人的访谈整理）

一生背负着养家的重担　何英珍讲述

1941年11月，我家在18天里死了6口人。

我家原本四世同堂，是个18人的大家族，家里的主要劳力嫂子、姐夫、叔叔、伯伯死了。

1943年哥哥在日军轰炸时被炸死了，家里的房子被炸毁了。父亲因为接受不了这一连串的打击，身体虚弱，憔悴得很。家里人在家的原址上搭了一间小平房，卖辣椒和中药。当时姐姐已经嫁出去了，家里没有劳力，我只好从高中退学，帮着家里做事。当时家里除了父母外，还有两个婶婶、年幼的侄子侄女、小妹。1949年父亲病逝，我更是成了家里的顶梁柱。1952年市政府招干部，我参加了工作，每月可以拿到34元工资。我白天工作，晚上帮助母亲记账。

两个婶婶在叔叔、伯伯死后也都没有改嫁的念头，一直跟我们在一起生活。所以，我不但要照顾母亲，还要照顾她们。两个婶婶当中，大婶婶活到了1962年，小婶婶活到了1965年，我一直照管她们的生活为她们送终。此外，哥哥嫂子夫妻俩死后，侄子侄女一直在我家，侄子1954年上了北京钢铁工业学校，毕业后去武汉钢铁公司工作，侄女上了长沙地质勘探学校，妹妹1958年考上了武汉钢铁公司卫生学校。也是我一直照顾他们，直到他们各自离开家。

为了照顾这一大家子人，我自己的婚事受到了影响，直到1962年我28岁的时候才结婚，这在当时算是非常迟的了。（据对本人访谈整理）

因为细菌战受害以及日军的轰炸，原本富裕的张礼忠家一贫如洗，十几岁的兄弟俩只好上船去当劳工，同样是年龄不过十几岁的何英珍，在家里丧失了主要劳动力后，只好担起养活全家人的重担。

第 七 章

受害记忆的保存

熊家桥村外（2006 年）

前一章分析了细菌战对幸存者本人及亲属们后来生活的影响，本章着重分析受害记忆对人心理的影响，以及战争受害记忆的特征，并介绍一些以民谣、绘画形方式表现的受害记忆。

一　受害者与受害记忆

细菌战引起的鼠疫受害，已经是半个多世纪以前的事情了。亲身经历了这场灾难，有着相关记忆的幸存者和亲属大多数已经离开了人世，而且，从笔者着手调查到本书的出版的过程中，又陆续有一些知情人离世。现在仍然健在的亲历者，多是当时 20 岁以下的年轻人，有的人那时刚刚懂事仅留下了一些模糊的记忆。

关于受害情景及相关的记忆是否清晰，能否较为清楚地说明事情的经过，即使是年龄相仿的人们之间也会有很大的差异。在访谈及阅读陈述书时，我认识到记忆的差异的产生，受到了当事人的年龄、受教育程度、是否得到家人良好照顾、事后的人生经历等许多因素的影响。另一方面，除了这些个人之间的差异外，影响受害经历的记忆，还有以下一些共同的因素。

（一）横死、暴死的冲击

在中国，人活至高寿而自然衰老死亡的叫做寿终正寝，被认为是正常的、可以被接受的死。横死、暴死都是区别于正常死亡的死法，横死是遭到不测死于非命，暴死是突然间失去了鲜活的生命。

因为鼠疫，常德有几千万至上万人横死、暴死，这对家人、亲友造成的冲击是巨大的。

对于人类的记忆，心理学认为，人如果遇到意料之外的、造成情感剧烈波动的重大事件，对该事件的记忆易于保存得鲜明详细。这种记忆叫做闪光灯式记忆。意料之外的重大事件会触发当事人的特殊神经机制，其机制的活跃使得事件的情景像被印在脑子里一样被保存在记忆里。[①] 而且，记忆的保存

---

① 　[美] G. 科恩著，[日] 川口润等译：《日常記憶の心理学》，第 148—151 页。

与事情发生的频率相关，"罕见的事件比频繁发生的事件的印象更为深刻"①。

鼠疫受害无疑使当事人的情感发生了剧烈波动。遗属们对亲人的死终生抱有遗憾和悔恨的心情。这些深藏内心的强烈感情，一直伴随着幸存者及遗属对当时情景的深刻记忆，感情不消，记忆亦不褪。

造成当事者的情感剧烈波动的原因之一是因鼠疫患者的死状太过惨烈。许多人的陈述书中，都提到了鼠疫死者的病状，全身痉挛、大腿和脖子肿大、高烧、头痛、呕吐、失禁。看着亲人以这样的惨状离开人世，对遗属来说，是难以名状的痛苦，唤起人们"惨"的情感。"惨"一词，在幸存者和遗属们的讲述和陈述书中是反复出现的。

例如，第三章第四节中引用的向道同讲述周士乡九岭村死亡多人的陈述书中，不长的一段文字中，几次用了"惨"、"惨状历历在目"、"更有惨者，那些嗷嗷待哺婴儿伏尸啼哭"、"这些都是本地的鼠疫惨状"、"血泪斑斑，惨痛史实"的话语。

同一节中朱方正关于芦荻山乡伍家坪受害情况的陈述，同样使用了"惨"、"这悲惨的情景不到两天又发生了"、"那凄惨的情景，真叫人魂飞魄散"的话语。

文化人类学认为，语言是人们表现自身经验的产物，是各民族集团将实践经验符号化的结果，亦是对世界及对其自身文化的理解进行加工使之体系化、结构化的手段。语言有其内涵和外延。外延是指词汇的适用范围，内涵是指词汇适用范围所包含事物的共同特征。②

参考文化人类学对语言的解释，来看一下"惨"的内涵和外延。

首先看内涵方面。"惨"这个字在汉语中指：①目不忍睹，②程度甚重，瘆人，③残酷，惨绝人寰。"惨"所形容的情形会唤起人们悲伤、难过的感情，得到同情、怜悯和共鸣。陈述书作者在使用"惨"时，内心是充满着这样的情感的。

而外延方面，具体到细菌战受害，"惨"涉及以下一些情景。

死的景象，人们相继不断地死去，死者多得来不及埋葬，有着重葬的习俗和观念的人们只能简陋地处理亲人的遗体，甚至连抬丧的人都死光了；等等。

① ［美］G. 科恩著，［日］川口润等译：《日常記憶の心理学》，第138页。
② ［美］E. A. 舒尔茨著，［日］秋野晃司等译：《文化人类学》，古今书院，1993年，第82—84页。

生与死之际，与死去的父母、子女的生离死别，哭着趴在死去的母亲身上找奶吃的婴儿，哭得痛不欲生的老人。

失去亲人之后人们的悲伤，哭天抢地，心碎魂破的精神状态，颤抖的身体，昏厥在地，由悲伤造成的疾病，每天流泪造成的眼病、失明；等等。

遗属们的命运，"三大不幸"造成的人生跌宕，孤儿寡母的艰难生活，遗孀改嫁母子分离，童养媳的苦难，成为孑然一身的家中独苗的孤独，小脚老妇人拉着孙子乞讨，寄人篱下遭受虐待的孤儿，内心郁闷的自杀者；等等。

这些情形在人们的脑海里留下了悲惨的印象，随之亦留下了较为鲜明的记忆。

（二）家人、亲人间的羁绊

对死去亲人的记忆亦与家人、亲属间的感情相关。感情越深，记忆也越深。

第三章第一节中祝伯海对于姨妈姨夫和姐姐一家三口因鼠疫而死的情形，描述得很细致，包括一些具体的场景。他也对笔者说过，姨夫一家和他家来往很密切，"相互体贴照应，如同一家人一样"，他"喜欢姐姐，也喜欢姨妈姨夫"。记忆深刻与交往多、感情好是不无关系的。

第三章第三节中介绍了高超群以诗的形式形象地表现了母亲的死，这也同母亲死后父亲疼爱他，为照顾他不惜数次离婚的人生经历有关。

（三）事出重大

记忆还有一个倾向，对当事者来说，越是重大的事情其记忆也越加鲜明。

鼠疫让人失去了亲人，其中很多家庭失去了作为家中顶梁柱的青壮年劳动力。原本富裕的家庭没落了，入不敷出，原本贫困的家庭更是一贫如洗。原本有着被保障的接受教育、步入社会的未来的孩子们，一下子被甩到社会最底层，失去了上学的机会，靠当童工、苦力生活。

前面各章介绍的失去了所有亲人的曾金钟、丁旭章，父母双亡的王吉大，失去父亲的王长生、张礼忠，失去母亲的程启秀，失去嫂子、姐夫、伯伯、叔叔的何英珍等人，都是这样地被鼠疫改变了人生命运。他们人生曲折多舛，是与亲人被鼠疫夺去了生命的事实分不开的。回顾人生，总是有着细菌战受害的影子，细菌战受害也就成为他们无法磨灭的记忆。

二　融合了各种战争受害的浊流般记忆

常德人对日军造成的战争受害的记忆是多方面的，细菌战受害只是其中的一部分。

心理学认为，人的记忆有将反复出现的事情总括起来进行记忆的倾向。[①] 对于屡屡遭受日军各种加害的常德人来说，这场鼠疫灾难虽是其中的一个重大事件，但也是与其他的受害记忆融合在一起的。

（一）相互交错的受害记忆

因为细菌战和日军的其他加害事实是前后交错在一起的，所以，人们的受害记忆往往也是相互交织在一起的。一旦记忆被唤起，半个多世纪前发生的各种事情就如旋转着大大小小旋涡的浊流一般，从心底流淌而出。

常德地区受到日军的其他加害，主要是日军的轰炸和地面占领期间的烧杀抢掠。

日军从 1938 年秋起，在长达 5 年的时间里一直持续地对常德地区进行轰炸，死伤众多，常德县城内和近郊的居民生活在对空袭的恐惧之中，"跑警报"成了日常生活的一部分，听到空袭警报后城内的居民马上按各自的逃跑路线疏散到城郊避难。

1943 年 11 月，日军以 10 万左右的兵力进攻常德，与守卫常德的国民党军第七十四军第五十七师 8000 兵力展开激战，史称为"常德会战"。[②] 经过二十几天的激战，第五十七师大部战死，日军于 12 月 3 日占领常德。

从 11 月开始进攻到 12 月 9 日国民党军收复常德的 1 个多月的时间里，日军在常德城内及近郊农村放火烧房、抢掠劳工、虐杀百姓、强奸女性，犯下严重的罪行[③]。很多家庭在因鼠疫失去亲人后，又一次受到了日

---

① ［美］G. 科恩著，［日］川口润等译：《日常記憶の心理学》，第 67—83 页。

② 叶荣开编：《中日常德之战》。

③ 关于日军在常德会战前后的暴行，历史学家翦伯赞在《常德、桃源沦陷记》（重庆《中华论坛》1945 年第 9 期）中有详细记载。翦伯赞援引通信社、报纸、国民政府统计报告等资料，具体地描述了常德地区常德、桃源、慈利、石门、临澧、澧县、安乡、南县、华容等 9 个区县的受害情况。指出："在这一战役中，中国的人民有 131900 人被杀死，38085 人受了伤，35185 个妇女被奸污，4237 个妇女强奸致死，83497 人被掳去。在物质方面，烧毁房屋 73383 栋，抢去粮食 16589484 石，损失耕牛 86512 头。此外，还有 300 万以上无家可归的难民。所以有人说，常德之战，不是'大捷'，而是'大劫'。"见叶荣开编《中日常德会战》，第 767—777 页。

军的残害。

中国人称日军为"日本鬼子"，这个称呼里凝聚了民众深深的怨恨，对民众来说，日本侵略者是没有人的模样的"鬼"。说没有人的模样，的确，即使是遭受鼠疫这样如此大规模的灾难，人们却连加害者的样子都没见到过。轰炸造成的伤亡也是如此，虽然战斗机频繁从西南方向飞来投下炸弹，但是人们仅能看到"麻飞机"（常德话），却看不到投弹者的面孔。

加害者的面孔出现在常德民众面前的，是在日军占领常德时期。但是，大多数民众在日军进攻县城和郊区乡村之前已经逃难，所以与日军的实际形象相比，民众的受害记忆里更加深刻的是日军所造成的灾难本身。①

（二）对轰炸的记忆

1938—1943 年期间，日军持续轰炸常德，许多人以及他们辛劳所得的财产瞬间化为了灰烬，很多市民都清楚记得轰炸时的情景和炸弹爆炸造成的恐惧感。

徐占棠（1924 年生，时居汉寿县聂家桥乡雷家坡村）讲述

那几年，飞机经常在我们这里扫射。有一天，我正在洗澡，几颗子弹正打在我的洗澡盆边，险些被打死了。

后来又发人瘟，湾里家家病人，我父亲病得起不了床，病得最狠，我弟弟保秋的耳朵病聋了。我老伴杨信云头发也病掉了（摘自常德细菌战受害调查委员会《关于日本帝国主义进行鼠疫战给汉寿县聂家桥乡雷家坡村徐家湾造成的后果的走访纪实》，1998 年 4 月 14 日、15 日）。

当时住在常德县城内高山巷口的张礼忠一家因鼠疫所遭受的灾祸，在

---

① 对于日军暴行的记忆，因日军驻守时间的长短以及是否与居民有所接触而不同。桃源等周边各县，因日军驻扎时间长，当地民众的受害事件多，记忆要比城内居民的更加具体。桃源县退休中学教师谢希圣从 1980 年开始，为收集日军暴行受害证言走访了桃源县 160 个村子，至 2002 年已整理出了数十万字的记录资料。谢希圣的行为被《中国老年报》以及《桃源报》、《湖南邮电报》、《湖南工人报》、《常德晚报》等当地报纸报道。中共桃源县委党史资料征集办公室编：《日寇侵桃罪行录》，2002 年，第 48—49 页。

第三章第一节、第四章第三节以及第六章第五节中都有介绍。而张礼忠对于日军空袭和日军占领的事情也记得很清楚，这些痛苦的回忆和与鼠疫相关的回忆都紧密相连。

张礼忠讲述

1938 年阴历冬月初八起，日本飞机轰炸常德广场（现飞机场）。下午，十几具尸体摆在下南门汉寿街（现邮电局营业厅），我目睹了那悲惨的场面。此后常德人就过着不安宁的生活。我们小孩经常唱着一首儿歌，"天不怕，地不怕，就怕飞机拉粑粑。"

那几年，疏散警报一响，市民就背着警报袋向城外郊区疏散。敌机突然来临，紧急警报响了，警察就大声喊，不要跑了，快躲起来！

警报袋是日军飞机轰炸常德初期出现的，用蓝、灰、黑色布料做成的简易布袋，每家都备几个，放好钱财、衣服、食物、必需品在里面，警报一响，背起就跑。

1939 年端午节后的初七、初八，日军飞机分 6 批来轰炸，还丢了燃烧弹。初七这天，我父母抱着半岁的五弟国成和徒弟 2 人一起去天主教堂防空洞躲警报，洞里人已满，只好躲到一小砖房内。一颗炸弹正中防空洞，洞内 200 多人全部遇难。这次轰炸中，我家 1937 年盖的新房被烧毁，父亲 20 年来辛苦劳动所积攒的财产被烧得干干净净。1940 年春，父亲想方设法在常清街又修建了一栋木结构的小楼房，有 150 平方米，用于营业和住家。

1941 年秋，一天清晨，警报刚响，日本飞机就临空了，城里人无法跑出城，我和父亲往屋后空坪的防空洞跑。防空洞非常简单，几根烧黑的木头行面堆点瓦渣土块。一颗炸弹飞到长沙毛笔店爆炸了，老板和家人全被炸死。我亲眼看到毛笔店老板的头被炸弹削去了半边。我的左小脚也被弹片炸伤，血流不止。我几乎吓破了胆，拔腿就跑，跑出后门，冲到街上，一边哭一边跑，一直跑到城门外七八里地的姻缘桥，见到祖母母亲等人，又大哭一场。

下午警报解除回城后，看到墙上粘有人血人肉，电线上挂着人的五脏、手、脚残骸，街上到处是残缺的尸体，防空洞内外死了不少人，可怕极了。我腿上的伤口在乡下搞了一些烟丝包扎，后来感染化脓，双腿都烂了，臭不可闻，直到 1950 年才好。

1942年4月，四弟国民、五弟国成、丫头毛妹子染鼠疫死亡。

1942年秋，祖母因想念孙子，忧虑过度，病倒死亡。

1943年春，祖父染鼠疫死亡。

1943年秋天，在日寇打进来之前，政府和守城七十四军五十七师发布疏散告示，要市民迅速离开城区。母亲和三弟去农村购粮未归，炮声已响，我父亲、哥哥国彦和我3人急忙逃难。家中的女佣、40岁的严妈说自己没地方去，一个人留下看家，我父亲同意了。

我父子3人白天在农民家里躲避，晚上怕日军闯来，一般睡在野外山沟。一个多月后日军撤退，我们回到家里，只见严妈赤身露体倒在菜园里，阴道上插一根木棒，尸体已经腐烂。父亲大骂日本鬼子，禽兽不如。房子已损坏了，房顶炸了一个大洞，床和家具被烧毁。

2年多的时间里，我家死了6个人，家里的房子两次被烧被毁，财产尽失。受到这一连串惨祸的打击，父亲倒在了病床上。1944年初冬，发痴发呆失去记忆的父亲离开了人世。（根据对本人访谈、1998年12月15日陈述书及《张礼忠回忆·张氏家史》整理）。

李光中（时在常德城内府平街借住）讲述

从1938年起，常德城隔三岔五就遭到日军飞机轰炸，我家的回族餐馆在一次轰炸中被毁，李天明、李锡成父子失业，他们在鸡鹅巷摆了一个小摊做生意，父子两人先后染上鼠疫死了（见第三章第一节）。

我现在还清楚地记得常德遭轰炸时的情景。那几年，吃完早饭后"跑警报"成了惯例。早上用手帕包上玉米、煮鸡蛋、蚕豆等食物当午饭，空袭警报一响，马上把手帕小包带上，背上警报袋就往城外跑，离城越远越安全。

警报一般拉两次。首先黑山嘴的观察所发现敌机后，会拉响长短相间的警报，这是"空袭警报"；接下来在德山乡的观察所发现敌机后，会拉响连续短促的"紧急警报"。老人和孩子基本上听到"空袭警报"就开始往城外跑，年轻人和男人们多是听到"紧急警报"响起后才往城外跑。有时候遇到下雨天等天气不好的时候，观察所没能发现敌机入侵，等飞机接近了才直接拉响紧急警报，想出城也来不及了。

空袭警报的解除一般都在下午 4 点之后，标志是一声长响。日军对常德的轰炸一直持续到 1943 年常德会战，其后轰炸就基本没有了。轰炸持续的那几年时间里，常德城内的商店下午 4 点以后基本上还照常营业。

我家在院子里挖了一个简易的防空洞。一天，突然直接响起了紧急警报，接着日本人的飞机就马上出现了，我家里也落下了两颗炸弹。当时在家的有厨师刘师傅和金师傅、我母亲和我 4 人，刘师傅、母亲和我马上跑进了防空洞躲了起来，躲过了炸弹，但是金师傅跑迟了，被炸弹击中，脑袋整个被削掉了。

就是这次轰炸把我家的餐馆夷为了平地。后来，父亲又在府坪街对面的黑神庙附近重新建了一家店。

19 岁时感染鼠疫，一度徘徊在生死边缘的杨志惠对日军飞机有着深深的恐惧。

恐怖的空袭　杨志惠讲述

1941 年，我和母亲还有一个弟弟，孤儿寡母 3 人居住在常德市内五铺街一个木板房里。当时我 19 岁，弟弟 13 岁。

农历十月的一天早晨，忽然听到一种轰鸣声，母亲脸色大变，说："日本飞机，日本飞机，快，快躲起来！"母亲平素干练，二话不说，把一张桌子拉到房中，又抱来几床棉被铺在桌上，三把两把就把我和弟弟拉到桌子下面躲了起来。我们吓得不敢出声，不知道发生了什么。不久，听见由远而近又由近而远的飞机声，在空中盘旋。接着听见的是飞机尖利的俯冲啸声，似乎是什么东西落在屋上、街道上。这时，母亲面色沉重而紧张，不说一句话。飞机渐渐远去，我们躲在母亲怀中，惊悸未消。弟弟脸色苍白，嘴唇颤抖，想呕吐。我也一样，头昏目眩，仿佛刚从死神的利爪中挣脱出来，体验到生死边缘上的恐怖。这种恐怖，直到现在仍像烙铁一样，深深烙在我的记忆深处。

飞机去后，我们看到在五铺街一带的大街小巷及屋顶上到处是谷、高粱、麦粒、破布、烂巾等东西。那时，我们做梦也不会想到，这些破破烂烂的东西，里面带有七三一部队的鼠疫杆菌。也就是这些鼠疫杆菌，使数以千计的无辜百姓暴病身亡。我的肉体和心灵，也在这场细菌战中，遭受了极度的摧残。（杨志惠 1999 年 1 月 19 日陈述书摘要）

（三）关于日军占领期间的受害记忆

日军占领常德的时间很短，仅 1 个多月，但是民众的受害很大，下面具体地看一看"日本鬼子"是以怎样的形象出现在民众的记忆中的。

河洑镇合兴村 1942 年 9 月发生鼠疫，致多人死亡。1943 年又遭日军占领。对于这段经历，被鼠疫夺去了父亲生命的李腊珍是这样说的（合兴村的鼠疫受害情况见第三章第三节）：

李腊珍（1928 年生，河洑镇合兴村 8 组）讲述

1942 年 7 月，家里人患瘟疫一个接一个的死，4 天内死了 5 口人。接着日本鬼子打进常德来，又将我家大四合盘烧了精光，建筑面积在 800 平方米以上，当时 10 万银元也抵不上的家产，千秋祖业毁于一旦，家毁人亡。

李开成的娘被日本兵抓走，集体奸淫后，又用刺刀从屁股后捅进去，然后举起来摔死在地，而敌寇哈哈大笑，以此取乐。郑家的姑娘十五六岁，长得几多乖巧，水灵灵的女孩子，没有一个不喜欢她的。不幸被日本兵抓去了，鬼子兵兽性大发，将她群体强奸致死，然后把她甩在壕沟里，身上衣服剥光一丝不挂裸露在光天化日之下。造孽日本鬼子禽兽不如。（根据常德细菌战受害调查委员会《鼠疫受害者走访录》，1998 年 4 月 3 日）

李本福（1949 年生，祖居河洑镇雷坛岗村，常德细菌战受害调查委员会成员）讲述

从小，我就听父母亲经常讲述日本鬼子糟蹋家乡的惨事。我家离常德城只 3 公里。1943 年古历十一月十八日日本鬼子侵占常德城时，在我的家乡杀人、放火、强奸、抢劫，无恶不作。把我家 700 平方米中间有小花园的四合盘天井屋一把火给烧成瓦砾，并抢走稻谷几千斤，耕牛 3 头，肥猪 4 头。还把我二叔抓去当挑夫。

我们整个村子和附近的村子全部被烧光，东西被抢光。日军抓住了百姓就杀掉，抓到妇女就强奸。

　　我们村附近有一个水塘，叫枫树堰，日本鬼子把抓到的 72 名平民百姓用绳索给一个一个地捆绑后连接在一块，然后，将他们推到水中，谁的头冒出水面，他们就用泥土块砸，直到全部活活地淹死。

　　还有，附近有一个叫项家大堰的水塘，日本鬼子把抓来挑东西的百姓、马夫和女人共 150 人全部杀死丢在这个水塘里，杀死男人多数是有头无头，杀死的女人是从阴部刺入而死。（根据李本福 1999 年 3 月 12 日陈述书整理）

图 7—1　作者（左二）与常德细菌战受害调查委员会成员刘体云（左一）、李本福（左三）、徐万智（左四）

雷坛岗村的项兴武回忆了自己亲眼所见的日军暴行。

项兴武(1916 年生，居住于聚宝村) 讲述

　　日本佬进村时，我来不及逃走，被他们抓住了。他们把我当小孩子，强迫我给做事，为何没被杀，我也弄不清楚，趁他们没注意时，我逃跑了，才幸免于难。

据我所知，我们这地方被日本鬼子杀害的人很多，凡穿长袍及制服的中国人几乎都被杀掉，像乡长保长、教师、政府官员等一律不放过。肖燕生老师被杀只是其中之一。

向家堰被血染黑了，杀死几十百把人丢在堰里，人们回来，几里外的风里夹带着浓重的血腥气味，令人毛骨悚然打冷颤。有人到堰边用竹篙扒开草一看，一层死尸暴露出来，少说也有百多具，横七竖八浮出来，吓人得很。本地有脸面的人出头，把死者尸体一一捞起来草草收拾入土，本地人外地人都有，谁是谁难以辨认。兵荒马乱的也无人问，我也是帮助收尸掩埋者之一，景象凄惨得很。

开始日本鬼子把抓来的远近百姓用索捆起，关在项家大屋（志边家），后来一批一批地枪打刀杀，像牲口似地杀光了，杀的人成百上千无以计数，多得很。尸体多埋在堤上堤下，都是挖个洞盖上土就了事。那时候，大白天都出鬼，黄昏黑夜更是悲泣之声呼喊之声此起彼伏，阴风惨惨，不敢出门。后来地方上请了道士做了道场发送，才安宁些。日本鬼子掠不走的就烧，带不动的就毁，糟蹋的东西无数可计。丹洲泽远村（现2—4组）的房屋全烧光了，车刘家一带也烧光了，10组只剩刘大用一家了，烧屋百多家。

这些丧心病狂的家伙居然还用中国字在白墙上写下"吃的剥皮鸡，睡的美人妻，烧的背时屋，杀的蠢东西。"看来中国人做汉奸的也不少。（据常德细菌战受害调查委员会"鼠疫受害者走访录"1998年4月3日）

李本彪（居住于河洑镇雷坛岗村）

1942年发"人瘟"，我家死了5口人（见第三章第三节和第四章第二节）。第二年，日本人进村了。当时我父亲为了躲兵役逃到了亲戚家里，不在家。妈妈抱着我跟着逃难的人群一起逃走了。

沅江过江码头上挤满了逃难的人，妈妈抱着我怎么挤都挤不上船。和我们一起行动的叔叔叫妈妈把我扔到河里算了，妈妈坚决地拒绝了。好不容易终于上了船过到了沅江对岸，大家一起赶路的时候又发现了行军中的日本鬼子，赶忙躲到旁边的田里，蹲下来气都不敢出。当时还只有2岁的我安静不下来，周围有人低声说"把这个孩子掐死"，妈妈只好用力捂住我的嘴。好不容易终于等日本人通过了，我的脸被憋得煞白，

妈妈只能把我紧紧抱在怀里。（据对本人访谈整理）

李锡林（1950 年生，居住于许家桥乡民族村）

1942 年 7 月，丁家坪的李先密去常德县城做牛生意带疫回家，他父女死后，因宗亲关系，我祖母前往吊唁（民族村的鼠疫受害情况见第四章第四节），不幸染疫。

1942 年 7 月 2 日得病，6 日便死了。据我父亲说，祖母死时很惨，高烧时胡言乱语，全身抽筋，缩成一团，疼得地上打滚，颈部肿大，窒息而死。祖母死得惨，全家老幼无不悲痛，当时家境很贫困，无钱安葬祖母，祖父就东张西挪，借到稻谷 2 担，很草率地将祖母安葬了。

可是，祸不单行，1943 年正月初一清晨，一伙抓壮丁的枪兵闯入我家，将我叔叔李少群五花大绑抓走。我祖父哭得昏倒在地，呼天喊地要儿子。未经军事训练的叔叔被编入部队上战场。这年 5 月间得知叔叔被侵华日军打死了，晴天霹雳。祖父得知噩耗精神上经不起这种沉重打击，便精神失常，不吃不喝，日夜呼喊儿子，见者无不落泪。

我父母在世时，讲起日本侵略军就咬牙切齿，经常对我们说，"不要忘记国仇家恨，民族的奇耻大辱，只要有机会就要向日本侵略者算清这笔血债"。（李锡林 1999 年 1 月 26 日陈述书摘要）

三 心理外伤性记忆

细菌战在受害幸存者和遗属们的心里留下了伤痕，这种精神上的伤害不是一时的，而是终生都带着心理阴影。

精神医学家中井久夫列举了心理外伤性记忆的 10 个特征[1]，其中的以下 5 项，可以在常德细菌战受害幸存者和遗属的记忆中得到印证。

（1）记忆如同静态的影像般鲜明。

（2）不变性和反复性的记忆，无论过了多少年，还是如同昨天刚刚发生的事情一样反复浮现出来。

（3）回忆的唤起是非自主的、被动的，常常带有侵入性，会因类似

---

[1] ［日］中井久夫：《兆候 記憶 外傷》（《征兆 记忆 外伤》），东京：美铃书房，2004 年，第 63—65、161—162 页。

的感觉刺激而被诱发。

（4）常常伴有强烈的情感，多是厌恶、惊愕、羞耻感等感觉，这些情感使得当事人尽量回避提起有关的记忆。

（5）上述情感常常与身体的自动反应相关联，二者往往很难分开。许多被当作是身体不适，实际上是由于唤起了心理外伤性回忆而引起的身体反应。

接下来我们逐项对照常德细菌战受害幸存者及遗属们的陈述，来看看所表现出来的心理外伤性记忆。

关于特征（1），虽然每个人记忆中的画面各有不同，但是都存在着一些十分痛苦、如同画面一样鲜明的场面。

我前后几次访问过张礼忠，他的谈话中会反复出现"两个弟弟死后，用毛巾捂住嘴忍住哭声，嘴角都咬出血了"的祖母的模样，以及"把死了的弟弟装扮成睡着的样子放在箩筐里挑出城去的父亲的背影"，还有"炸弹打中了旁边的毛笔店，店老板的头被炸弹削去了半边"，警报解除后回到城里，"墙上粘有人血人肉，电线上挂着人的五脏、手、脚残骸，街上到处是残缺的尸体"，日军撤退后回到家里，"严妈赤身露体倒在菜园里，阴道上插一根木棒，尸体已经腐烂"等画面。

死了姨、姨父和姐姐的祝伯海特别清楚地记得盖着白布的姨和姐姐的尸体、姨父临死前绝望的脸、焚化鼠疫死者尸体的火葬炉等情景（见第三章第一节）。

8岁时因鼠疫失去了父亲和姐姐的郑圣国，清楚地记得父亲和姐姐临死前痛苦的表情。

郑圣国（1934年生，时居城内铁塔村附近）

1942年农历七月，父亲在津市做米生意时感到不舒服，急忙往回走。艰难地走到常德就走不动了，叫了人力车回家。母亲把父亲扶上床，连忙回老家樟木桥喊龚郎中为父亲治病。9岁的姐姐和我在家，就见父亲蜷曲着身体躺在床上痛苦地呻吟，豆大的汗珠从额上往下淌，遍身汗渍，吐的口水随处可见，有几件脏衣、内裤丢在屋角，有黑稀大便沾身。我和姐姐被眼前的情景吓呆了，不敢接近父亲，一个劲地喊："妈，不好了，爹很疼，快回来！"听到我们的哭喊声，几个好心的邻居赶了过来，看到父亲痛苦的样子，就请来会烧灯火的邹七婶为我父亲断痉风。我母亲请的郎中还没到家，父亲就死了。听到这个消息，母亲昏死在屋外的铁塔旁。在给父亲穿死衣时，我清楚地记得父亲身上有许多乌紫点。死后葬在樟木桥郑氏祖坟山。父亲死后第三天，姐姐就感到不舒服，不吃不喝，肚子痛得蜷曲着身体，症状跟父亲一模一样，一遍一遍地喊着，"妈妈，我肚子痛，哎哟"。就这样，结束了她年仅9岁的生命。以上事实，我亲眼所见。（郑圣国1998年5月15日陈述书摘要）

关于特征（2），不少人在陈述书中提到，自己是如何被过去那噩梦般的记忆所纠缠的。

我的亲人惨遭不幸时，我11岁，幼小的心灵深深震颤，重重创伤，时至今日那一幕幕悲惨的情景依然历历在目，时常浮现眼前。我姨、姨父、三姐一家3口一天多时间死完绝户了，好不让人撕心裂肺啊，纵使天地间海枯石烂也忘不掉的。（祝伯海1998年12月陈述书）

父母和两个妹妹先后死去，一家6口人只剩下我和5岁的妹妹桂枝。我们嗓子都哭哑了，眼泪也哭干了。那种悲惨的场景我到死都忘不了。（王吉大1998年5月25日陈述书）

当时，我已是年满9岁的小学三年级学生，一直守候在父亲床前。我是5个子女中的唯一男孩。父亲临死前已经不能说话了，但他心里是明白的。我现在还清楚地记得，父亲是望着我流着期盼的眼泪死去的。其悲伤之情，现在回想起来，还是忍不住要伤心落泪。（丁德旺讲述）

关于特征（3），典型的例子是杨志惠的记忆。

杨志惠的长子周涣农说，他在读小学高年级之前从来没有听母亲说起过细菌战。她是在"文化大革命"武斗现场，第一次跟他说起这段往事的。

周涣农（1953年生）讲述

"文革"初期的1967年，常德地区的两派红卫兵武斗，打得很激烈，甚至用上了枪和炮，死了很多人。我妈妈当时在医院工作是护士，所以在武斗现场值班，救护受伤的人。

　　当时我是小学六年级学生，因为动乱学校也停课了。考虑到我一个人在家太危险，所以妈妈去武斗现场时也把我带在身边。因此，我也常常去到武斗现场。有一天，死伤者很多，回家后妈妈跟我说："像今天这样死了好多人的场面，我以前也看到过"。然后跟我说起了鼠疫受害时的情景和她自己的遭遇。这时，我才第一次知道了妈妈经历过那样的大灾难。（根据访谈整理）

　　杨志惠在见到了不断有人死亡或受伤的可怕场景后，想起了过去曾经历过的细菌战时的受害情况，并说给儿子听，是与心理学所描述的外伤性记忆的"因类似的感觉刺激而被诱发"的特征相符的。

　　关于特征（4），"伴有强烈的情感，多是厌恶、惊愕、羞耻感等感觉"能在受害幸存者及遗属的记忆中见到。

　　受害幸存者及遗属在亲身染病或被鼠疫夺走亲人生命之后，很长的一段时间里都不愿意与周围的人提起这段经历，甚至连自己的配偶或子女也不告诉，把往事埋在心底，倔强地沉默着，这在受害幸存者及遗属中十分常见。

　　例如，家住常德县城内的张礼忠和何英珍、当时家住石公桥镇的王跃来等，结婚多年也没有向配偶提起过自己的亲人死于鼠疫之事。他们3人都是细菌战受害调查开始后，并且自己本身也参加了调查活动之后，才对配偶和亲人提起受害的经历。

　　访谈张礼忠时，我曾问他："您为什么这么多年都没有跟家人提起过鼠疫受害呢？"他回答说："那段回忆实在是太痛苦了，所以，就把它压在心底盖上了盖子。如果不是细菌战诉讼，我也没有勇气打开这个盖子。"

　　何英珍的回答则有些不同。

　　可爱的弟弟和善良的嫂子的死，对我来说是难以接受的。而且，家里接连死了6口人，父亲眼看着日渐憔悴，不久就病倒了。当时只有十几岁的我不得不背起了养家的重担。因为家里死了人，附近的人也对我家冷眼相看疏远了，那时真是求助无门。在这样的环境下，我养成了凡事都积极地向前看，心里难受也不会说出口的习惯。（根据何英珍访谈整理）

杨志惠虽然跟丈夫及儿子分别说起细菌战一事，但都不是主动提起的。与儿子提起往事是在武斗现场，触景生情，有感而发。告诉丈夫是在结婚以后，丈夫发现她左侧腹股沟有手术的疤痕，问其原委时，她才如实说出是患鼠疫后为了取出囊肿而进行手术的痛苦经历。长年的家庭生活中，家人不提细菌战受害一事，是家里一条不成文的规矩。

关于特征（5），我所访问的受害者当中，很多人都提到每次触及过去的痛苦经历时身体会不由自主地发抖、眼泪不住地流，有的还会接连几天吃不下饭，睡不着觉，在受害幸存者及遗属们的陈述书中，亦有不少人谈到身体的反应。

李建华（1956 年生，河洑镇合兴村）讲述

1942 年 9 月，由于鼠疫的劫难，一时间变成哭声连天，死人接二连三，无人收尸，家破人亡的凄惨景象。上至年迈的老人，下至年幼的孩子，共 19 人染上鼠疫，只有 2 人幸存，17 人死于这场灾难之中。一个只有 56 人的小村子，在短短的一个星期就死了 17 人，真叫人伤心不已。悲惨的历史事实怎么也忘不了。我的祖母（李一堂之妻）清楚地回忆告诉我们说，"孩子们，你们要记住这段血泪史"，九旬老人泣不成声，泪流满面。（李建华 1998 年 12 月 6 日陈述书，合兴村鼠疫受害见第三章第三节）

徐万智（时居汉寿县聂家桥乡雷家坡村徐家湾）讲述

现在一提起痛苦的往事，我母亲就会泪如雨下，悲痛不已，泣不成声。（徐万智 1999 年 1 月 29 日陈述书摘要，徐家受害情况见第六章第三节）

"从死人堆里爬了出来"的杨志惠，1997 年常德细菌战受害调查委员会请她成为原告之一员时，最初她拒绝了这个请求。对于拒绝的理由，她是这样对笔者说的：

我有几个理由。第一，我对于日本的律师是不是真的有诚意帮我们中国受害者打官司还心存怀疑。我恨日本鬼子，也不相信日本人。

第二，我不知道我们政府对于民间诉讼的政策是怎样的。第三、也是最重要的一条理由就是，只要一提到过去的事，当时的那种恐怖感就会上来，全身颤抖，好几天都吃不下饭，晚上也睡不着觉。一闭上眼睛，眼前就出现隔离医院里那地狱一般的情景，还会看到死人的脸，鬼火一样的烛光。我实在是受不了。（根据访谈整理）

外伤性记忆给当事者在心理上造成了很大的影响。

杨志惠在工作上态度认真，经常被评为"先进工作者"。另一方面，她的认真努力的性格，有时显得拘谨不易变通，在家庭中，会因一些琐碎小事而发脾气。50岁以后，开始抱怨身体不舒服，健忘的毛病比较明显，呆坐的时间也长了。

周涣农是这样理解母亲的：

我妈妈生性好强，特别是对待工作极为认真，什么事都希望做得完美。可是另一方面，她内心深处总是感到不安，精神很容易焦躁。我小时候，觉得妈妈很怪，不可理解。长大以后，特别是知道了日军细菌战对她造成的打击后，才开始觉得妈妈心中的伤痕也许一直没有痊愈，我理解她了。（根据访谈整理）

第三章第三节中介绍了在几天之内失去了所有亲人的丁旭章，他在后来的人生中一直受到痛苦记忆的折磨。曾经和丁旭章一起在供销社工作的黄岳峰，向我讲述了丁旭章后来的情况。

丁旭章跟未婚妻一起离开了停放着亲人尸体的家，后来在家乡的丁家老屋的祠堂里为父母办了丧事。丧事同时也就是他们的结婚仪式，两人许下了相伴一生的诺言（见第一章第五节）。

结婚后，夫妇俩在常德县城生活，大约2年后，他们又回到了石公桥镇，和别人合伙开了一家小店铺。新中国成立后，旭章参加了工作，在供销合作社供职。

对夫妇俩来说，新的生活是开始了，但是，他们后来也一直受到鼠疫受害失去亲人的折磨。

丁旭章性格温和，内向，甚至有些胆小，常常因为一些小事不安，总是尽量避开与别人的过多接触。

有时，他会变得精力集中不起来，甚至精神恍惚，情况严重时会影响工作。而一旦工作中出现了问题，他的症状会变得更加严重，跟别人的交谈也愈发减少。我和他关系比较好，他跟我说过："我好羡慕你啊，你父母都健在，兄弟姊妹也都在。我家没有人了，好孤独啊。"

60 年代初期，无法承受忧郁和孤独折磨的丁旭章结束了自己的生命。（根据访谈整理）

四　记忆的表达

前面说过常德细菌战受害调查委员会开始进行受害调查以来，陆续收到了约 1.5 万封受害陈述书。

陈述书不仅是幸存者及遗属们对于本人、家庭及当地受害情况的生动记述，透过纸背传递出来的，还有他们对逝去亲人的哀怜，对于突发灾难造成自己与心爱的亲人之间生死两隔的茫然自失，以及对造成这一切灾难的日军的怨恨……

（一）情感的喷发——诗歌

很多陈述书中都夹杂着诗歌体的陈述。这些诗歌，有的是援引了当地流传的民谣，有的是自己创作的。且不说诗歌的文学水平如何，利用诗歌形式表达情绪这种行为本身，就反映出人们内心中积淀着深沉情感。

诗歌被认为是"语句的精炼和意象的集约"。"语句的精炼"即话语短小用词简练；"意象"则是经作者的思想和感情润色，饱含了作者的人格和情趣的各种物象的描述。短小的诗歌中可以包含丰富的"意象"，其情感容量是非常大的。[①] 因此，在普通的语言表达方式无法表现出自己的丰富情感时，人们就会想到采用诗歌来表达自己的内心。

以下会介绍一些陈述书中的诗歌和民谣，来看看这段记忆在他们心中是怎样的形象。

---

① 袁行霈著，[日] 佐竹保子译：《詩の芸術性とは何か》（《什么是诗的艺术性》），东京：汲古书院，1933 年，第 94—95 页。

对联——缅怀逝者的对联　方恒山

忆频年历尽蒋家心酸，

缺衣少食，长年累月当工役。

悲此日深遭日寇鼠疫，

荼毒杀民，丧女泣婆痛涕哀。

民谣　方恒山

日寇侵华似鬼妖，

狂徒鼠疫杀人刀。

瘟疫传播覃家榜，

血债不还誓不饶。

民谣——日寇万恶罪滔天　方恒山

万恶罪滔天，

日寇凶残。

草菅人命犯中原，

鼠疫蔓延覃家榜，

没绝人烟。

华北到华南，

惨不堪言。

尸骸遍野骨堆山，

往往天阴闻鬼哭，

血债偿还。

民谣——牛牯坡村的死亡景象　丁德望（时居蒿子港镇复临村）

家家是哭声，

山上尽新坟。

田埂行人少，

鸡犬也哀鸣。

民谣——死亡景象　方恒山

家家关门闭户，

个个愁眉苦眼。

老的哭儿泣女，

小的哀母想父。

痛泣声，

恸号声，

声声入耳。

从天晓到黄昏，

抬丧送葬人群日夜不断，

山冈上到处是黄土堆。

痛哭声震撼四野，

死神笼罩着家乡。

人心惶惶，

可怜孤儿寡母，

千古伤心。

万事俱废，

家破人亡。

凄惨情景，

无不触目惊心。

民谣——死亡景象　阳仁高

鼠疫真无情，

看了真痛心。

惨景真可怕，

眼泪流湿襟。

有的户死得家破人亡一时空，

有的户死得妻离子散不得团圆，

有的户死得成孤儿寡母无依无靠，

有的户死得单身一人自身难存，

还有的死绝亡户。

此情此景，

触目惊心。

民谣——死亡景象　曾昭辉

医生请不来治病，
亲友不敢来登门。
路上无来往行人，
邻居谁也不出门。
道士开路请不来，
一副龙杠抬不赢。
今日抬了你，
明日我得病。
到处一片哭喊声，
目睹坟山搅心痛。

民谣——死亡景象　王跃来（1935 年生，时居石公桥镇龙子岗村）

十里埋坟千百塚，
一家轮哭两三番。
狗拖尸骨洒满地，
鸟啄新尸血未干。

民谣——鼠疫流行后的周士乡景象（常德细菌战受害调查委员会收集）

四野无农夫，
百里少炊烟。
路上寻尸骨，
湖中哭亲人。

渔鼓词①　祝伯海

锵咚咚锵锵起，
打渔鼓听仔细。

---

① 渔鼓是洞庭湖一带的一种曲艺。将竹筒的一头蒙上薄薄的皮革做成一种叫做渔鼓的民俗乐器，演奏时演奏者一边敲击渔鼓一边唱歌。

民国三十年怪事出，

小鬼子似狼如虎天良丧，

烧杀奸掠不算满，

硬往常德把鼠疫菌放。

锵咚咚锵。

大好山河遭劫难呀，

户户人家哭响天。

黑尸成山新鬼冤，

鬼喊冤啦。

锵咚咚锵。

忍看亲辈屈黄泉，

报仇雪耻记心坎。

天日昭昭法难容，

将来定找狗日的把账算！把账算！

锵咚咚锵！锵！锵！锵！……

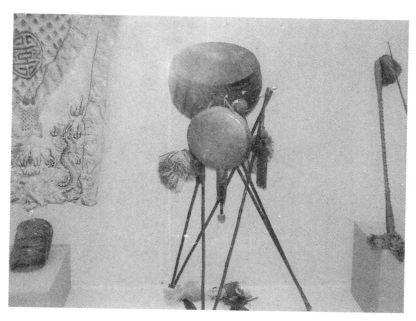

图7—2　常德市民俗博物馆中展示的渔鼓（2003 年）

悼念因鼠疫身亡的母亲的诗　秦泰（1928 年生，时居常德城内。
秦泰已于 1990 年离世，将此诗记录于陈述书上的，是秦泰妻子钟佩
德和三儿子秦新建）

　　思母游子吟，
　　此曲久不闻。
　　梦中吟一曲，
　　难寐到天明。

悼念因鼠疫身亡的奶奶的诗　秦新建（1953 年生）

　　草儿青青，
　　黄土塚塚。
　　清明时节是扫墓的时候，
　　而我的奶奶却没有坟墓。
　　奶奶，
　　不知你的魂归何处！

民谣——双桥坪乡大桥村蔡氏家族因鼠疫绝户的惨状　蔡文龙

　　百户曾无一户完，
　　荒村日落少炊烟。
　　新坟一排谁堆得，
　　不见亲友烧纸钱。

民谣——常德城遭空袭后（常德细菌战受害调查委员会收集）

　　十里长街日夜华，
　　而今一片瓦砖渣。

（二）诗歌中所表达的情感

　　受害者和遗属们通过诗歌所表达的，是许多生命被无情夺走的惨状，
与亲人生死相隔的遗憾，以及没有人性的"日本鬼子"的残酷。

　　第一，无数生命被无情剥夺的惨状。

　　"百户曾无一户完，荒村日落少炊烟"，"一副龙杠抬不赢"，"尸骸遍
野骨堆山，往往天阴闻鬼哭"，"狗拖尸骨洒满地，鸟啄新尸血未干"等

诗句所描述的景象，无不是悲惨的。

第二，与亲人生死相隔的遗憾。

中国人是重父母子女以及兄弟姐妹间的亲情的民族。原本相亲相爱的一家人，因为突如其来的灾难，而且是以这样残酷的形式突然生离死别，被永远地分隔于生与死的两个世界，生死两茫茫。悔恨、懊丧的心绪集结于心中，诗歌宣泄出了人们心底的情结。"忍看亲辈屈黄泉"，"丧女泣婆痛涕哀"，"老的哭儿泣女，小的哀母想父"，"思母游子吟"，"可怜孤儿寡母，千古伤心"，"奶奶，不知你的魂归何处"，都是表达的对亲人离开人世的遗憾心境。

第三，对日军的怨恨之念。

"日寇侵华似鬼妖，狂徒鼠疫杀人刀"，"万恶罪滔天，日寇凶残"，"小鬼子似狼如虎天良丧，烧杀奸掠不算满，硬往常德把鼠疫菌放"等诗句中，饱含了对日本侵略军强烈的怨恨之念。

（三）以绘画表现受害状况

以下介绍张礼忠和黄岳峰的画作。张礼忠是受害者遗属，黄岳峰受害幸存者，两人都是常德细菌战受害调查委员会的成员。对于作画一事，他们分别向笔者作了解释。

> 留在我脑海中的印象非常鲜明，虽然我不怎么会画画，但还是想把这些情景都画出来，把当时的气氛表现出来。特别是成为了细菌战受害调查委员会的成员后，在调查委员会办公室值班时，总忍不住要将头脑中挥之不去的过去景象画出来。（张礼忠）

> 我亲眼看到了石公桥镇鼠疫肆虐的样子，也亲身参与过埋葬尸体的过程。我怎么都忘不掉每家每户都有死人抬出的景象。在世的见证人已经不多了，我想要把自己亲眼见到的战争受害情况告诉给后人，所以用心画了这些画。（黄岳峰）

图7—3　父亲挑着死去的两个弟弟去埋葬（张礼忠画）

张礼忠5岁和3岁的弟弟患鼠疫死后，父亲为了躲避火葬，将两人扮装成熟睡的样子，放在箩筐里挑出城，偷偷葬在了城外的乱葬岗。这幅画反映的就是当时的情景。两个弟弟的表情被刻画得非常清晰。在张礼忠的心里，两个弟弟永远都是那么可爱。

图7—4　遭受细菌战前的石公桥镇（黄岳峰画）

黄岳峰一直住在石公桥镇，也曾染上鼠疫，有着九死一生的经历。在他的脑海里，一直充斥着鼠疫肆虐之前石公桥镇曾经宁静安详的景象。

图 7—5　丁长发家的鼠疫受害情景（黄岳峰画）

　　石公桥镇遭受鼠疫打击时，觉得自己年轻、不容易得病的黄岳峰，去丁长发家帮忙下葬。亲眼见到了丁长发家的惨状。

图 7—6　石公桥镇北极宫附近埋葬受害者情景（黄岳峰画）

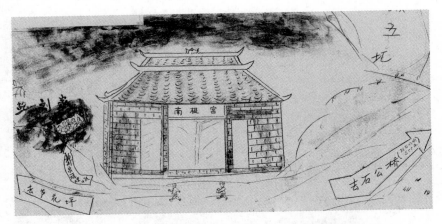

图7—7　石公桥镇南极宫附近埋葬受害者的情景（黄岳峰画）

图7—8　陈紫山埋葬受害者情景（张礼忠画）

画中出现的《陈紫山民谣》："离城六十陈紫山，驻扎部队一师团。三千壮汉瘟疫死，周围百姓受牵连。二亩荒地坟埋满，枯井瓦窖疫尸填。狗拖鸟啄狼争夺，尸骨遍地臭熏天。鬼哭狼嚎人怕走，夜点天灯心胆寒。"①

---

①　陈紫山附近当时驻扎着国民党军第四十四师第八十六团。1942 年至 1944 年间，该驻地爆发鼠疫，不断有因感染而死的士兵尸体被抬出，都埋在了附近的荒地、枯井和地窖里。常德细菌战受害调查委员会在陈紫山附近进行了走访调查，主要向当时主持过士兵葬礼的道士、和尚以及当地老人询问了情况。

图7—9　陈紫山的受害者墓地（张礼忠画）

参加了陈紫山地区鼠疫受害调查的张礼忠，根据老人们的话描绘了陈紫山上官兵们的墓地的样子。

图7—10　受害者的葬礼1（黄岳峰画）

最初因患鼠疫身亡的死者送葬时，还是依照按习俗由8人抬棺。

图7—11 受害者的葬礼2（黄岳峰画）

随着鼠疫波及范围的扩大，家家户户都出现了死者。

图7—12 受害者的葬礼3（黄岳峰画）

亲人依依不舍地与死者告别。

图 7—13　受害者的葬礼 4（黄岳峰画）

葬礼一个接一个。

图 7—14　受害者的葬礼 5（黄岳峰画）

出现了全家死光的"绝户"。

图 7—15　受害者的葬礼 6（黄岳峰画）

因鼠疫变得人烟稀少的村庄。

图 7—16　日军轰炸常德（张礼忠画）

从 1938 年 12 月起，日寇对常德进行了长达数年的持续性空袭，许多市民因此丧命。张礼忠家的住宅全部炸毁。

五　作为永久纪念的记忆

细菌战诉讼开始以来，渐渐出现了一些为细菌战受害者而建立的纪念设施。其中有政府建立的，也有民间自发地筹款建造的。

第一章中介绍了常德市政府修建的诗墙上，刻有关于常德市第一个鼠疫感染者蔡桃儿的诗，其全文如下：

蔡桃儿

蔡桃儿是个不出十二岁的女孩

她的梦里有鸟儿　轻盈翻飞

一架贴着红膏药的飞机　于五十四年前的

一个早晨　强行闯进毫无戒备的

领空　叫她注定做不成妻子和母亲

在青石板路上追赶老鼠的

笑声很短　躺在广德医院的

三十六小时很短　文史资料里那段记录

也很短　就像她的命运

来不及长大成人　就成了日本细菌

作恶常德的第一个证据

蔡桃儿　仿佛你还活着

你——十二岁的幼女牵着高飞的风筝

在绿茵茵的草地上奔跑

你站在关庙街大楼的落地窗前

俯瞰繁盛的常德新城

眼角淌下幸福的泪水

　　这首诗是当地女诗人杨亚杰的作品。杨亚杰由生前的蔡桃儿想象到转生为现代少女的蔡桃儿，在诗中表达了对 12 岁就遇难的少女的哀悼之情。

　　石公桥镇和镇德桥镇都修建了细菌战受害者纪念碑。这是由当地的细菌战受害调查小组倡导、民众自愿捐款而修建起来的。纪念碑前面刻着对联，背面刻着遇难者的姓名。

　　石公桥的纪念碑上，刻着遇难者计 322 人的姓名，这些人有镇区居民，有周边村庄的百姓。碑上的对联如下：

　　横批　勿忘国耻

　　雨苦风凄遍地冤燐仍在

　　国仇家恨一腔义愤难消

　　镇德桥镇的纪念碑上刻着 199 名死者的姓名，对联如下：

　　横批　爱好和平

　　干戈化玉帛仁人礼拜凝冤家

　　天堑变通途战犯休过镇德桥

　　从这副对联中可以看出，受害地区的民众们虽然直到现在都还对战争犯罪者们恨之入骨，但是，也希望与包括日本在内的全世界的"仁人"

携起手来，既不忘记受害者以及他们所曾经历的苦难，同时也面向未来为构筑一个和平的世界而努力。

最终说来，了解充满了悲哀和苦难的细菌战受害实情，共同分担这份记忆，是为了面向未来，构筑一个和平的世界。

第 八 章

民众的战争受害记忆的力量

常德诗墙

　　因细菌战的战争犯罪而被起诉的日本政府在法庭上始终保持着沉默，与其他的战争受害赔偿诉讼的法庭表现是一样的。对过去战争中的战争犯罪，日本政府并无意探明事实的真相，明确责任之所在。

　　广而论之，日本政府对于过去战争的态度，与今日日本社会的病理是密切相关的。本章将引用日本及其他国家学者的论证，以一名久居日本的中国学者的身份，对日本社会对过去战争反省的问题所在作些提示，并就中国民众的战争受害记忆的意义加以阐述。

一　"忘却的政体"与"无罪化"

　　久居美国的日裔文化人类学者米山丽莎，就战后日本的战争记忆写道：

　　　　"只记得本国国民在战争中受到的伤害和广岛长崎投下了原子弹的事实，却想不起来自己的国家在亚洲各国及太平洋地区犯下了种种罪行的日本人"的表现方式，已经成了海外媒体使用已久的固定说法。在战争结束后的几十年中，居于主流的是将曾经以日本帝国殖民统治及"日本的臣民"的名义犯下的种种残虐暴行从国史中抹掉的"忘却的政体"。这种"忘却的政体"并没有成为过去。在以往曾被隐瞒的历史真相被揭露，这个国家在过去犯下的种种行为被确认为是"罪过"之后，这种将忘却正当化的逻辑还继续地渗透在社会的各个角落。反而是在帝国日本的罪行所造成的伤害日渐清晰明朗的现在，更加强化了自我辩护及国粹化的倾向。[①]

　　米山丽莎所指出的继续对过去的侵略战争持忘却态度的，绝不仅仅是日本政府。

---

　　① ［日］米山丽莎：《記憶の未来化について》（《记忆的未来化》），［日］小森陽一他编：《ナショナル・ヒストリーを超えて》（《超越国家主义的历史》），东京：东京大学出版会，1999年，第231—232页。

在东京地方法院，关于日军散播的鼠疫菌和常德地区发生的鼠疫之间的因果关系，细菌学家中村明子提供了以下的证词：

> 实际上，长久以来在研究者之间有这样的悄悄讨论，即我国的细菌学，特别是传染病学方面的学术积累，很多都是在太平洋战争时期建立起来的。可是，战后科学技术突飞猛进，细菌学及传染病学的研究者们忙于日常的研究，并没有认真地面对过去的问题。
>
> 这次我参与了细菌战诉讼，仔细地阅读了大量有关细菌战的资料。在资料当中，我发现了不少自己的老师和前辈们的姓名。由此知道，我们细菌感染症学领域里的许多基础性的见解，其实是在战争当中通过众多的牺牲者才获得的。面对这一事实，我的心情十分复杂。
>
> 我们进行了多年的细菌学研究，却未能正视这个基本事实，对此，我自己亦觉得十分惭愧。我接受本次诉讼的鉴定工作，也是出于，将前辈们实施过细菌战这一事实正确地记录下来，并使之保留在历史档案里是我们生活在 20 世纪的细菌研究者的责任，这样一个认识。我的分析鉴定虽然微不足道，但我希望为医学真正能够成为市民的医学而尽一分力量。①

战时，由对中国人、苏联人以及亚洲其他国家的人进行人体实验而得到的细菌学及流行病学的研究成果，战后，在没有任何人说明这些知识从何而来的情况下，知识一直在流通，曾经参与了七三一部队研究工作的研究者们不断地在学术刊物上发表研究成果，并且，毫无芥蒂地将这些专业知识教授给学生们。参与了战争犯罪的研究者乃至医学界，对过去的过失罪责避而不谈，平静地将这些与虐杀无辜生命相关的"科学知识"传承下去。

精神医学家野田正彰分析了战后日本人的精神结构。

> 战后，日本人对过去战争经历的反应是"无罪化"，连战争中的

---

① ［日］中村明子：《中国で発生したペスト流行と日本軍による細菌戦との因果関係》（《中国发生的鼠疫流行与日军细菌战的因果关系》），《被审判的细菌战》资料集第 3 集，2001 年，第 125—126 页。

帮凶也一同被无罪化，无论是胜的一方还是败的一方，战争总是悲惨的，为了和平应该向前看。而且，战后日本的反战和平运动基本上是立足于日本人的受害意识的。不过即便如此，也还是有人站出来，讲述南京大屠杀的事实，坦承在满洲和东南亚进行了屠杀，坦白在当宪兵和特务时犯的罪，或者是记述战败逃亡时抛弃家人和同胞的行径。但是，他们的声音被战后无罪化的潮流淹没掉了。①

如野田正彰所说，主动地坦白在战争中所犯罪行的人确实是有的。但是，人们认为他们是被中国洗脑了，往往连亲人都不理解他们，还会受到曾经的战友与同伴的责难，甚至会收到匿名的恐吓信。②

战后日本之所以会出现这种"忘却的政体"和"无罪化"的现象，是有多种的原因的。笔者认为，这与日本人缺少对"他者"的关心，以及对日本军国主义对他国民众造成的伤害处于"集体性无知"状态，是不无关系的。

二　描写"真实的战场"的文学作品

在日本，有不少文学作品都试图向日本人传达战争的残酷。

战争时期，小说家石川达三作为新闻记者与参加南京攻夺战的部队同行，他以从军期间的见闻为素材，在杂志上发表了小说《活着的部队》，描写了"将士们如何在战场上生活"的"战争原貌"。之后，该杂志受到了停刊处分，石川也因为描写了日本士兵的残暴和"杀害中国非武装人员，虐杀战俘，以征收的名义进行掠夺、强奸、放火"等行为，以及"战争的残酷性迫使士兵们不得不做出这些兽行"的评述，被以"扰乱安宁秩序"的罪名起诉，并被判有罪。石川反驳说，他执笔的动机是为了将战场上的真相告诉日本人民，是出于自己"对国家和社会的良心"。日

---

①　［日］野田正彰：《戦争と罪責》（《战争与罪责》），东京：岩波书店，1998 年，第 8—11 页。

②　例如，七三一部队少年队员筱塚良雄在主动坦白曾作为七三一部队员进行了人体解剖等战争犯罪活动，并公开道歉之后，被认为是"在中国被洗脑了"。［日］筱塚良雄、高柳美知子：《日本にも戦争があった　七三一部隊元少年隊員の告白》（《日本也曾有战争——原七三一部队少年队员的自白》），东京：新日本出版社，2004 年，第 127 页。曾作为原陆军医院的军医参与了人体解剖的汤浅谦在出版了关于他对在中国的战争犯罪事实的回忆的《无法消除的记忆》一书后，收到过数封匿名的谴责及威胁信。见［日］野田正彰《戦争と罪責》，第 37—40 页。

本战败当年的 1945 年，《活着的部队》终于得以发行，石川写道："我想了解的是，摈除任何欺骗和隐瞒的、充满着不道德、残酷、凶暴和恐怖的战争的本来面目。"

战后，围绕《活着的部队》这部作品，展开了各种议论。笔者注意到在各种议论中，有一种批评的声音，认为这部作品完全无视遭受侵略一方的人们。

　　　石川达三的"良心"是对日本国家的"良心"，并未跨越国境的局限。

　　　这部小说中登场的任何一个人，都从未对身为战争另一方的中国军队、中国民众进行过思考、怀疑、感动或关联。

　　　就算思考过日本军队的行为对军人本人有着怎样的意义，却从未思考过侵略行为对对方（中国民众）意味着什么。

　　　即便是侵略战争的种种实况在眼前滚动，石川达三一直在回避日本军队所进行的战争是侵略战争这一实质性的问题。

　　　如果看不到是侵略，就会看不到被侵略的一方。①

三岛由纪夫写过关于南京大屠杀的短篇小说《牡丹》。历史学者笠原十九司是这样评价《牡丹》的。

　　　《牡丹》中，虽然"将日军军官作为南京事件中的强奸杀人魔，描写了他对中国女性的性犯罪等加害行为"，但是，"三岛并没有意识到其行为的残虐性，视为性犯罪，而是将其作为一种恶作剧式的欢愉予以了肯定性的描写"。②

---

① ［日］白石喜彦：《〈生きてゐる兵隊〉起訴をめぐる若干の問題》（《关于起诉〈活着的部队〉的若干问题》），《东京女子大学纪要论集》第 49 卷 2 号，1999 年 3 月，第 67—94 页；［日］白石喜彦：《石川達三〈生きてゐる兵隊〉にあらわれた日中戦争観》（《石川达三〈活着的兵队〉中的日中战争观》），《东京女子大学纪要论集》第 50 卷 2 号，2000 年 3 月，第 60—84 页。

② ［日］笠原十九司：《日本の文学作品に見る南京虐殺の記憶》（《日本文学作品中的南京大屠杀的记忆》），都留文科大学比较文化学科编：《記憶の比較文化論：戦争・紛争と国民・ジェンダー・エスニシティ》（《记忆的比较文化论——战争、纠纷与国民、社会性别、族群》），东京：柏书房，2003 年，第 75—120 页。

可以说，这两位作家看待这场侵略战争的视角，一定程度上反映出日本人对待过去那场战争的态度。即使是将鲜血淋漓的杀戮现场，亦不去关注被虐杀的一方，甚至没有把对方当做人来对待。

如前面所述，对于两位作家的视角，日本学界和知识分子也发出过批判的声音。虽然如此，从"被侵略一方"的立场出发进行的认真的系统性的人文社会科学研究成果以及文学作品在日本是很少见的。仅有的一些成果，也传播不开，鲜为人知。①

有过侵略的历史，却未曾想到要理解被侵略的"他者"的立场，反省自己给对方带来的痛苦，这种对待过去战争的态度所导致的，是日本民众对于日军在侵略战争中的野蛮行径和由此带来的深重灾难的历史认识不足，甚至无知得令人吃惊。一触及过去的战争，许多日本人就把自己的视野关在了一国之内。

三　展开对他者的想象与普及"知识"

位于美国洛杉矶的犹太人权组织西蒙·维森塔尔中心的副馆长犹太人亚拉伯罕·库柏认为，受害者一方有必要大声疾呼，将自己受到侵害的"知识"传播出去。

> 犹太人大屠杀的生还者、著名的"纳粹猎人"西蒙·维森塔尔被称为"记忆守护者"。第二次世界大战结束后的几年时间里，世界好像都忘记了纳粹集中营的恐怖。但是，西蒙·维森塔尔却一直主张，如果要让德国国民与犹太人之间达成和解，最重要的是要正视纳粹所犯下的罪行。他担心对过去发生的非人道的犯罪保持沉默或是漠不关心，最终会导致将来重蹈覆辙。

正因为有西蒙·维森塔尔这样的犹太人的不懈努力，犹太人的受害记

---

①　当然，在日本也有站在受害者立场去认识战争的学者和记者，他们的不懈努力取得了很多成果。例如，本多胜一在20世纪70年代初期走遍了中国各地，采访受到日军侵害的民众，将他们的亲身经历记录下来，写成了报告文学"从他们的角度看日中战争"，连载于《朝日新闻》、《周刊朝日》，后作为单行本由朝日新闻社出版，见《本田胜一集一四　中国の旅》（《本多胜一集14·中国之旅》），东京：朝日新闻社，1995年。

忆才得以受到保护，由受害者们的亲身经历汇聚成的犹太人受迫害真实情况的"知识"才广为世人所知，从而才有德国对屠杀犹太人和对战争的反省。①

犹太人大屠杀也好，细菌战也好，要反省过去的战争犯罪，要使受迫害的民族和实施迫害的民族之间达到和解，正如亚拉伯罕·库柏所强调的，首先要获得"知识"，即"过去的事实"。而"知识"的形成，是离不开当事者之一方的"受害者"的参与的。在这方面，受害者发出声音是非常重要的。

但是，细菌战的受害者们在很长一段时间里都没能发出自己的声音。与其说是他们自己的原因，不如说是因为没有思想和话语的空间让他们发出声音。长期以来，历史"知识"的生产与再生产，都是在与一般民众无关联的情况下进行的。

因此，一直以来对日本军队所犯下的战争罪行的指责是笼统的，缺少活生生的每一个人、家庭、地区社会被侵害的具体形象，对其违反人道性质的追究缺失了人本身。受害者的痛苦经历应该是反映出犯罪者原形的"镜子"，活生生的具体的受害经历，能够清晰地映照出加害者对人道进行侵害的原形。

四 民众的战争受害记忆的力量

由一个人一个人的记忆交织而成的常德民众的细菌战受害记忆，是关于战争的强有力的证言。这份证言对于生活在今天的人们，有着各种意义。

第一，常德民众的大量死亡，向世界证明了战争的残酷。这份证词，能够起到改变我们看待历史，特别是看待战争的视角的作用。在他们的证词面前，谈战争仅仅考虑国家和集团之间的力学关系，只强调国家"大义"的逻辑就成为片面的，行不通的了。站在被无辜卷入战争的普通人和受到侵害的民众的立场上去认识战争，亦是一个不可或缺的视角。而且从这个视角上，我们不仅要关注受害者被侵害的事实本身，而且还要关注

---

① 《エブラハム・クーパー師》（《亚伯拉罕·库柏》），《"記憶"の共有を求めて》（《追求"记忆"的共有》），国际研讨会记录编集委员会，树花舍，2001 年 7 月，第 67—68 页。

他们因战争而被无情改变的命运及战后多舛的人生。

第二，常德民众的大量死亡，向后世证明了生物武器的残忍性。这份证词，用事实具体地证明了，生物武器是在人们还未能察觉加害源头时就迅速地造成了大规模的死亡。这个惨痛的教训呼唤人类的良知，将生物武器从人类社会中驱除出去，并且永远不再使用。

第三，被鼠疫夺去了亲人直到今天的这几十年当中，常德民众一直割舍不断他们对已逝亲人们的深切思念。这份思念不仅是受害者们曾经生活在这个世界上的证明，也是战争造成的伤痕之深、影响持续时间之长的证明。

第四，常德民众以其大量的死亡来呼吁恢复他们被战争侵犯了的尊严。受害幸存者和遗属们发出的"还我尊严"的声音，目前依然常常被隐瞒历史、无视历史、忘却等行为构筑的高墙无情地反弹回来。然而，他们的声音与这反弹的回声一起，提醒人们不要忘记曾经的战争以及战争对人的尊严的侵害。

过去的战争损害了人的尊严，今天回顾历史，共有历史知识，不仅是为了恢复曾经被损害了尊严的人的尊严，也是为了生活在今天的以及未来的人们的尊严不再受到损害。

附　录

侵华日军常德细菌战受害调查三级网络成员示意图

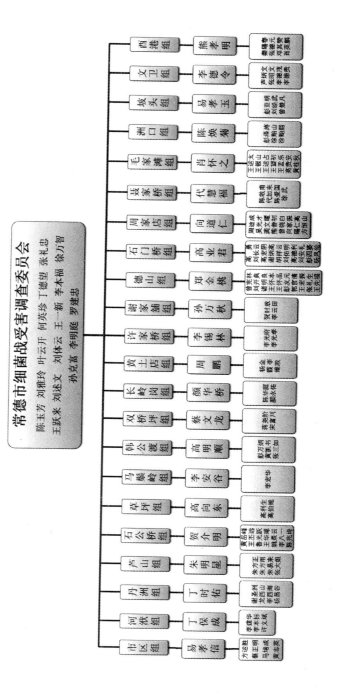

常德会战阵亡将士纪念坊
纪念塔题词、对联

正门牌坊"陆军第七十四军常德会战阵亡将士纪念坊"，建于 1944 年至 1945 年间。

牌坊正面
蒋中正（上额正中）："天地正气"
白崇禧（上右额）："旗常炳耀"
陈诚（上左额）："碧血丹心"
王耀武（中额）："陆军第七十四军常德会战阵亡将士纪念坊"
常德县参议会（下部坊门中联）："孤军浴血千秋壮，公墓埋忠万姓哀"
郭忏（下部坊门边联）："众志成城拼百战，完此严疆，猿鹤沧茫经浩劫；四郊多垒会诸军，藏兹茇绩，麒麟冯吊缅尽忠"

牌坊背面
何应钦（上额正中）："万古师表"
（上右额）："忠贯日月"
（上左额）："气壮山河"
王耀武（中额）："陆军第七十四军常德会战阵亡将士纪念坊"
（下部坊门中联）："壮志成仁衡岳云飞思烈士，丹心卫国楚江月冷吊忠魂"
（下部坊门边联）："□□持□□断壁颓垣□□□□□□，

□□□长埋清磷碧血独留碑碣表□忠"①

常德会战阵亡将士纪念坊题词

"陆军第七十四军常德会战阵亡将士纪念塔"建于 1945 年，正面朝南。

孙科（塔座南面）："已表精忠光日月，长留浩气壮湖湘"

居正（塔座东面）："同仇敌忾，效命沙场。气吞云梦，波撼湖湘。忠魂毅魄，九域飞扬。丰碑矗立，万古馨香"

于右任（塔座西面）："常德之战，争为国殇，精忠贯日，千古流芳"

戴传贤（塔座北面）："御侮身殉国，绩勋耀九州。名城瘗忠骨，壮烈永千秋"

---

① 关于下部坊门边联，亲身参加了修复牌坊的陈国安有如下回想。1993 年常德市政府拨款修复公墓有关设施时，凿除所覆水泥后，牌坊上的题词、对联虽然多数字迹依稀可辨，但正背两面的下部边联部分字迹完全损毁，无法辨认，便请来武陵诗社副社长刘先、常务理事张弩、《武陵诗词》副主编满大启进行猜补。后在武陵区档案馆查到牌坊正面照片，边联字迹清晰，疑获冰释，但背面边联仍无资料，只好由刘、张二人共同猜补，补后的边联为"孤城持苦战，断壁颓垣，幸有旌铭怀伟绩；一家共长埋，清磷碧血，独留碑碣表精忠"。陈国安：《幸有旌铭怀伟绩》，《常德晚报》2003 年 12 月 6 日。

常德县长庚镇关于保甲规约
及保甲长姓名

本镇为保持境内安宁共谋福利起见，特遵照湖南省乡镇规程第二十四条之规定，于中华民国三十年四月十九日在本镇公所召开保甲会议，决议本镇保甲规约十八条，凡我居民誓共遵守：

一、本规约依二十八年四月省府通令规定事项制定之。

二、本保定名为常德县长庚镇第一保。

三、本保管辖区域东至本乡镇二保，西至本乡镇十四保，南至本乡镇十七保，北至本乡镇二保。

四、本保居民绝对信仰三民主义，服从最高领袖蒋委员长，遵守政府一切法令。

五、本保发现户口异动时切是按期查报。

六、境内出入人口之检查取缔，应由保队副指挥巡逻队妥为处理。

七、凡保内水火风灾应相互警戒防患于未然，如万一发生意外，竭力营救。

八、本保匪患之警戒通报及临时搜查事项由保队甲班长切实负责指挥办理，如遇情况紧急得鸣锣传知守望相助。

九、保内如发生有汉奸间谍及一切不法团体应迅即秘密报告保长呈镇公所办理，一方面派人监视其行动，在情况紧急时应设法逮捕之。

十、及龄壮丁除免缓役外，应踊跃应征，尽服兵役。

十一、关于公共卫生及防毒事项：

1. 室内外须打扫清洁，人畜分居，禁止牲畜散牧。

2. 禁饮冷水，夏日须于通街设置饮料缸，但须严防中毒。

十二、关于金融方面：

1. 严禁发行或使用私家辅币及伪币冥币等。

2. 不高抬物价。

十三、本保居民须努力节约、储蓄并提倡植林、增加生产，减少一切无益消费及奢侈之输入，并设保甲储蓄会。

十四、本保境内公私建筑应维护事项如后：1. 古迹，2. 流散路，3. 电杆，4. 电厂。

十五、本保居民须急公好义，对于义民之救济应尽为资助或收容之。

十六、本保居民不得酗酒聚赌以及其他妨碍风俗行为。

十七、凡违背本规约，依照保甲规程第三十七条之规定惩外，情节重大者依法严惩。

十八、本规约呈请县政府备案后施行。

长庚镇镇长王先金
常德市武陵区档案馆藏，档案号：44—1—42

《朱氏族谱·灾异志》

按：五届修谱撰写的《灾异志》，记载了明、清四百多年的天灾人祸对我族繁衍的巨大影响，是一份珍贵的族史资料，现基本照录，仅略作修改，补充。五届修谱至今，已逾百年，今补写近百年的水旱战火资料，以补齐明初至今六百多年的灾异全貌，使兴成大公至今六百多年的族史相吻合。

明代：

天顺五年（一四六一年），武陵大水，漂民物甚多。

成化三年（一四八七年），大旱，饥民道殣枕藉。

弘治六年（一四九五年）八月，熊入府城伤人。

弘治十四年（一五〇一年），虎入府城。

嘉靖十年（一五三一年），蝗虫遍地，危害稻田，食之飞去。

嘉靖十二年（一五三三年），淫雨，自四月至六月江涨，城几溃，滨江没者无算。山溪蛟出，损禾田。

嘉靖十三年（一五三四年），大雨，河溢决堤。五、六月大旱，饥民多死。

嘉靖二二年（一五四三年），大水漂没城外居民房屋。

隆庆五年（一五七一年），大水决堤，民多死。

万历元年（一五七三年），大有年，米斗值至二分。

万历十六年（一五八八年），大旱，民多疫死。

万历二七年（一五九九年），淫雨，自五月至八月，禾稼俱漂没。是年征播之役，民苦挽运。

万历三六年（一六〇八年），大水，饥疫相继。

天启元年（一六二一年）春，大寒，雪积五十余日，鸟兽多死，夏，水涨决堤。

崇祯元年（一六二八年），大旱，湖池俱涸。十月骤雪，鱼皆冻死。

崇祯四年（一六三一年）七月十七日夜，府城地震，有声如雷，日三四次，塌压居民无数，露处者月余。

崇祯十六年（一六四三年）二月十七日，李自成为扩充军力，筹建粮饷，派部进占澧州，明驻常偏沅将周晋乘机统兵烧毁通城房屋，火至半月不熄，常德城被毁，官家放火，百姓遭殃。

清代：

顺治元年（一六四四年），李自成部下联明（南明），抗清，在湖南与清军对抗达三年之久，双方在常德城三进三出，争夺十分激烈。

顺治五年（一六四八年），抗清联军将领马进忠，收复常德。南明驻澧州的巡抚堵胤锡与马进忠有隙，堵处于私人成见，招驻四川夔州的联军李赤心（即李过）进驻常德，欲令马进忠让出常德。因此，马进忠驱百姓出城，纵火不遗一椽，常德再次被毁。明末清初，五年内常德两次被焚，致使浙江老谱及成大公以下数世功册悉为煨烬。

顺治十年（一六五三年），武陵大饥，斗米千钱，民多饿死。四月大风折木，雪雹如砖伤人，禾稼俱损。

康熙十三年（一六七四年），逆藩吴三桂踞湖南，民苦虐政，十八年（一六七九年）春，三桂死，贼始遁去。五六年间，常民多弃田逃者，吾族迁外者，由兹而起。

乾隆初年（一七三六年），武陵数遭水灾，民多逃避远徙。吾族之迁益众。

嘉庆元年（一七九六年），白莲教陷湖北来凤县，退踞旗鼓寨。大房之居湖北忠堡者，复避乱迁四川黔江县。

道光十年夏（一八三〇年），武陵大疫，民间死者相枕藉。是年二房郝家岗、四房镇德桥死者三百余人，丹洲、官仓、樟木桥、大龙驿、添嗣岗、檀树嘴死者甚众，存者多迁徙远方。

道光十一年（一八三一年）五月，大雨水涨，五溪合注武陵，溢南岸堤村，十三日，决北岸堤，自河洑以东至城西，决者数十处；城东一里处，同时亦决。城东、西俱决，漂没居民不可胜数。

道光二十九年（一八四九年），武陵大饥，夏间民多疫死。镇德桥四房死十之六七，二房郝家岗等处死亦过半。吾族之迁蜀、迁陕、迁粤西、迁湖北、迁贵州及古城鹤峰、桑植等州县，皆在此时。

咸丰四年（一八五四年），林绍璋等率领太平军自岳州西进，五月十六日占领常德。同日，正丞相曾天养率太平军经澧县、安福会师常德。常德府属人民，家家门挂"顺天太平"四字，焚香顶礼，贡纳银钱、谷米、马匹无数，"族中无论少长"皆随之前往，充分表达了人民对太平军的欢迎和爱戴。

咸丰十一年（一八六一年）秋八月，太平军李馥猷部陷四川黔江、湖北咸丰、来凤等县。吾族之居各县者幸免战难。

同治元年（一八六二年）春正月，翼王石达开由广西入湘，攻克泸溪。正月初旬转战龙山、来凤、咸丰，向四川推进。忠堡各房，陷入战难。

同治二年（一八六三年）七月，石达开在四川大渡河失败后，所部李馥猷万余人，决战川黔边境。战火延及黔江甘溪场等地，黔江达公房首当其卫，但战后家口卒能保全，亦天幸也。

同治五年（一八六六年）秋，武陵蝗飞蔽天，草木皆食尽。官仓支祠后楠竹千余杆皆食尽，不复萌芽。

同治七年（一八六八年）秋七月，黔江县山水暴涨，冲去甘溪场之半。达公房田舍悉遭漂没。

光绪四年（一八七八年），武陵大水决堤。二房丹洲及郝家岗，四房镇德桥田屋悉在洪流中。五房之居半边街者，适当卫口，所守虽付波涛，幸人未葬鱼腹。二房陶家巷光鼎公得知丹洲受灾，自长沙运谷百斛，分给族人，俾免流离。去世后，因战功晋为龙虎将军。

光绪八年（一八八二年），黔江、咸丰等县，路饥殍相望。

光绪十五年（一八八九年）夏五月，武陵大水决堤，德山、八障漂没，人多溺毙。大房肇昕舍耕五村障，泛舟赴德山探亲，因之溺毙。

光绪十七年（一八九一年），黔江、咸丰两县饥人多饿殍。

光绪二十三年（一八九七年），咸丰、来凤、鹤峰、桑植等处，升米百钱，人割树皮以食，多流亡者。

宣统元、二、三年（一九〇九——一九一一年），常德连续三年遭受水灾，近城数十里尽成泽国。受灾之处皆陷饥馑，饥民流离转徙。进城者积为疫，死亡枕藉。

民国时期:

民国七年（一九一八年），沅、澧两水同时暴涨，常德县属后乡各地尽成泽国，未溃之障及偏坡地方，溃淹甚重，十存二三。

民国十一年（一九二二年）六月，常德因沅水上游山洪暴发，澧水倒灌，加以连日大雨，上南门、下南门、北门俱被水封，各乡堤障十溃八、九，淹毙农民数百人。

民国十四年（一九二五年），常德大旱，溪河断流，湖底干涸。

民国二十年（一九三一年）辛未，常德发生数十年罕见的大水，常德县五月至六月中旬、七月五日至十五日、七月十九日至二十七日、八月六日至十二日，连降暴雨，一下就是几小时，加之沅水上游山洪暴发，后乡所有堤垸相继崩溃，一片汪洋。城内大部街巷成泽国，居民出门要喊渡，街上行船。全县受灾人口五十万，死亡两千九百三十六人。

民国三十年（一九四一年）辛巳，日军在常德投放鼠疫细菌，常德人民惨遭劫难。十一月四日拂晓，一架日本飞机沿城中心法院街、关庙街、鸡鹅巷，到东门外五铺街、水府庙一线的房顶、地面投入大量鼠疫细菌。接着日机又向郝家岗、镇德桥、石公桥、周家店一带继投放鼠疫细菌。一月后，城区开始鼠疫死人，全城疫死四百多，石公桥死亡一百六十多，周围四乡死亡四十多人，镇德桥死亡三十多人，周家店也死了人。疫情还蔓延到桃源马鬃岭乡，死亡十五人。族人居郝家岗死亡的人数上百人，常德地区鼠疫死亡达千人。

民国三十二年（一九四三年）壬申，日军侵犯常德，同胞深受其害。十一月二日，日军十万人分三路进攻常德。守城的余程万五十七师，与日军在城区激战十六昼夜，至十二月二日晚，全师仅剩二百多人。日军于十二月三日拂晓攻入常德城，沦陷的六天里，日军大肆抢掠、烧杀。十二月九日收复常德城，二十日收复常德各县。全区被日军杀害五万两千五百六十人，仅常德县就被杀害两万五千七百一十三人。二房族人居住的丹洲，被日军侵占多日，族人被杀，被房，棉花、柑桔被糟蹋，耕牛、牲猪被屠杀，生命财产遭到巨大损失。大房族人居住的官仓，日军迂回包围常德城，曾从此经过，老百姓死伤甚多，朱训先生的母亲彭氏，因此中弹身亡。

一九四九年，自春至夏，连日淫雨。六月初旬，各地连降暴雨，湘、资、沅、澧上游山洪暴发，酿成巨灾。

新中国时期：

一九五四年，四月份起，阴雨持续不断，五、六月雨量集中，七月最多，七月十四日常德外河水位达39.69米（比四九年高0.82米），城区先后出现六次洪峰。内河渍水持续三月有余，八月十一日河水位最高达36.14米。常德县溃八官障等二十二垸。由于政府带领广大群众防汛抢险，重建家园，恢复生产，秩序井然。五四年的洪水，不亚于民国二十年，但见不到当年的灾荒情景。六房族人居住的中河口团洲，堤垸溃决，廷香长女（四岁）、廷谷之女（三岁）被淹死。四房朱家桥族人居住的四金垸溃决，损失惨重。大房族人居住的二里岗，水稻全部失收。冬天大冰冻，连续旬日，丹洲柑桔树大部被冻死。第二年长出的新芽，又被冰冻冻死。至此，"金丹洲"著名的柑桔，大部毁灭。

一九五九 — 一九六一年，常德连续三年遭受旱灾。五九年六至九月份发生百日大旱。六〇年七月十四日至十月三十一日一百一十天中常德仅降雨112.6毫米，六一年六至八月常德县又久晴不雨。

一九六九年，六月二十三日至八月十一日五十天内常德出现暴雨七次，降雨达858毫米。七月十七日常德城区水位达40.68米（比五四年还高0.99米）。桃源县城被淹，全区溃垸九十五个，死亡二十一人。

一九七九年四月十七日，常德发生历史上罕见的冰雹灾害。下午六点左右，冰雹伴随龙卷风，自西向东发展，经蒙泉、临澧，过常德瓦屋垱、石公桥、西洞庭农场，至汉寿，雹带长约一百五十多公里，宽五—十公里。雹灾降临时，昏天黑地，伴以十级以上阵雨，冰雹铺天盖地倾落，大如枣粒或鸡卵，最大重达九斤多。雹灾历时两小时以上，受灾人口五十多万，死亡六十二人（其中常德县八人），受伤一千六百八十八人，砸死耕牛四百九十三头，倒房四千零一十栋。

一九九六年特大洪水，七月十三日至十七日，常德各县普降大到暴雨，沅水猛涨，加上五强溪下泄水量大，七月十七日至二十日，常德城连续出现三次洪峰，最高水位达42.49米（比五四年水位高出2.8米）。十五日德山街进水，十六日河洑镇漫溃，十七日桃源木塘、东湖垸溃垸，丹洲垸大堤险情丛生。由于政府的坚强领导，广大群众积极投入抗洪抢险，族人亦参与其中，终于保住了常德城和丹洲垸。

一九九八年特大洪水，从六月中旬至九月上旬，抗洪抢险两个多月，洪水超过五四年，特别是七月下旬，四川、湘西、石门、澧县、安乡普降大到暴雨，澧水猛涨，石门县二都、易市镇被淹，澧县澧南垸、官垸、安乡安造垸相继溃决，被洪水围困六十万人。由于军民共同奋战，终于战胜了长江八次洪峰，保住了安乡县城。沅水也涨过三次水，城区最高水位达41.74米，超过五四年最高水位2.05米，鼎城区内溃严重，族人居住的丹洲、二里岗、郝家岗、朱家桥、中河口等地，均遭受洪水灾害，早稻损失过半，棉花基本失收。

说明：抄录原文，未作任何改动。

关于日本帝国主义强盗在常德市施放
鼠疫细菌的滔天罪行的回忆[*]

谭学华

　　今天上午，院领导①指示，要我将前日本帝国主义强盗在常德市施放鼠疫细菌的滔天罪行的经过写一个材料。虽然时间已经过了 30 年多年了，但我回想起来，日本帝国主义强盗这种不雇［顾］国际公法，惨无人道的［地］杀害我们常德同胞的滔天罪行犹如昨天的事一般，阶级仇，民族恨，一齐涌上心头，而美帝国主义强盗在 20 多年来，极力复活日本帝国主义充当亚洲的宪兵，镇压各国人民的抗美爱国斗争和革命斗争。它的这种阴谋是永远不能得逞的！当年美帝在朝鲜战场上亦采取这种惨无人道的细菌战，毒爱［害］朝鲜人民的滔天罪行，亦被我中朝人民打得头破血流，一败涂地，终于被迫签订停战协定。但是美日强盗贼心不死，仍妄想扩军备战，称霸世界，这不过是狗急跳墙，作垂死挣扎而已！它们的寿命日子不会长久了！现将日本帝国主义强盗在常德市区不顾国际公法，惨无人道地施放鼠疫细菌的滔天罪行的发现经过记述于下：

　　在 1941 年 11 月 4 日黎明时，有日寇飞机一架，乘大雾弥漫之际，在常德市空低飞三周，并施散了许多谷、麦、棉絮等物，其中以法院街、青阳阁、关庙街、府坪等处为最多。后来由伪派出所送来一包由日寇飞机撒下的谷子一包，请我们检验。我们用无菌生理盐［水］洗涤这些谷子，用离心［器］沉淀，取其沉渣作涂片染色，在显微镜下（油镜头）发现有许多杂菌，其中亦有少数两极染色较深的革兰氏阴性杆菌少许，类似鼠疫细菌。我们又用腹水作培养基，将日寇飞机撒下的谷粒放入培养基内，同时用粮店的谷物作对照培养。后来的结果，在日寇飞机撒下的谷粒亦发

现有类似鼠疫细菌的存在，而由粮店取来谷子作对照培养［的］则无此等细菌发现。

所以在 5 日上午由伪防空指挥部、伪警察局、伪卫生院、伪政府及本人等举行了一个座谈会，讨论日寇飞机昨天在常德市区施放谷物、麦等物的事情，当时我提出几点意见：①日寇飞机通常总是上午 9 时到下午 4 时飞来常德进行轰炸，而此次是乘大雾弥漫之际，飞来常德，不投炸弹，而投撒谷麦及棉絮等物，此可疑者一；②日寇对我同胞的毒害是惨无人道的，而此所投下的谷麦等物必然是比炸弹厉害，这就是烈性传染病的细菌。但在旧社会里常德市常常有脑膜炎、霍乱、伤寒、班［斑］疹伤寒、回归热、天花等流行，用不着日寇飞机施散这些病原体。只有鼠疫这个传染最度、死人最快的病疫是从未有过，而我们的初步检验结果发现在日寇飞机所投下之谷粒上有类似鼠疫细菌的发现［存在］，此可疑者二；③据鼠疫传染途径，先必引起鼠类流行，然后通过老鼠身上蚤类咬人，而使人感染鼠疫。且鼠类有喜食谷麦等物，故日寇利用感染了鼠疫细菌的谷麦引诱鼠类吃食后而发病，死后再传给人类，此其三；④据报载浙江衢县曾有日寇飞机在该处施放过鼠疫细菌的暴行，故此次在常德亦有可能，此其四。

我又提出几点建议：①由各警察所负责领导居民将日寇飞机所投下之谷麦等物（除收留一小部分严密封放留交上级专人检验外）一并清扫干净焚灭之；②在报刊上宣传日寇在常德可能已施放鼠疫细菌，并介绍鼠疫症状及防御方法，并杀灭老鼠等。③即打电报告之伪湖南省卫生处要其派专家来常德检验，证实是否系鼠疫细菌，以及早作预防及治疗。④立即找一适当房作为防疫医院，以便万一真有鼠疫发生及流行时，作为隔离及治疗之用，避免鼠疫蔓延。

大家对我的意见及建议经过讨论后都表示同意并指定由伪县卫生院负责执行。但该院院长怕负责任，未能及时做到，及至 11 月 8 日伪卫生处来电要"切实查明据报"，但并未派专人来查，亦无人再报了。

在 11 月 9 日听说城内街道上常有老鼠出现（当时无人将老鼠送来检验），以上述法院街、青阳阁、关庙街等处为多。在 11 月 10 日到 11 日我们又听说城内发生有多人死于急症（发高热及瘀斑等，于 1—2 日死亡）。但未来我院诊治。在 12 日早餐时，住关庙街之铁铺内蔡桃儿（女）年 12 岁，由其母送来门诊处急症挂号。我当时询问病情经过，据其母说，患者于昨天照常吃了晚饭至起更时（约9、10时）忽然发生畏冷寒战，继则发高烧，头昏痛及恶心呕吐，一夜呻吟不止，烦躁不安等。以往有疟疾史，检查患者呈急性中毒病容，皮肤热，潮红，体温在39度上下，脉搏在100次以上，呼吸80多次，舌有厚苔，神智尚清楚，颈软，肺呼吸音较粗，心跳速，无全身或局部淋巴结肿痛现象，无病理反射。

当时我因其来自死鼠较多的关庙街，故疑为鼠疫。但必须先除去恶性疟疾〔的可能性〕，所以当即要化验员汪正宇作白血球计算及找疟原虫。检查其与疟疾的相关性。检验结果，她的白血球计数在一万以上而中性细胞亦增高并未发现疟原虫。但却在涂片上发现有少数两极着色较深的类似鼠疫杆菌和日寇飞机所投下的谷粒检验时的发现颇相似。因此我们的初步诊断为鼠疫，并收入隔离病室治疗。

在12日下午，有伪二十四集团军的军医和苏联的医药顾问、红十字会救护中队长钱保康（上海人）及分队长肯德（奥地利籍犹太人）等人来院询问常德发生鼠疫情形，我介绍检验经过及将蔡桃儿的病情和化验结果告知，并请他们会诊，当时他们对我的鼠疫诊断不示同意。

但是13日上午9时蔡桃儿死亡。她自起病至死亡仅36小时（我们对蔡桃儿的病用支持疗法及强心剂和呼吸兴奋剂并注射葡萄糖等，因当时未有磺胺噻唑和链霉素，而我对治疗鼠疫更无经验，以前从未见过，这是我的终身憾事）。

在蔡桃儿死前，曾再作血涂片检查，发现涂片上布满鼠疫细菌。在该天下午，肯德医生又来到询问该患者，并在死者肝脾上穿刺抽取血液作涂片，亦同样发现同样结果，于是肯德医生才同意蔡桃儿系感染败血型鼠疫而死（这些涂色我曾寄给当时仁术医院的内科医生吕静轩，及后来鼠疫专家陈文贵医生和伯力士医生均认为确系鼠疫细菌无疑）。

于是我们报告了伪卫生署，伪军医署及红十字总会，和伪湖南省卫生处，告知日寇在常德施放鼠疫细菌的罪行，已导致鼠疫发生并在流行，要他们急采取预防措施。

在13日至15日数日间，我们又发现了数例腺鼠疫的病例，并劝其往伪县卫生隔离医院治疗。因该院未做准备，以致患者未得治疗和隔离，这是后造成鼠疫流行的一个主要原因。

在11月16日伪卫生署派来了一个防疫大队负责人为石茂年（上海人），的18日伪省卫生处派来邓一韪医生（解放后曾任湖南医学院附属医院院长）。起初他们对我所发现的鼠疫均不敢作肯定回答，直到 11 月下旬陈文贵（解放后曾任中央卫生部防疫司司长）来常后又在一死者身上通过尸体病理解剖、血液培养及动物接种后，确定了常德鼠疫是实在的，而系日寇飞机所播撒的。

此后才成立了常德防疫委员会，由当时伪专员欧冠任处长，邓一韪任副处长，并有委员若干人，包括伪县医院院长方德诚（浙江人，抗日战争胜利后在长沙开诊所）、伪商会长、伪工会负责人、教育界的人，我亦是委员之一。并在市东郊之徐家大屋设立隔离医院和检疫所，并在市区轮船码头和公路站以及东南西北各城门口成立了检疫站，亦［进］行了一些疫苗注射、疫情报告、死者调查和鼠疫患者的尸体火葬等措施。

在 1942 年春，伪卫生署又派来了德国犹太人伯力士（鼠疫专家）来常指导预防和治疗鼠疫工作。并开办了一个短期鼠疫检验训练班，他写了一本《鼠疫检查指南》。我曾替当过义务翻译，亦将这篇讲稿翻成了中文。

在伪反动统治时代，蒋匪帮的贪污无能是普遍存在着的，他们"消极抗日，积极反共"是举世皆知的。就拿在常德搞防治鼠疫的防疫人员，听说亦利用职权进行贪污。如，调查死人的病情时（因为死了人要先通过他们了解，给予证明才能安埋，如系鼠疫死者必须火葬）。有些患慢性病死亡的（如心脏病或肺结核），因他的家人不送钱给这些调查人，他们就说是"死于鼠疫"就强迫送往火葬场焚烧。而对于确信死于鼠疫的人，若其家人送钱给他们，亦可以得到"死于慢性病"的证明而安埋了。亦听说在隔离医院的检疫所内，亦可以用贿赂所内的工作人员而早日解除检疫的时间。

在隔离医院的主治医生是王翰伯（常德斗山人，大地主。解放后曾在汉口中南区结核病院任医生，现在情形不明），对于患有鼠疫病人的治疗及护理不事关心，以致死亡率很高，有的群众说，得了鼠疫一定会死的，因此患鼠疫病人及其家属均不愿住隔离医院，而宁愿死在家里。再有些鼠疫患者怕死后烧尸，而偷出埋到乡下。

所以在 1942 年中，常德的鼠疫曾一度蔓延到镇德桥、石公桥镇等处，另外是在桃源（北部的莫林乡），由一农民在常德卖布，感染鼠疫后带回该处，而导致鼠疫流行，听说亦死了不少人。总之常德鼠疫的流行及被鼠疫毒害而死的当在 500 人以上。

一方面是日本帝国主义强盗残暴的滔天罪行所引起，而伪反动政权及其下属爪牙对人民的生命漠不关心，残酷剥削所致。当 1943 年日本帝国主义强盗有进攻常德的企图时，伪政府派来的这些所谓"防疫人员"均逃跑一空。

而在 1943 ［年］冬，日寇攻进常德后，大肆烧、杀、抢劫，以致常德市整个被日寇焚毁（只剩下不到百分之五）。这样一来，连常德市的老鼠亦多半被烧死或饿死。虽然自 1944 年来，反动政府未再派防治鼠疫人员来过常德，而鼠疫这个"瘟神"和日本强盗的残暴，未再在常德发现了。

我在 1941 年 12 月间曾写了一个《常德鼠疫检验经过》材料，当时曾登在本市的前《新潮日报》以及长沙的前《大公报》和衡阳的前《大刚报》，亦在前湘雅医学院的院刊摘要登过，并在前伪湖南省卫生处的《卫生通讯》和他们所编写的《常德鼠疫调查报告》内均登载过。

我的登在常德前《新潮日报》上的那篇《常德鼠疫检验经过》的剪下来的稿子，和我另外一篇《鼠疫并非不治之症》一稿，在 1952 年夏，当我在专区看守［所］时，有湖南省检察署一位干部来到看守［所］，要我的这两篇材料，并我写了一篇《控诉美帝在朝鲜战场上施用细菌战的滔天罪行》，都由省检察署干部带去了（可以查询）。

在"文化大革命"前，湖南省政协文史资料室曾派人到常德（通过常德统战部），召开了一个座谈会。听说有本院的汪正宇、叶周宾、瞿月辉、我爱人田景仪等参加。我爱人不是医务人员，对于我们发现日寇飞机在常德施放鼠疫的详情不清楚，所以当时座谈会领导要她告知我写一份发现常德鼠疫情形的材料，直接寄给长沙政协文史资料室。我当时亦将我所记得的写好寄出了。而该资料室接到我写的材料后通过常德统战部交给她［我爱人］人民币 6 元作为稿费。这是我在旧社会里从来没有得到的，虽然我亦写了一些文稿亦发表了的。

这使我对伟大领袖毛主席伟大的中国共产党所领导的人民政府更加热爱，更加要靠拢。

尽自己的残余生命，认真读马列的书，读毛主席的著作，改造自己的世界观，努力做些对人民有益的事情，来立功赎罪，争取早作"新人"。

1972 年 3 月 24 日

说明：

谭学华于 1901 年出生于江西省永新县里田乡一个小农家庭，祖先世代务农。勤奋好学的谭学华从小就努力学习，考取了长沙湘雅医学院外科专业。1934 年进入广德医院，后来任医院副院长。1947 年访美，在耶鲁大学进修 1 年，回国后任广德医院第四任院长。

新中国成立后，1952 年开展"三反五反"政治运动时，被贴上了"反革命分子"的标签，判处 15 年有期徒刑，关在了常德专区看守所，即劳改农场。在劳改农场，谭学华一边在田间干农活、照看牲口，一边进行政治学习，写自我批判的检讨书。后来，被指定为劳改农场的犯人们治病。

以"不为良相，则为良医"为人生信条的谭学华在被判为"反革命分子"后，以为自己的政治生命已走到尽头，努力想成为劳改农场的"良医"，以"服刑人员"的身份开展医疗活动时，多次为病人献血。

这份资料是谭学华在"文化大革命"期间的 1972 年应第一人民医院领导的要求而写的。

文中提到新中国成立以前的政府机构和军队时基本上都在前面加了"伪"字，这是社会主义革命时期的惯常作法，为了强调民国时代政权的反动性和非法性。使用这个字，一般也有表明文章作者是站稳了革命立场之意。

谭学华于 1986 年逝世。

常德广德医院创立之所知

汪正宇*

　　广德医院是美国在中国建立的中华基督教湖南长老会在常德东门外五铺街于 1898 年以传教为主设立的医院。既救灵魂也救肉体。

　　湖南的基督教长老会在湖南全省范围内共创立了 4 所医院。一郴州惠爱医院，二衡阳仁术医院，三湘潭惠景医院，四常德广德医院，均先后建立。

　　现仅将我所知的以及采访了在我之前进院的老人，该院始略叙述于后。

　　我国于 1840 年因鸦片战争失败后，被外国人将我国几千年的文明古国的门户打开了，某些国家如英、美、法、意、日、德、荷等国相继陆续来华横冲直闯的［地］经商、传教、设学校、开医院等事业。

　　广德医院的创办开始是由美国人罗根医师（Loganot，中国名字为罗感恩）于 1898 年和他夫人（护士）来常开办的。其主要目的是传教，因此同一名叫柏恩登［的］牧师一道来常德以传教的方式进行传授基督教。当时在我国内地尚不开化的城镇中，单纯进行传授所谓洋教是很不容易的事，必须改变另外的方式方法，如办医院救死扶伤与设学校办教育等，能在其中穿插传教方法以便大力发展教会。加上罗根本人又是一位十分热情的医生，故此广德医院首先在本市当时的东门外二铺街现城东清真寺（回族）对面（现常德市冶煤招待所地址）设立广济诊所，与此同时相接的［地］聘请了中国助手，如鲍为良医师段理良等人。选择具有学识的男性学医，女性学护。罗根夫人任护士主任，另有人员辅助管理诊所内部事务等等。在一周内的晚上对外开堂传道二次，边行医边传道就这样使人

---

　　* 汪正宇于 1938 年进入中华基督教常德长老会广德医院任化验员，本资料是汪正宇退休之后，于 1986—1987 年写的，由其子汪文典提供。

逐渐的［地］信仰基督教，而且诊所的业务也步步的［地］发达了，求医的群众也接踵而来，日益增加了尤其对西医外科很感信心治愈力强，罗根医生培养段理良为外科麻醉师。

　　由于发展的需要于 1901 年罗根将教会发给他的经费和教友的"乐捐"修建了一幢砖木结构的二层四大间房屋于原址（城东二铺街），该"广济诊所"为广德医院，自任院长兼医师。

　　1909 年罗根又在本城东门外五铺街摆到了 40 余间民房。第二年动工修建了一个学校、一座教堂、一个医院，医院是以砖木结构的二层四大间八小间，楼上为女病室有妇产科以及手术室等，楼下为男病室分内外科有换药室，另有办公室图书室等。另在院后修建了一幢门诊楼，楼下为门诊与药房，楼上为职工宿舍。竣工完毕后于 1915 年将医院迁入新址（即现在的常德市第一人民医院地址），罗根仍为院长。在当时全院可设 60 余张病床。

　　由于医院的新迁和设备的逐渐的扩大，人员也相应增加。除去从美国派来少数医护人员外，陆续在湖北汉口等地聘请了医护人员。如鲍为良师母段理良师母（彭秀清）等为护士。医院为英美派系，凡聘请的医、药、护、检人员，均属正规学校毕业，尤以医师均为大学毕业。

　　1920 年，罗根医师因出诊患精神病的军人，不幸被患者掏出手枪向罗射击致命身亡！[①] 相接由美国派遣涂德乐（Toocell）中国名字来广德医院继任院长。待罗根夫人将丈夫遗留的事处理完毕回国后，又由美国派来巴德芳（中国名）师母为医院总护士长（主任）。

　　于 20 年代初在院内创办了"广德高级护士职业学校"，聘请李爱珍女士为校长。该校男女生兼收一直到 1938 年共招生 8 次，每次约 8 至 10 人，女多男少学制 4 年。毕业后除本院留用 2 或 3 名外，其余者均分往其他教会医院任职。于 1938 年 10 月因日寇将侵华战火烧进湖南每天敌机骚扰常德，故使护校不能安静上课。遂于同年 11 月该校迁往沅陵县与湘雅

---

　　① 汪正宇在其题为"常德广德医院见闻退休后的回忆录"中，这样描述罗感根医生的死："1920 年当时驻常的十六混成旅旅长冯玉祥的舅子因患精神病，冯信仰基督邀请罗院长给他舅子看病，不幸患者疾病发作从枕头下掏出手枪向罗射击致死。冯的舅子在冯部任团长因此有手枪。死后一切费用由冯旅长承担，将遗体安葬于德山，未发生国际交涉。"

护校合并。① 从此在共和国成立前的广德医院已无正式护校，仅在抗日胜利后办过护理培训班。

继罗根后的美国院长涂德乐从 1920 年一直任职到 1949 年 6 月下旬离院回国。在他任职期内每 5 年会回美国休息 1 年。即由美籍英人教会牧师巴天民代理院长。于 1940 年秋由巴天民公告任命本院中国医师谭学华为广德医院副院长。

1937 年卢沟桥事变后，日寇发动了全面侵华战争，医院原为 60 余张病床，工作人员和学生亦为 60 人左右。由于前方往内地迁移的人口突然增加，病人也自然多起来了。因此需相应的〔地〕增加病床，把原来病人休息的外走廊和院内的小礼拜堂、图书室、院长办公室等处均扩建装修改为病室共达 150 张病床。工作人员也陆续增加了，主要是来自前方的一些教会医院的医药护检等人员。

1938 年的初夏，日寇已侵袭了我华中地区，来常逃难者成群结队流动人口也就更加增多了，所以疾病也就无形中丛生起来，主要是痢疾疟疾。由此在常德成立了难民收容所，而广德医院也适应需要即在东郊天主堂（现六中校址）附设了难民医院收治难民患者。工作人员由广德医院调派和在当地招收了一些男女青年为护理员边学边做以老带新以应护理之急。同年 8 月，常德市流行霍乱病，由广德医院隔离收治。

是年冬初，日寇已侵犯了湖南岳阳向长沙逼近。而国统区的执政者下令将长沙市放火烧成一片焦土使敌人无法安身，然而对常德有了很大动荡。敌机开始在上空侦查并轰炸，这时医院病人多数都自动出院了，工作人员自动离开的都往内地走，尤其是外地迁来的医务人员闻风即动不到一个月医院已变成庙堂，寥寥无几的只剩下无路可走的少数工作人员和美国院长牧师夫妇继续为病人服务，住院者不多而门诊病人没减少，主要是一些驻防士兵和贫民，就这样苟延残喘的〔地〕度日。白天市民们离城躲空袭警报，夜晚回城经商。由于日寇尚未进攻常德，市面与医院也就慢慢的〔地〕稳定下来，医院工作人员有所增加医疗业务有了回升，从此又

---

① 关于与湘雅护校合并，中南大学的校史记述与汪正宇的回忆基本一致。"1938 年，日寇侵入湘北，长沙由后方战场转入前方战场。原留长沙的五、六年级学生被迫赴贵阳就学；原留长沙的湘雅护校被迫迁沅陵续办。（略）1939 年 1 月，湘雅护校召集流难到沅陵的本校学生，以及从常德流难到沅陵的外校学生计 55 人正式复课。"见中南大学档案信息网 http：//dag. csu. edu. cn/filed. aspx？ typeid＝93&id＝587。

度过了几年。

1941 年 11 月 4 日晨，敌机在常德城乡一带投掷细菌，经我院精心检验确为鼠疫杆菌（另有专著）。

1943 年 11 月下旬，日寇大举进攻常德城，这时医院在河下雇了 3 只民船，舱内装满药品器材被服等，舱外如有愿随船逃难的职工家属可乘坐和医院负责人一同往沅陵洪江迁。于 12 月下旬抵达洪江正准备和当地的爱灵医院合营正筹划中，忽接常德县长电报说常德已光复，嘱医院快回常德复业！

我们即日起程于 1944 年春节前抵达常德已是一片焦土，医院房屋基本完整，仅烧掉一幢宿舍。我们抓紧开诊收容病人，虽仍在恐惧中生活，但日寇从此也就未再进攻常德了。

参考文献

日文文献

［日］阿部安成、小关隆、见市雅俊、光永雅明、森村敏己编：《コメモ
レイションの文化史　記憶のかたち》（《纪念的文化史　记忆的形
态》），东京：柏书房，1999 年。

B. E. 穆尔、B. D. 法恩编，［日］福岛章监译：《精神分析辞典》，东京：
新曜社，1997 年。

［美］E. A. 舒尔茨著，［日］秋野晃司译：《文化人類学》，东京：古今
书院，1993 年。

袁行霈著，［日］佐竹保子译：《詩の芸術性とは何か》（《什么是诗的艺
术性》），东京：汲古书院，1993 年。

［美］E. H. 卡尔著，［日］清水几多郎译：《歴史とは何か》（《历史是什
么》），东京：岩波新书，1970（1962）年。

［日］藤原归一：《戦争を記憶する　広島・ホロコーストと現在》（《记
住战争　广岛・屠杀与现在》），东京：讲谈社现代新书，2001 年。

［美］G. 科恩著，［日］川口润等译：《日常記憶の心理学》（《日常记忆
的心理学》），东京：赛因斯社，1992 年。

［日］郡司阳子：《"証言"七三一石井部隊——今初めて明かす女子隊員
の記録》（《"证言"七三一石井部队——初次公开的女队员记录》），
东京：德间书店，1982 年。

［日］郡司阳子：《"真相"石井細菌戦部隊——極秘任務をした隊員たち
の証言》（《"真相"石井细菌战部队——执行机密任务队员的证言》），
东京：德间书店，1982 年。

［美］施坚雅著，［日］今井清一等译：《中国農村の市場・社会構造》

（《中国农村的市场和社会结构》），京都：法律文化社，1979 年。

［日］本多胜一：《本田勝一集一四　中国の旅》（《本多胜一集 14·中国之旅》），东京：朝日新闻社，1995 年。

［日］加地信：《中国留用十年》（《留用在中国十年》），东京：岩波书店，1957 年。

［日］笠原十九司：《南京事件と日本人》（《南京大屠杀与日本人》），东京：柏书房，2002 年。

［日］国际研讨会记录编集委员会：《“記憶”の共有を求めて》（《追求“记忆”的共有》），东京：树花舍，2001 年。

［日］国际研讨会记录编集委员会：《過去の克服と真相究明》（《克服过去与探明真相》），东京：树花舍，2002 年。

［日］小森阳一、高桥哲哉编：《ナショナル・ヒストリーを超えて》（《超越国家主义的历史》），东京：东京大学出版社，1999 年。

［日］近藤昭二：《ジャーナリストによる鑑定書　日本の国家意思による細菌戦の隠蔽》（《记者的鉴定书　日本的国家意志对细菌战的隐瞒》），《被审判的细菌战》资料集第 6 集，七三一细菌战诉讼活动委员会、ABC 企划委员会、七三一细菌战受害国家赔偿诉讼律师团，2001 年。

［日］栗屋太郎：《未決の戦争責任》（《未解决的战争责任》），东京：柏书房，1994 年。

［法］雅克·勒高夫著，［日］二宫宏之监译：《歴史・文化・表象——アナール派と歴史人類学》（《历史·文化·表象——年鉴学派与历史人类学》），东京：岩波书店，1992 年。

［日］历史学研究会编：《オーラルヒストリーと体験史——本田勝一の仕事をめぐって》（《口述史与体验史——本多胜一的工作》），东京：青木书店，1988 年。

［日］松村高夫：《七三一部隊と細菌戦——日本现代史の汚点》（《七三一部队与细菌战——日本现代史的污点》），《三田学会杂志》第 91 卷 2 号，庆应义塾大学经济学会，1998 年。

［日］松村高夫：《日・米・中・ソの资料による七三一部隊と細菌戦の解明》（《从日、美、中、苏资料中解读七三一部队与细菌战》），《裁かれる細菌戦　歴史学者とジャーナリストによる鑑定書》资料集第 6

集，七三一细菌战诉讼活动委员会、ABC 企划委员会、七三一细菌战
受害国家赔偿诉讼律师团，2001 年。

［日］松村高夫、解学诗、郭洪茂、李力、［日］江田泉、［日］江田宪
治：《戦争と疫病——七三一部隊のもたらしたもの》（《战争与疫
病——七三一部队所带来的》），东京：本之友社，1997 年。

［日］望田幸男：《戦争責任・戦後責任にみるドイツと日本》（《从战争
责任・战后责任看德国与日本》，季刊《戦争責任研究》（《战争责任研
究季刊》）第六期，日本战争责任资料中心，1994 年。

［日］森明子编：《歴史叙述の現在——歴史学と人類学の対話》（《历史
叙述的现在——历史学与人类学的对话》），京都：人文书院，2002 年。

［日］森正孝：《いま伝えたい細菌戦のはなし　隠された歴史を照らす》
（《现在想告诉大家细菌战一事　曝光被隐瞒的历史》），东京：明石书
店，1998 年。

［日］森村诚一：《悪魔の飽食》（《恶魔的饱食》），东京：光文社，1981
年。

［日］森村诚一：《続・悪魔の飽食》（《续・恶魔的饱食），东京：角川
书店，1983 年。

［日］森村诚一：《悪魔の飽食　第三部》（《恶魔的饱食　第三部》），东
京：角川书店，1983 年。

［日］日军细菌战历史事实搞清楚会：《細菌戦が中国人民にもたらした
もの——1940 年の寧波》（《细菌战带给中国人民的——1940 年的宁
波》），东京：明石书店，1998 年。

［日］中井久夫：《徴候　記憶　外傷》（《征兆　记忆　外伤》），东京：
美鈴书房，2004 年。

［日］中井信彦：《歴史学的方法の基準》（《历史学方法的基准》），东
京：塙书房，2001（1973）年。

［日］中村明子：《中国で発生したペスト流行と日本軍による細菌戦と
の因果関係》（《中国发生的鼠疫流行与日军细菌战的因果关系》），
《被审判的细菌战》资料集第 3 集，七三一细菌战诉讼活动委员会、
ABC 企划委员会、七三一细菌战受害国家赔偿诉讼律师团，2001 年。

邱明轩、黄可泰、辛培林：《裁かれる細菌戦　中国の医学者歴史学者に
よる鑑定書》（《被审判的细菌战　中国医学家与历史学家的鉴定书》）

资料集第 5 集，七三一细菌战诉讼活动委员会、ABC 企划委员会、七三一细菌战受害国家赔偿诉讼律师团，2001 年。

［日］七三一细菌战展示会实行委员会：《裁かれる細菌戦　細菌戦被害者が問う日本の戦争責任　七三一細菌戦パネル展の報告》（《被审判的细菌战　细菌战受害者追究日本的战争责任　七三一细菌战巡回展览报告》）资料集第 7 集，七三一细菌战诉讼活动委员会、ABC 企划委员会、七三一细菌战受害国家赔偿诉讼律师团，2002 年。

［日］七三一细菌战巡回展委员会、七三一细菌战诉讼活动委员会、ABC 企划委员会、七三一部队细菌战受害国家赔偿诉讼律师团、《被审判的细菌战》编者共编：《裁かれる細菌戦　七三一部隊細菌戦裁判第一審判決》（《被审判的细菌战　七三一部队细菌战诉讼一审判决书》）资料集第 8 集，七三一细菌战诉讼活动委员会、ABC 企划委员会、七三一细菌战受害国家赔偿诉讼律师团，2002 年。

聂莉莉：《日本軍による細菌戦は中国に何を残しているか——国家賠償請求訴訟の波紋》（《日军细菌战在中国留下了什么——国家赔偿诉讼的影响》），《世界》2001 年第 9 期，东京：岩波书店。

聂莉莉：《裁かれる細菌戦　湖南省常徳における日本軍による被害状況》（《被审判的细菌战　湖南常德的受害情况》）资料集第 4 集，七三一细菌战诉讼活动委员会、ABC 企划运动会、七三一细菌战受害国家赔偿诉讼律师团，2002 年。

聂莉莉：《閩南農村における民間信仰》（《闽南农村的民间信仰》），《国立民族学博物馆研究报告》第 22 卷 3 号，1997 年。

聂莉莉、韩敏、曾士才、［日］西泽治彦编著：《生きている大地——中国の風水思想と実践》（《活着的大地——中国的风水思想与实践》），神奈川：TERRA INCognita，2000 年。

［法］皮埃尔·维达尔＝纳杰著，［日］石田靖夫译：《記憶の暗殺者たち》（《记忆的暗杀者们》），京都：人文书院，1995 年。

［法］保罗·利科著，［日］久米博译：《記憶・歴史・忘却（上）》［《记忆、历史、忘却》（上）］，东京：新曜社，2004 年。

《認罪の旅——七三一部隊と三尾豊の記録》（《认罪之旅——七三一部队与三尾丰的记录》），2000 年。

［日］野田正彰：《戦争と罪責》（《战争与罪责》），东京：岩波书店，

1998 年。

［法］皮埃尔·诺拉著，［日］古川稔译：《記憶の場——フランス国民意
　　識の文化＝社会史 1 対立》（《记忆场——法国国民意识文化＝社会史 1
　　対立》），东京：岩波书店，2003 年。

［英］彼得·威廉姆斯等著，西里扶甬子译：《七三一部隊の生物武器と
　　アメリカ　バイオテロの系譜》（《七三一部队的生物武器与美国　生
　　物恐怖主义的系谱》），京都：鸭川出版，2003 年。

［英］保罗·汤普森著，酒井顺子译：《記憶から歴史へ　オーラルヒストリ
　　ーの世界》（《从记忆到历史：口述史的世界》），东京：青木书店，
　　2002 年。

［英］保罗·汤普森：《オーラルヒストリーの可能性と日本との関連》
　　（《口述史的可能性及与日本的关联》），《三田学会雑誌》（《三田学会
　　杂志》）第 96 卷 3 号，庆应义塾大学经济学会，2003 年。

关成和著，［日］松村高夫等编译：《七三一部隊がやってきた村　平房
　　の社会史》（《七三一部队所到之村　平房的社会史》），神奈川：KOU-
　　CHI 书房，2000 年。

［日］筱塚良雄：《自己罪行》（《我的罪行》），《被审判的细菌战》资料
　　集第 2 集，七三一细菌战诉讼活动委员会、ABC 企划委员会、七三一
　　细菌战受害国家赔偿诉讼律师团，2001 年。

［日］筱塚良雄、高柳美知子：《日本にも戦争があった　七三一部隊元
　　少年隊員の告白》（《日本也曾有战争　原七三一部队少年队员的自
　　白》），东京：新日本出版社，2004 年。

［日］白石喜彦：《〈生きてゐる兵隊〉起訴をめぐる若干の問題》（《关
　　于起诉〈活着的兵队〉的若干问题》），《东京女子大学纪要论集》第
　　49 卷 2 号，1999 年。

［日］白石喜彦：《石川達三〈生きてゐる兵隊〉にあらわれた日中戦争
　　観》（《石川达三〈活着的兵队〉中的日中战争观》），《东京女子大学
　　纪要论集》第 50 卷 2 号，2000 年。

孙歌：《日中戦争　感情と記憶の構図》（《日中战争感情与记忆的构
　　图》），《世界》2000 年第 4 期，东京：岩波书店。

［日］多木浩二：《戦争論》（《战争论》），东京：岩波新书，2002
　　（1999）年。

〔日〕高桥哲哉：《歴史修正主義》（《历史修正主义》），东京：岩波书店，2001 年。

〔日〕高桥哲哉：《"心"と戦争》（《"心"与战争》），东京：晶文社，2003 年。

〔日〕东京地方法院民事第十八部：《細菌戦裁判東京地裁判決文》（《细菌战诉讼东京地方法院判决书》，2002 年 8 月 27 日。

〔日〕都留文科大学比较文化学科编：《記憶の比較文化論――戦争・紛争と国民・ジェンダー・エスニシティ》（《记忆的比较文化论――战争、纠纷与国民、社会性别、族群》），东京：柏书房，2003 年。

〔日〕常石敬一：《消えた細菌戦部隊　関東軍第七三一部隊》（《消失的细菌战部队　关东军第七三一部队》），东京：海鸣社，1981 年。

〔日〕常石敬一：《医学者たちの組織犯罪　関東軍第七三一部隊》（《医学家们的组织性犯罪　关东军第七三一部队》），东京：朝日新闻社，1994 年。

〔日〕土屋公献：《七三一部隊訴訟　第一審判決をどう見るか》（《七三一部队诉讼　如何看待一审判决》），《世界》2002 年第 11 期，东京：岩波新书。

中央档案馆编，〔日〕江田宪治等译：《証言：人体実験，七三一部隊とその周辺》（《证言：人体实验、七三一部队及其周围》），东京：同文馆，1991 年。

中央档案馆编，〔日〕江田宪治等译：《証言：細菌作戦　BC 武器の原点》（《证言：细菌战　生物武器的原点》），东京：同文馆，1992 年。

〔日〕上田信：《ペストと村――日本軍による中国の細菌戦被害》（《鼠疫与村庄――中国遭受的日军细菌战受害》），《被审判的细菌战》资料集第 2 集，七三一细菌战诉讼活动委员会、ABC 企划委员会、七三一细菌战受害国家赔偿诉讼律师团，2001 年。

〔日〕内堀基光：《文化人類学事典》（《文化人类学事典》），东京：弘文堂，1987 年。

〔日〕内堀基光、山下晋司：《死の人類学》（《死的人类学》），东京：弘文堂，1986 年。

U. 奈依那编，〔日〕富田达彦译：《観察された記憶・上・自然文脈での想起》（《观察记忆・上　在自然情境中的回想》），东京：诚信书房，

1988 年。

［日］一濑敬一郎：《七三一部隊細菌戦裁判・東京地裁判決の意義と控
　訴審の課題》（《731 部队细菌战诉讼・东京地方法院判决的意义和上诉
　的课题》），《战争责任研究季刊》第 39 期，日本战争责任资料中心，
　2003 年。

［日］石田米子、内田知行编：《黄土の村の性暴力——大娘たちの戦争
　は終わらない》（《黄土村里的性暴力——大娘们的战争没有结束》），
　东京：创土社，2004 年。

［日］吉见义明：《日本軍の細菌戦——明らかになった陸軍総がかりの
　実相》（《日军的细菌战——陆军总动员的真相》），《战争责任研究季
　刊》第 2 期，日本战争责任资料中心，1993 年。

［日］吉见义明：《日本側の文書・記録にみる七三一部隊と細菌戦——
　井本熊男〈業務日誌〉に現れた細菌兵器使用の記述を中心に》（《日
　本的文书、记录中的七三一部队及细菌战——基于井本熊男〈业务日
　志〉中使用细菌武器的叙述》），《被审判的细菌战》资料集第 3 集，七
　三一细菌战诉讼活动委员会、ABC 企划委员会、七三一细菌战受害国
　家赔偿诉讼律师团，2001 年。

中文文献

《常德县志》编纂委员会编：《常德县志》，中国文史出版社 1992 年版。

陈茂礼：《从石公桥的鼠疫看日寇的罪行》，《常德县文史资料选集》，
　1986 年。

陈先初：《人道的颠覆——日军侵湘暴行研究》，社会科学文献出版社
　2004 年版。

陈致远：《常德古代历史研究》，北京图书馆出版社 1999 年版。

陈致远：《2004 年 7 月 15 日递呈日本国东京高等法院 1941 年日军常德细
　菌战对常德城区和石公桥镇和平居民的加害鉴定书》，2004 年 3 月。

［美］杜赞奇著，王福明译：《文化、权利与国家》，江苏人民出版社
　1996 年版。

费孝通：《江村经济——中国农民的生活》，江苏人民出版社 1986 年版。

郭成周、廖应昌：《侵华日军细菌战纪实》，北京燕山出版社 1997 年版。

姜立编：《1949 伯力大审判——侵华日军使用细菌武器案庭审实录》，解放军文艺出版社 2005 年版。

刘启安：《叫魂——侵华日军常德细菌战首次独家揭秘》，二十一世纪出版社 2005 年版。

刘雅玲、陈玉芳：《常德细菌战疫死人数的七年调查——7643 人的死亡名单是如何产生的》，湖南文理学院细菌战罪行研究所编：《揭开黑幕——2002·中国·常德·细菌战罪行国际学术研讨会论文集》，中国文史出版社 2003 年版。

满大启编写：《常德地方志·民俗·方言志》，中国文史出版社 1994 年版。

秦泰：《我带着受难的回忆要求严惩日本细菌战犯》，《新湖南报》1995 年 2 月 12 日。

《奥国医师肯特证明：日寇曾在常德使用细菌武器》，《人民日报》1950 年 1 月 8 日。

《湖南人民有铁的事实为证，日本战犯无法抵赖》，1950 年 2 月 5 日。

伍新福编：《湖南通史》，湖南出版社 1994 年版。

邢祁、陈大雅主编：《辛巳劫难——1941 年常德细菌战纪实》，中共中央党校出版社 1995 年版。

杨万柱、刘亚玲、陈玉芳：《侵华日军细菌战诉讼案回顾与思考》，苏智良等编：《日军侵华战争遗留问题和赔偿问题》，商务印书馆 2005 年版。

杨玉林、辛培林、刁乃丽：《日本关东宪兵队"特别输送"追踪——日军细菌战人体实验罪证调查》，社会科学文献出版社 2004 年版。

叶荣开编：《中日常德之战》，《常德市志》编纂委员会，1995 年。

叶荣开编：《常德市志》，《常德市志》编纂委员会，1995 年。

中国常德诗墙丛书编辑委员会：《百代沧桑注析》，中国文联出版社 1999 年版。

中国科学院：《科学通报　反细菌战特刊》，1952 年。

中国人民抗日战争纪念馆编：《中国人民抗日战争纪念馆讲解辞》、《中国人民抗日战争纪念馆简介》，2000 年。

英文文献

［美］ Deniel Barenblatt, *A Plague Upon Humanity*：*The Secret Genocide of Axis Japan's Germ Warfare Operation*, Harper Collins Publishers, 2003.

［美］ Jacob Climo（edited）, *Social Memory and History*, *Anthropological Perspectives*, Altaamira Press, 2002.

［美］ Sheldon H. , *Factories of Death*：*Japanese Biological Warfare*, *1932 - 1945 and the American Cover-up*, Routledge, 1995.

［美］ Hung Chang-tai, *War and Popular Culture*：*Resistance in Modern China*, *1937 - 1945*, University of California Press, 1994.

［美］ Liu Xin, *Remember to Forget*：*Critique of a Critical Study*, working paper for the symposium：*Memory and Media in and of Contemporary China*, March 2 - 3, University of California, Berkeley, 2001.

［美］ Nigel Rapport and Joanna Overing, *Social and Cultural Anthropology*：*The Key Concepts*, Routledge, 2000.

［美］ Frances A. Yates, *The Arts of Memory*, Harmondsworth：Penguin Books, 1978.

历史档案馆馆藏资料

中国第二历史档案馆藏（南京市）

372—706 容启荣：《防治湘西鼠疫经过报告书》,《防疫丛刊》第一种，民国政府战时防疫联合办事处。

172—706 民国政府战时防疫联合办事处编：《鼠疫疫情紧急报告》：第 27 号，民国三十一年 4 月 7 日；第 29 号，民国三十一年 4 月 21 日；第 30 号，民国三十一年 4 月 29 日；第 31 号，民国三十一年 5 月 5 日；第 32 号，民国三十一年 5 月 14 日；第 33 号，民国三十一年 5 月 27 日；第 34 号，民国三十一年 6 月 5 日；第 35 号，民国三十一年 6 月 15 日；第 36 号，民国三十一年 7 月 8 日；第 37 号，民国三十一年 12 月 4 日。

472—1062 《陪都防制敌机散布毒气及病菌会议记录》，民国三十年 12 月 2 日。

476—198 民国政府战时防疫联合办事处编《疫情旬报》：第 1 号，民国三十一年 3 月 12 日；第 2 号，民国三十一年 3 月 20 日；第 4 号，民国三十一年 4 月上旬；第 5 号，民国三十一年 4 月中旬；第 6 号，民国三十一年 4 月下旬；第 7 号，民国三十一年 5 月上旬；第 9 号，民国三十一年 5 月下旬；第 26 号，民国三十一年 12 月上旬；第 27 号，民国三十一年 12 月中旬。

476（2）61《全国疫情》第 6 期，民国三十年 6 月。

湖南省档案馆（长沙市）

湘第 74 卷 3—6《湖南省防治常桃鼠疫工作经过报告　民国三十年 11 月至三十一年 4 月》，湖南省卫生处。

常德市武陵区档案馆藏

民国档案 168—00054《常德县防疫会议记录》，民国三十年 11 月 8 日。

民国档案 168—00055《常德防疫处三十一年度第二次会议记录》，民国二十一年 3 月 13 日。

民国档案 168—00058《常德防疫处计划委员会第二次会议记录》，民国三十一年 4 月 11 日。

民国档案 168—00062《常德防疫处计划委员会第三次会议记录》，民国三十一年 4 月 18 日。

民国档案 168—00064《常德县防疫处三十一年度第三次会议记录》，民国三十一年 4 月 14 日。

民国档案 168—00066《湖南湘西防疫处第一次防疫会议记录》，民国三十一年 8 月 17 日。

民国档案 168—00068《湖南省湘西防疫宣传周筹备处第一次会议记录》，民国三十一年 8 月 20 日。

民国档案 168—00070《常德各界防疫宣传筹备会议记录》，民国三十一年 8 月 20 日。

民国档案 168—00072《湖南省湘西防疫处通报》，民国三十一年 10 月 24 日。

民国档案 168—00073《湖南省湘西防疫处通告》，民国三十一年 10 月 24 日。

民国档案 168—00074《湖南省湘西防疫处座谈会议记录》，民国三十三年
　3 月 7 日。

民国档案 00084《常德县竞赛捕鼠运动实施计划》，民国三十一年 9 月。

民国档案 00105《湖南省常德县政府训令》，民国三十一年 10 月 31 日。

民国档案 00106《湖南省湘西防疫处电》，民国三十一年 11 月 25 日。

民国档案 00124《常德县警察局证明书》，民国三十五年 2 月 1 日。

民国档案 00143《常德县警察局训令》，民国三十五年 7 月 5 日。

民国档案 00148《常德县警察局通知》，民国三十五年 8 月 19 日。

民国档案 00152《常德县政府训令》，民国三十五年 8 月 28 日。

民国档案 00084《湖南省常德县政府电》，民国三十四年 6 月 20 日。

44—1—123《乡镇组织暂行条例》，民国三十年 8 月 9 日公布。

44—1—42《常德县长庚镇关于保甲规约及保甲长姓名》，民国三十年
　4 月。

《常德县常庚镇公所三十八年度报告书》

44—3—183《常德县警察局民国三十年 9 月机关现状调查表》

《常德县警察局业务》

《为呈报二十九年度 12 月 31 日被炸伤人口调查表》

《常德防空指挥部指令》

44—3—197《湖南省常德县乡镇保甲五户联保户籍表》，民国三十八年。

44—3—449《常德县警察局毛家滩警察所警务工作日常记录》，民国三十
　二年 12 月起至民国三十八年 5 月止。

100—1—161《乡镇民代表会议事规则》，民国三十四年 11 月发行（中华
　民国政府三十年 8 月 9 日公布）。

100—5—197《常德县启明镇第二次代表会议常务会议记录》，民国三十
　五年 3 月 31 日。

《常德县启明镇保别及姓名》，民国三十六年 6 月 10 日。

常德细菌战受害调查委员会藏

《中国湖南常德侵华日军七三一部队细菌战受害者及其遗属部分名册（初
　稿）》，常德侵华日军七三一部队细菌战受害调查委员会编，1998 年 7
　月 6 日。

《中国湖南常德侵华日军七三一部队细菌战受害者及其遗属部分名册　第

二部》，常德侵华日军七三一部队细菌战受害调查委员会编，1999 年 11 月 4 日。

《中国湖南常德侵华日军七三一部队细菌战受害者及其遗属部分名册　第三部》，常德侵华日军七三一部队细菌战受害调查委员会编，2002 年 8 月。

纪录片

中国中央电视台：《不只是 "731"》，2002 年。

山东电视台：《未来之讼》，2001 年。

湖南经济电视台：《常德细菌战》，2005 年。

后　记

　　在进行细菌战战争记忆研究的这 7 年时间中，我得以阅读了大量受害幸存者及遗属们写的陈述书，走访了其中的许多人，与他们交流、对话。在这个过程中，我时常为他们被战争而改变的人生，经历的苦难，以及消失在历史当中的许多生命而打动，内心感到沉重。可以说面对他们每一个人的经历，对我来说，都会受到一次人道主义的洗礼。

　　以真诚的态度去倾听当事者们的回忆，去注视这段历史，而我的使命并不仅仅是记录和转达，还需要站在人、社会、战争、历史的层次上进行思考。

　　这是一项困难的工作。所幸的是，在这一过程中，我受到了许多人的帮助和鼓励。

　　我读博士课程期间的恩师伊藤亚人（东京大学）先生鼓励我"去挑战历史遗留下来的重大问题，坚持学问的良心"。我的朋友 J. 杜瑞乐教授（法国高等社会科学研究院）鼓励我"坚持实证研究"。同事茂木敏夫教授（东京女子大学）与我一同讨论，已故的小岛惠子教授（2003 年逝世）在心理学的记忆研究方面给了我很多指导。

　　此外，在初稿粗具雏形后，有幸请松村高夫教授（庆应义塾大学）和渡边欣熊教授（首都大学东京）指教，他们分别从记忆与历史事实的整合性和文化人类学的研究方法等角度提出了意见；同事尾尻希和为我的日语表达作了一些修改。

　　此外，我还要感谢细菌战受害国家赔偿诉讼辩护团团长土屋公献律师与一濑敬一郎律师以及其他的日本律师们，还有以原告团团长王选女士为代表的原告们。他们从实地调查的阶段开始就一直关心我的研究，为我提供了很多帮助。

　　在实地调查期间，常德细菌战受害调查委员会的各位成员、常德市政府外事侨务办公室的工作人员以及湖南文理学院细菌战罪行研究所的各位成员也给了我宝贵的建议以及热诚的协助。特别是调查委员会的何英珍、张礼忠、刘体云、李本福、徐万智、王跃来、叶荣开等，不仅向我讲述了自身及亲人的受害经历，还陪我去乡间进行实地调查。湖南文理学院陈致远教授将他在中国第二历史档案馆、湖南省档案馆等处查找的历史资料无私地提供与我。对于各位的帮助感激不尽。

为了接受我的访谈，细菌战受害者幸存者及遗属的老人家们在回忆过去的悲惨经历后，有时会几日吃不下饭，睡不好觉。但是，对于我的访谈，尽管有时候会持续很长时间，都是全力配合，还亲自带我去当时的现场，用图标绘画等方式仔细地讲给我听。有些已经移居外地的当事人，配合我的时间特地从外地赶回来。很遗憾的是，我访问过的受害者当中，萧宋成、向道同、李八一、蔡正明、黄岳峰等已经离世。陆续听到他们去世的消息，身在远方的我，只能默默地祝愿他们在那边的世界一切安好。

关于细菌战受害的研究终于付梓，但是我对细菌战受害者及遗属的关注将持续下去，由此研究而开始的对战争问题以及对于战争与社会、文化、人之关系的思考也不会停止。这是从常德的细菌战受害者们那里得到的启示。

这项研究在进行期间，从 2002 年至 2004 年 3 年间得到了日本独立行政法人学术振兴会的科学研究经费。本书出版之际，又得到了该会的研究成果促进费的资助。在此亦对日本学术振兴会表示真诚的感谢。

2006 年 6 月